知识产权法律与政策前沿问题研究丛书
主编 王迁

著作权法中传播行为的理论与运用研究

以媒体融合为背景

孙栋 著

中国人民大学出版社
·北京·

总　　序

"坐觉苍茫万古意，远自荒烟落日之中来！"

知识产权制度是人类文明程度和技术水平发展到一定阶段的产物。为了促进创新，各国大都通过立法创设知识产权，对智力创造成果进行鼓励和保护。自威尼斯1474年颁布第一部具有现代意义的专利法以来，世界知识产权制度已经走过了五百多年的历史。如果说20世纪以前知识产权制度是一个发展缓慢的、远离法律舞台中央的领域，那么进入20世纪，知识产权制度的发展之快可谓日新月异，重要性日益提升，这一制度已成为法律前沿领域。这与全球科技、经济的飞速进步密不可分。20世纪中后期以来，伴随着以信息为基础的高新技术的快速发展，各国经济和文化交往日益密切，人们迎来了一个以知识为基础经济的崭新时代。随着知识产权保护客体范围和内容的不断扩大和深化，知识产权的地域性在一定程度上被削弱，知识产权法律关系也日益国际化。知识产权日益成为一个企业乃至国家发展的重要战略资源和国际竞争力的重要体现，成为创新创造的关键因素，凸显出前所未有的重要地位。

对我国而言，知识产权的最初设立是基于国际压力而进行的被动式回应，但随着国际经济一体化进程的加快，我国越来越认识到知识产权对经济社会发展和科学技术进步的重要性，进而开始主动对知识产权制度进行规划和调整。我国知识产权法制建设的重点也已经由单纯回应外部压力，升格为提升国际规则话语权、改善营商环境和促进本国产业创新发展。党的十八大提出了"加强知识产权保护"的重大命题；党的十八届三中全会则进一步提出了"加强知识产权运用和保护"的指导方针；在党的十九大报告中，习近平总书记强调"倡导创新文化，强化知识产权创造、保护、运用"。在 2020 年 11 月 30 日中共中央政治局举行的集体学习中，习近平总书记更是将知识产权保护工作的重要性提到了前所未有的战略高度：知识产权保护工作关系国家治理体系和治理能力现代化，关系高质量发展，关系人民生活幸福，关系国家对外开放大局，关系国家安全。要加强知识产权保护工作顶层设计，要提高知识产权保护工作法治化水平，要强化知识产权全链条保护，要深化知识产权保护工作体制机制改革，要统筹推进知识产权领域国际合作和竞争，要维护知识产权领域国家安全，进而赋予了新时代知识产权工作新的历史使命。国家"十四五"规划和 2035 年远景目标也再次强调，要加强知识产权保护，大幅提高科技成果转移转化成效。

在党中央的高度重视下，我国知识产权法律制度进入了快速发展时期，这体现在：一方面，知识产权立法逐步完善，知识产权制度体系逐步健全。如 1982 年《商标法》制定以来至今已经完成四次修改，1984 年《专利法》制定以来至今已经完成四次修改，1990 年《著作权法》制定以来至今已经完成三次修改。与此同时，相关法律的配套条例、细则及大量司法解释陆续发布，使知识产权保护规则日益精细。另一方面，我国积极参与知识产权领域的国际合作。1980 年，我国加入世界知识产权组织，后来又陆续加入《保护工业产权巴黎公约》《商标国际注册马德里协定》《保护文学和艺术作品伯尔尼公约》等一系列国际公约，以及世界贸易组织的《与贸易有关的知识产权协定》。在新形势下，我国进一步参与世界知识产权组织框架下的全球知识产权治理，在形成新的国际知识产权规则中发出中国声音。2012 年，世界知识产权组织保护音像表演外交会议在北京举行。我国发挥积极作用，协调促成几个有争议问题的解决，成功缔结《视听表演北京条约》，充分反映包括中国在内的广大发展中国家的诉求，大大提升了中国在知识产权国际合作方面的影响力。未来我国将更加主动地参与知识产权保护国际条约和国际协定的谈判协商，推动全球知识产权保护合作走深走实。

知识产权法律与政策的制定不但是各国利益博弈和立法的产物，而且离不开理论研究的支撑。新技术条件下，知识产权法面临各种问题与挑战，例如人工智能等新技术和媒体融合等新业态不断出现和变化，越来越多的普通人参与创作并积极传播创作成果，各种新型侵权行为也层出不穷，这些对知识产权的保护提出了新的课题。深入研究知识产权保护方面的最新问题，加强知识产权法律与政策的制定，促进知识产权的保护和运用，已经成为当前法学领域理论研究的前沿。所有这些问题都亟待学术理论界的关注和解决，也亟须学术界对理论研究进行创新，进而为我国知识产权战略的实施提供有益指引。据此，本丛书以"知识产权法律与政策前沿问题研究"为主题，组织一批知识产权领域的学者和法官撰写专著。这些作者或是崭露头角的青年才俊，或是具有丰富审判经验、善于理论联系实际的法官。他们长期关注知识产权法领域的前沿问题，具有较为深厚的理论功底和专业素养，对国外知识产权制度的发展历程和国内司法实践中的最新动态了然于心。据此，本丛书是他们对知识产权前沿理论和实践问题进行深入探索的成果，反映了他们对知识产权各领域问题的思考，包括著作权法、专利法、商标法等。他们将通过理论创新，为解决知识产权领域的重大疑难问题建言献策。

此外，"知识产权法律与政策前沿问题研究丛书"的出版也依托于华东政法大学知识产权法律与政策研究院。华东政法大学知识产权法律与政策研究院成立于2015年4月，致力于对知识产权立法问题、执法问题和知识产权国际应对问题的研究，是集学术问题研究、科研人才培养、国际谈判应对、立法决策咨询四项功能于一体的综合性科研机构。知识产权法律与政策研究院承担国家版权局等部门委托的大量研究任务，为其提供研究报告和咨询意见，承担与《著作权法》修改及国际条约谈判有关的大量研究课题。

德国著名的作家和哲学家费希特在其《论学者的使命》一文中谈到，学者的真正使命在于："高度注视人类一般的实际发展进程，并经常促进这种发展进程。"学者的进步决定着人类其他领域的进步，"他应当永远走在其他领域的前头"。我想每一位知识产权学者都应高度关注知识产权领域的前沿动态，并将其最深刻的哲思诉诸笔端，奉献给社会，帮助引导知识产权法制朝着科学、理性和公平的方向发展。如此这般，实现建设创新型社会的宏伟蓝图指日可待。这也是本丛书希望完成的使命。

王　迁

2021年6月1日于上海

目 录

引 言 ·· 1

第一章 媒体融合与著作权法中传播行为的定位 ···················· 5
    第一节 知识产权法律制度的核心问题：行为 ················ 6
    第二节 媒体融合背景下著作权法的焦点问题 ················ 12

第二章 著作权法中传播行为的表现及制度缺陷 ···················· 18
    第一节 著作权法中传播行为的范围 ························ 18
    第二节 著作权法中传播行为的历史发展 ···················· 26
    第三节 著作权法中传播行为概念的阙如 ···················· 38

第三章 著作权法中传播行为的概念与认定 ························ 44
    第一节 "传播"的语义解释 ······························ 45
    第二节 传播行为的对象及物理学原理 ······················ 48
    第三节 对著作权法中传播行为的表征性抽象 ················ 61
    第四节 对著作权法中传播行为的原理性抽象 ················ 70
    第五节 传播行为认定的客观标准 ·························· 84

第四章 融媒体中的直接传播及法律适用 ·························· 93
    第一节 融媒体中直接传播行为的表现 ······················ 94
    第二节 融媒体中直接传播行为的著作权法适用 ·············· 100

第五章 融媒体中的主要间接传播及法律适用 ······················ 111
    第一节 媒体融合发展的要冲：搜索和聚合服务 ·············· 112

第二节　设置"深层链接"行为的法律定性 …………… 126
第六章　**融媒体中侵权传播的著作权法规制** …………… 181
　　第一节　传播侵权的构成要件及传播侵权的责任 …………… 181
　　第二节　"南辕北辙"：默示许可理论解决网络许可的难题 … 195
　　第三节　融媒体中信息聚合服务的法律规制 …………… 201

参考文献 …………… 220
后　　记 …………… 236

引 言

传播是人类最原始的行为之一。传播的发展一直相伴于人类历史，可以说，传播的发展过程就是人类历史发展的反映和剪影，从最初的图画传播、口语传播，到文字传播、印刷传播，再到无线电传播、数字化传播，传播呈现出从仅依靠人到越发依靠机器设备参与的发展趋势，传播的距离越来越远、范围越来越广，传播的参与者越来越多，传播者的身份越来越多样，因传播引发的社会关系和法律问题也越来越复杂。

近年来，我国互联网发展迅猛，截至2023年6月，我国网民规模达10.79亿人，互联网普及率达76.4%。与此同时，我国网络用户的上网方式也呈现出多样化发展的态势，网民中使用手机上网的比例为99.8%，使用电视上网的比例为26.8%，使用台式电脑、笔记本电脑、平板电脑上网的比例分别为34.4%、32.4%和28.6%。我国即时通信用户规模达10.47亿人，占网民整体的97.1%，搜索引擎用户规模达8.41亿人，占网民整体的78.0%，网络直播用户规模达7.65亿人，占网民整体的

71.0%。① 与之相伴，我国互联网产业规模迅速扩大，构成也日益多元，以网络视听产业为例，截至 2021 年 6 月，网络视频（含短视频）用户规模达 9.44 亿人，占网民整体的 93.4%。其中，短视频用户规模达 8.88 亿人，占网民整体的 87.8%。截至 2019 年底，中国网络视听产业市场规模达到 4 541.3 亿元。其中，短视频产业占比最高（29%）且增速最快，达到 1 302.4 亿元；综合视频占比第二（22%），达到 1 023.4 亿元；网络直播占比 19%，达到 843.4 亿元；互联网电视（OTT）和交互式网络（IPTV）共同占比 13%，合计 603.7 亿元；内容创作占比 11%，达到 496.3 亿元；网络音频行业规模为 272 亿元。② 2022 年我国网络视听用户规模超过即时通信。其中，短视频用户规模达 10.12 亿人，同比增长 7 770 万人，网络直播用户规模达 7.51 亿人，同比增长 4 728 万人，短视频和网络直播正成为拉动视听新媒体行业增长的重要赛道和强劲引擎。收入方面，网络视听服务机构总收入 6 687.24 亿元，同比增长 23.61%，占行业总收入的比例超过一半。网络视听相关业务收入 4 419.80 亿元，同比增长 22.95%。③ 与用户规模和产业规模飞速发展相适应的是，互联网技术也日新月异，不断为互联网的发展赋能。IPTV、网络直播、云存储、深层链接、聚合平台等早已司空见惯，5G、大数据、云计算、区块链、虚拟现实（VR）、全息等日趋成熟。传播的形态持续演变，信息载体、传播渠道更新迭代越来越快，移动应用、社交媒体已成为主要信息入口，聚合类平台、自媒体公号不断涌现，网络直播、问答社区等成为传播的重要源头。移动传播载体发展迅速，新闻客户端、微博、微信公众号、手机报、移动电视、网络电台等相继涌现，形态丰富多样，技术的发展使得传

---

① 参见中国互联网络信息中心：《第 52 次中国互联网络发展状况统计报告》，https://www.cnnic.net.cn/NMediaFile/2023/0908/MAIN1694151810549M3LV0UWOAV.pdf，访问日期：2024-08-30。

② 参见国家广播电视总局发展研究中心课题组：《视听新媒体发展亮点与展望》，载国家广播电视总局网络视听节目管理司、国家广播电视总局发展研究中心编：《中国视听新媒体发展报告（2021）》，中国广播影视出版社 2021 年版。

③ 参见《〈2023 中国视听新媒体发展报告〉发布：短视频用户规模达 10.12 亿》，https://www.jiemian.com/article/9620349.html，访问日期：2023 年 10 月 5 日。

播方式和传播渠道更加复杂和多样。①

党的十八大以来，以习近平同志为核心的党中央高度重视传统媒体和新兴媒体的融合发展。2014年8月18日，中央全面深化改革领导小组第四次会议审议通过了《关于推动传统媒体和新兴媒体融合发展的指导意见》，中央全面深化改革领导小组组长习近平强调，推动传统媒体和新兴媒体融合发展，要遵循新闻传播规律和新兴媒体发展规律，强化互联网思维，坚持传统媒体和新兴媒体优势互补、一体发展，坚持先进技术为支撑、内容建设为根本，推动传统媒体和新兴媒体在内容、渠道、平台、经营、管理等方面的深度融合，着力打造一批形态多样、手段先进、具有竞争力的新型主流媒体，建成几家拥有强大实力和传播力、公信力、影响力的新型媒体集团，形成立体多样、融合发展的现代传播体系。② 习近平总书记不仅指明了媒体融合发展的方向，也为法学工作者研究融媒体③发展中的著作权法新问题指明了目标。

媒体融合首先是技术和渠道上的融合，其次是内容上的融合，而无论是技术、渠道上的融合还是内容上的融合，均与同作品传播有关的著作权法律制度联系密切。随着传播技术的不断发展和媒体融合的不断深入，信息流动对有形物质载体的依赖程度越来越低，复制的影响力也越来越弱，尤其是在互联网技术成熟后，对作品的利用从主要通过对复制件的掌控转变为主要通过从互联网直接获得作品，控制作品在互联网上的传播已经成为著作权人实现经济利益最主要的手段。信息网络传播是著作权法中传播行为的一种，著作权法意义上的传播与传播技术视角下或传播学中的传播并不相同，甚至大相径庭，这也导致技术层面和传播学层面的传播与著作权法中的传播的关系混乱不明，物理意义上的计算机网络内可发生著作权法中信息网络传播权对应的信息网络传播行为和广播权对应的广播行为，

---

① 参见刘奇葆：《推进媒体深度融合 打造新型主流媒体》，http://www.xinhuanet.com//politics/2017-01/11/c_1120285034.htm?from=singlemessage，访问日期：2023年10月5日。
② 参见《中央深改小组第四次会议关注媒体融合》，http://media.people.com.cn/GB/22114/387950/，访问日期：2021年10月21日。
③ 笔者认为，融媒体是媒体融合后的产物，即将广播、电视、报纸、互联网等媒体进行全方位整合，并以互联网平台进行内容呈现的媒体形态。

在现实生活中指称的互联网传播既可能指著作权法中的信息网络传播，也可能指著作权法中的广播，客观上需要在法律层面对相应的概念予以对应和厘清。如果某行为是传播行为，则应获得著作权人的许可，否则便构成著作权的直接侵权。另外，根据间接侵权的基本原理，如果某行为只是帮助传播，则只有被帮助的对象属于未经许可的侵权传播时，帮助行为才可能构成间接侵权，而如果帮助的对象是合法的传播行为，则帮助行为无须征得著作权人的许可，也不可能构成著作权侵权。因此，必须清楚界定著作权法中的传播行为，其既是明辨媒体融合背景下各种传播行为的著作权法定性的前提，也是判明著作权法中传播与帮助传播，进而解决与传播有关的侵权纠纷的关键，同时其也决定着与之相关的商业模式的命运和发展。在媒体融合表象纷繁的背景下，有关传播行为的著作权法定性以及直接传播与帮助传播的界限等问题在理论研究和司法实践中引发了一系列尖锐的争论，2020年我国对《著作权法》进行了一次较为全面的修正，但是修法并未平息有关问题的争论，媒体融合发展的加速和深入，让这些问题越发复杂、越显纷乱。相应争论的深层原因是对著作权法中传播行为的概念及构成标准等基础理论问题缺乏系统深入的研究，对相应问题尚未形成清晰的认识。

解决媒体融合中传播的有关法律适用问题，必须要深入研究著作权法中的传播行为理论，从传播行为的底层原理入手，真正廓清著作权法中传播行为的内涵和外延，尤其是信息网络传播行为的内涵和外延，如此方能在媒体融合的背景下，对纷繁复杂的传播形式，以及表现多样的传播行为做出准确认定，对媒体融合传播引发的各种权利义务关系准确适用法律，使媒体融合发展与著作权法律制度和原理相互融洽、相互适应。就具体的路径而言，须以著作权法中的传播行为作为研究对象，对著作权法中的传播行为做出清晰界定，并用著作权法中传播行为的本质特征和概念指导相应问题的研判，从而对媒体融合背景下有关著作权法中传播行为的问题给出科学的答案。

第一章 媒体融合与著作权法中传播行为的定位

与现代人类社会经济活动联系最为紧密的有两种法律关系，其一为合同之债，其二为侵权之债。所谓合同看关系，侵权看行为，合同的法律问题重点在于分清纠纷中存在的合同关系，而侵权的法律问题重点在于梳理纠纷中存在的侵权行为。对专有性权利进行法律保护的落脚点在于制止侵权行为并对其制裁，因此认定侵权行为并裁量责任是专有性权利法律问题的核心和最终目的。一方面，对行为进行控制是专有性权利得以实现的基础，也是确定专有性权利内容的根本依据；另一方面，判定他人的行为是否是权利人的专有性权利可以控制的特定行为，是判定侵权与否的先决问题，作为专有性权利的知识产权，在这方面表现得尤为突出，因此，行为应成为知识产权法律制度的抓手。当前，著作权人经济利益的实现越发依靠对传播行为的控制，而非对复制行为的控制，而媒体融合的重要方面也即传播行为的融合，清楚界定著作权法中的传播行为，不仅关系到著作权人经济利益的实现，而且关系到媒体融合、传媒产业的发展，同时还可为媒体融合背景下传媒产业的业务创新发展提供指引。传播行为当是媒体融合背景下著作权法律制度的焦点问题。

第一节　知识产权法律制度的核心问题：行为

行为在知识产权法律制度中居于核心地位。包括著作权在内的各项知识产权均为专有性权利，根据"以受控行为定义专有性权利"的原理，行为不仅决定知识产权的权利内容，而且也决定着各权利之间的界限，这些反映在侵权纠纷的处理中，即对应着被控行为是否构成侵权，以及侵犯何权等关键问题。赋予权利以令权利人可对相应行为进行控制，以及允许社会公众可以特定行为利用权利客体，共同成为实现知识产权利益平衡机制的重要手段。回答好这些问题、利用好这些手段的前提，是细化深入地研究行为，准确界定和明晰知识产权法律制度中行为的内涵和外延。

一、判定侵权的根本依据

民事法律关系是解决传统民事领域纠纷所着眼的基本单元，通常无需在民事法律关系层面对民事法律事实中的具体行为做进一步的查明和论证，比如在处理违约纠纷时，只需明了合同当事人基于真实意思表示订立了合同，一方当事人未按约定履行合同即可，而无需关注当事人是手写合同，还是打印合同，是因自身懈怠而未履行，还是因加工过程中遗漏了步骤而未能履行。对普通侵权纠纷的分析处理也是如此，比如在因人身损害引发的健康权纠纷中，只需证明何人施害，以及伤害的程度即可，而无需知晓加害行为的具体细节，行为人与受害人间权利义务关系并不会因伤害系用拳打还是脚踢，抑或使用器械殴打等具体行为细节的不同而有所区别。作为民事法律事实的行为的具体细节通常不会造成民事主体间权利义务关系的不同，也不会给民事法律关系带来实质影响。基于此，侵权责任的构成要件以及各要件的关系便成为民法理论研究和关注的重点，对侵权行为本身的客观方面也就没有必要深入研究。这一现象的产生有其自在的逻辑：民事责任制度的目标是填平损失，而非施加惩罚。① 虽然在民事领域也存在诸如定金罚则、损害消费者权益的惩罚性赔偿等惩罚性责任制度，但民事责任主要是补偿责任，而不是惩罚责任，其惩罚功能并不强。② 因此对于侵权责任的确定，民法理论关注的问题一般限于损失是否出现、行为人的行为与损失间有无因果关系、由谁承担责任等问题。只要出现损失，损失是由行为人造成的，且无法律依据，即令相关主体承担责任，无需判别和分析行为的具体表现。在民事责任的承担方面，不同致害方式对于责任的有无和大小也几乎不产生影响，在造成损失相同的情况下，致害人并不会因自身具体行为的不同而承担不同的民事责任，比如，盗窃他人财物的赔偿标准与抢夺他人财物的赔偿标准并无区别，对于受损者而言，其受到的财产损害也并不会因致害行为的特征不同而有差异，所以在通常情形下，对于民事责任的承担而言，给权利人造成损失的行为的具体表现并非民法关注的对象，只需将行为造成的损失填平即可。③ 传统民事法律制度无需通过对行为客观方面的分析，探究行为人的主观恶性，进而实现"罚当其罪"，体现其并不存在的惩罚功能。④

传统民事法律制度并不关注侵权行为的个性化特征这一特性在知识产权法领域并未表现出来。基于知识产权客体非物质性的特点，对知识产权客体的侵害只表现为未经许可的利用这一种方式，要实现知识产权法律制度激励创新的目标，首先就得在立法上明确权利人可对他人哪些未经许可的利用行为予以禁止。控制相应行为的具体权利即知识产权的各个权项，对特定的利用行为进行控制就是各个知识产权权项的内容，所以明确了行为的概念、特征、界定标准，也就明确了权利的内容、边际，以及此权利与彼权利的区别。总之，"行为"是界定知识产权权项具体内容的根本依据。

---

① 参见王利明：《侵权行为法》，法律出版社1996年版，第316页。
② 参见刘彦辉：《民事责任与刑事责任比较研究》，黑龙江大学博士学位论文，2010年。
③ 参见程红：《刑罚与损害赔偿之关系新探》，载《法学》2005年第3期。
④ 与之相对应，在适用民事领域惩罚性赔偿责任规则时，均要求探明行为人的主观动机，要求侵权行为人具有主观恶性。参见王利明：《惩罚性赔偿研究》，载《中国社会科学》2000年第4期；张莉：《论侵权责任法的惩罚性赔偿制度的适用》，载《东南学术》2011年第1期。

将侧重点集于行为比着眼于民事法律关系下的权利更直观，更有针对性，更适合于知识产权法律制度领域。与"权利"相比，"行为"的概念是实在的和可感触的真实，而与"行为"相比，"权利"则更多地体现为抽象的仅存于意念的概念堆砌，权利的实现不可能靠权利自身，必须且只能依靠行为，① 此原理在知识产权法领域表现得尤为明显，"行为"处于知识产权法理论体系的基础和核心地位。一个法律制度若要恰当地完成其职能，就不仅要力求实现正义，而且还须致力于创造秩序，② 而实现正义和创造秩序最终都要依靠在实践领域解决具体的问题。对于民事法律制度而言，实现其职能最为直接的手段即确定并令违法者承担民事责任，具体到知识产权法律制度，就是知识产权侵权责任的确定与承担。

知识产权是"专有权利"/"排他权利"/"禁止权"，也即禁止他人实施某种行为的权利，③ 只有经过权利人许可，他人才可利用权利客体，否则利用就是非法的，这样专有权利人即可实现对他人利用行为的控制。侵害知识产权行为的认定方法可归纳为：被控侵权行为人是否未经权利人许可，针对受保护的客体，做出了权利人可控的特定行为，且没有合法依据。④ 在知识产权侵权法律问题的处理中，应首要解决的问题当是行为人是否针对权利客体做出了权利人的可控行为，只要行为人做出相应行为，且无法排除行为的违法性，即构成侵权。权利人可控行为的种类、范围、特征、概念、此行为与彼行为的区别和联系不仅决定了权利内容，而且也决定了行为人的行为是否构成侵权这些重大基本问题，对行为的研究应当是知识产权法律制度研究的基础，明确行为的内涵和外延，不仅是清楚划定权利范围的基础，更是侵权行为判定的前提。

---

① 参见章戎、刘文丽：《西方法理学对中国行为法学研究的启迪》，载《上海政法学院学报》2012 年第 6 期。

② 参见［美］博登海默，《法理学——法律哲学与法律方法》，邓正来译，中国政法大学出版社 1999 年版，第 318 页。

③ 参见王迁：《知识产权法教程》，中国人民大学出版社 2014 年版，第 9 页。

④ 未经许可即不满足征得权利人许可的条件；受保护的客体即知识产权的客体；可控的特定行为即各个权项对应的行为；合法依据即合理使用、法定许可等对知识产权进行限制的法律规定，这些规定可排除未经许可利用他人权利客体行为的违法性。

二、利益平衡机制实现的基础

知识产权的客体是财产,但是知识产权的权利人却并不能像物权权利人那样通过自力或在国家强制力的保障下对所有未经许可的利用其客体的行为予以禁止,法律只令权利人控制所有利用行为中的一部分,这样做是为了实现激励创新与促进知识产品广泛传播这一对宗旨之间的平衡。① 只有准确界定权项,才能合理安排权项,而只有合理安排权项,知识产权法律制度的利益平衡机制才能实现,这一切的基础即是对知识产权权项所对应行为的准确界定。

(一)知识产权客体的财产属性赖于法定化权利人的可控行为

信息经济学理论认为,知识和信息是一种特殊商品,② 商品具有价值,价值赖于有用性和稀缺性,通过劳动产生。知识产权的客体以信息状态存在,经由人的脑力劳动产生。知识产权的客体或能提高生产效率、或能增加商品附加值、或能满足人的精神需求,显然具有有用性和稀缺性。价值是抽象劳动的凝结,③ 劳动是创造价值的途径,与体力劳动类似,脑力劳动当然也可创造价值。知识产权的客体显然具有价值属性。以作品为例,作品通过脑力劳动产生,创作行为消耗人的体力和精力,以体验、感悟及表达技能的培养作为创作者投入的生产资料,作品的产生完全符合价值创造的特点。如果非创造性劳动都能产生价值,那么劳动者付出更多艰辛的创造性劳动必然能产生更高的价值,这是一种举轻以明重的证明范式,④ 智力创造对劳动的要求更高,蕴含着脑力劳动的智力创造更能产生价值。

根据波斯纳的理论,法律上的财产必须符合三方面的条件:一是因稀缺而具有价值,二是能够归属于某一特定主体,三是可以以一定价格让渡

---

① 参见杨巧主编:《知识产权法学》,中国政法大学出版社2016年版,第40-42页。
② 周华:《知识产权制度的经济分析》,载《山东社会科学》2003年第3期。
③ 参见马伯钧、余新民主编:《政治经济学》,中南大学出版社2013年版,第23页。
④ 参见张楚、张军强、阎博:《知识产权文化内涵——以财产权劳动理论为视角》,载《首都经济贸易大学学报》2011年第6期。

给他人。① 知识产权的客体具有使用价值和交换价值，可以满足其中两个条件。但是，知识产权客体的非物质性导致创造者无法对其有形占有，因而也就无法使创造者通过占有示明归属，以及通过自力保护和自力救济排除他人的利用和侵扰。表现为信息的创造性智力成果和工商业标志②一旦被他人知晓，即极易被复制、传播和利用，创造者依靠自力救济的保障，实现利用知识产权客体获利的目的必将落空。与有体物相比，知识产权的客体更依赖于国家公权力的保护，只有国家将利用客体的行为法定化为专有权利的可控行为，创造性智力成果和工商业标志才能归属于某一特定主体，才能成为法律上的财产。然而，因为自古人们就已经习惯于信息的自由流动和信息共享，国家并无为这类特殊的劳动成果提供保护的天然义务，除非为了实现特定的公共政策。③

（二）利益平衡的实现首先依靠合理安排权利人的可控行为

知识产权的客体具有价值，其创造者本应享有类似于物权权能的全部权能，即本应能够控制他人针对客体的所有利用行为，但作品、发明创造等创造性智力成果④不同于一般商品，其担负着特殊的公共职能。以著作权的客体——作品为例，其起码担负着以下重要的公共职能：第一，提高公众的知识水平和文化素养。作品承载着大量的科学和人文知识，公众通过各类作品传承、积累和汲取知识。作品具有的思想教化作用可以使人们在思想认识层面产生行为规范和行为指引的意识，反过来可以增加文化载体的数量和提升文化载体的质量，从而从整体上提高公众的知识水平和文化素养。⑤ 第二，润滑社会关系。文学艺术作品可以滋养心灵，对人教化，倡导优良的社会风尚，促进社会和谐与团结。作品通过特定的审美实

---

① 参见王迁：《知识产权法教程》，中国人民大学出版社 2014 年版，第 1 页。

② 通常认为知识产权的客体包括智力创造成果和工商业标志。另需说明的是，某些工商业标志无法进行交易。

③ 版权法的诞生历史从一个侧面充分说明了智力劳动成果并非天然地受到法律保护，国家对智力劳动成果的保护完全是为了实现特定的公共政策。See Paul Goldstein, Copyright's Highway: From Gutenberg to the Celestial Jukebox, Hill & Wang, 1994.

④ 此处仅指著作权的客体和专利权的客体，商标权客体及商业秘密的情况较为特殊，在所不论。

⑤ 参见王洪友：《版权制度异化研究》，西南政法大学博士学位论文，2015 年。

践陶冶主体的思想情操、影响主体的价值取向、净化主体的灵魂。① 人们在接触文学艺术作品的过程中,不论得到的是"美感""丑感",还是"忧伤感""痛恨感""恶心感""恐惧感",还是"性冲动感",只要是有冲击力的"感",都可刺激生命的活跃,都能令人振奋。② 尤其是在社会发展处于逆境时,好的作品可以提振士气,给人以心灵慰藉。第三,促进社会稳定。作品具有很强的宣传作用,公众可以通过各类作品了解一国政党的执政理念,对执政主体产生认同和拥护。第四,输出文化,确保国际竞争优势。文化是一国的软实力,在国际竞争中起着至关重要的作用。比如美国的"三片"③ 文化就是典型的文化输出,其中"大片"垄断了我们的精神消费与视觉审美已成为不争的事实,文化输出的形式可能不强势,但效果却很强大。④ 再如,日本自二战以来十分重视动漫文化输出,此举不仅为日本树立了良好的国际形象,还极大地提升了日本的国际影响力。⑤ 强大和优良的文化会对他国民众产生吸引力,为国与国间的交往打开通道,为经贸往来提供良好的外部环境。在经济竞争时,一国不断输出自己的文化,通过文化影响和感染他国民众,使其对自身产生认同感和向往感是保障经济竞争优势的重要手段。⑥ 作品是文化输出的重要载体,一国要利用文化输出保障自身竞争优势,就得善于根据具体优劣势对比,灵活制定相应的公共政策,以实现保障自身文化传播并获利,同时阻滞他国文化传播的目的。

要使作品较好地发挥公共职能,首先就要保证产生尽可能多的作品。实现该目标的重要途径,是利用国家公权力对作品进行保护,以法定权利的形式保障作者对他人利用作品行为的控制,使其成为法律上的财产,从

---

① 参见金雅:《论文学功能系统与特质》,载《河南师范大学学报(哲学社会科学版)》2002年第6期。
② 参见杨守森:《文学艺术与人类生活》,载《山东社会科学》2012年第10期。
③ 即大片、薯片、芯片。
④ 参见李博雅、岳敏静:《文化输出的功能与发展探索——以博物馆为阵地》,载《文博》2015年第1期。
⑤ 参见龚莉萍:《从"动漫外交"看日本文化输出战略对我国的启示》,载《中华文化论坛》2016年第7期。
⑥ 参见张敬威、付晶、崔文:《文化的跨国界传播对国际贸易的影响——思维映照下的需求转变》,载《长春教育学院学报》2013年第11期。

而激励创作者进行更多的创作。要使作品的公共职能得以实现，还必须同时限制作品之上的权能，不能将所有的利用行为均纳入权利人可控范围，从而使作品尽可能地被传播和利用。国家要同时满足这两方面的需求，便要在交由权利人控制的作品利用行为和公众对作品的自由利用行为之间做出细致区分，细化制度安排。另外，是否对某利用作品的行为规定专有权利，由该权利控制的相应利用行为包括哪些，还取决于一国文化产品的产能现状、科学技术的发展水平、社会公众对创造性智力成果的需求现状、本国创造者与外国创造者的经济收入对比、本国民众的需求与文化科技输出的策略、制度变革成本等诸多因素，要在综合权衡这些因素的情况下才可确定。①

如要实现知识产权法律制度激励创新与促进知识产品广泛传播这一对宗旨之间的平衡，便要既赋予权利人控制他人某些特定行为的权利，又不能将所有利用行为交由其控制，所以合理安排知识产权的权项便是调节这一对矛盾的第一道阀门，而只有精准界定法定权利所控制的特定行为，合理安排知识产权权项才能实现，精准界定法定权利所控制的特定行为首先决定了知识产权制度利益平衡机制的成败。

第二节　媒体融合背景下著作权法的焦点问题

在当前的文化产业发展中，以互联网传播为龙头的数字出版的产值早已超过传统出版业的产值，② 数字出版产业以信息技术和网络技术为支撑，几乎不依赖于复制件的转移，而仅依靠对传播行为的控制。一方面传

---

① 著作权每一次扩张背后的深层原因可参见易健雄：《技术发展与版权扩张》，法律出版社2009年版。
② 2009年，数字出版的产值已经超过了传统出版业的产值，增幅达到50%。参见柳斌杰：《2009年我国数字出版产值超过传统出版业》，http://www.gov.cn/jrzg/2010-04/27/content_1593897.htm，访问日期：2017年12月3日。

播行为纷繁复杂、日新月异，另一方面在著作权法领域对传播行为的研究尚不够充分，甚至尚未能对著作权法中的传播行为这一概念作出系统全面的、凸显行为本质的、确切的界定，这显然与融媒体背景下飞速发展的传播产业，以及层出不穷的新型传播商业模式极不相称，传播行为应当成为媒体融合背景下著作权法理论研究的焦点。

一、从"复制中心"到"传播中心"的转变

在早期，信息的传递和流通依靠大批量永久复制件的生产和流转，其中最典型的是印刷品的发行，各国著作权法也无一例外地将重点放在对复制行为的控制上，认为控制了复制行为，便扼住了大规模利用作品获利的源头。然而随着传播技术的不断发展，以复制为中心的客观基础逐渐消失，信息流动对有形载体的依赖程度越来越低，复制的作用和影响力也越来越弱，区分著作权法中以有形载体为依托的权利和不以有形载体为依托的权利也变得越发重要。[①] 在复制和发行分立后，没有伴生发行行为的复制没有经济意义，单独的复制权也不符合其著作财产权核心权利的地位。尤其在网络技术成熟后，对作品的利用基本可以摆脱对作品复制件的依赖，因此美国知识产权与新兴信息基础设施委员会认为，在复制件时代，复制品的件数不仅是计算经济收益的依据，也是权利人维护权利的发力点，而在数字时代，复制件的数量已经不能再作为作者经济利益的指征。[②] 虽然在大多数情况下，通过信息网络传播作品仍然以复制为前提，即需要首先将作品上载于向公众开放的服务器，而且在信息网络传播权尚未规定于著作权法但互联网已经初步流行的时代，司法实践中也是以侵害复制权作为裁判侵权的依据的。在《大学生》杂志社与北京京讯公众信息

[①] See Guido Westkamp, Transient Copying and Public Communications: the Creeping Evolution of Use and Access Rights in European Copyright Law, 36 Geo. Wash. Int'l L. Rev. (2004), p. 1069.

[②] See Dennis S. Karjala, The Digital Dilemma: Intellectual Property in the Information Age Committee on Intellectual Property and the Emerging Information Infrastructure Computer Science and Telecommunications Board Commission on Physical Science, 41 Jurimetrics J. 527 (2001), p. 532.

技术有限公司、李翔侵犯著作权纠纷案中,《大学生》杂志社起诉称:1998年9月,该社出版了《大学生》杂志特刊,刊名为《考研胜经》。特刊发行后,其发现特刊中的核心内容部分在京讯公司经营的首都在线网站中的个人网站上刊载,该个人网站上载特刊内容者为李翔。两被告未经许可,擅自使用我社享有整体著作权的作品,共同侵犯了《大学生》杂志社对《考研胜经》这一汇编作品所享有的使用权和获得报酬权,同时两被告还以不署名的方式使用作品,并擅自进行修改,其行为破坏了作品的完整性,侵犯了其对该作品所享有的署名权、修改权和保护作品完整权。故请求北京市第二中级人民法院判令北京京讯公众信息技术有限公司、李翔承担停止在互联网上传播《考研胜经》、赔礼道歉、赔偿损失等责任。北京市第二中级人民法院经审理认为,在将文字作品数字化处理后通过网络传输已经成为一种新的作品传播使用方式的时候,将他人作品上载的行为亦属于对他人作品的复制,对于这种使用作品形式仍应依据著作权法规定的权利保护原则加以限制和规范。李翔未经《大学生》杂志社许可,在个人网站上载《考研胜经》主要内容的行为,已构成了对《大学生》杂志社著作权的侵害。[①] 该案裁判于2000年11月,彼时著作权法中尚未规定信息网络传播权,选择复制权作为裁判依据是非常智慧的权宜之计,但显然,复制行为与信息网络传播行为存在显著区别,无法用复制权代行信息网络传播权的功能。在信息网络的条件下,复制行为只发生一次,即可大规模大范围地传播作品,甚至在特殊情况下,复制行为的做出者和信息网络传播行为的做出者可以分离,信息网络传播并不以行为人自己将作品复制于服务器为前提条件,在数字环境中,如果作者不能对传播作品的行为进行控制,那么版权事实上就基本上丧失了专有性。[②] 为了继续实现激励作者创作的目的,应赋予版权人控制向公众提供作品的某种权利,传播权无疑是最佳选择。利用作品从依靠对复制件的掌控转变为通过信息网络直接获得,使公众获得作品的权利对作者而言变得更加重要,复制行为在著作权法中地位的弱化使著作权法从"复制中心"转变为"传播中心",传播权

---

① 参见北京市第二人民法院民事判决书(2000)二中知初字第18号。

② See Jane C. Ginsburg, From Having Copies to Experiencing Works: The Development of an Access Right in U. S. Copyright Law, 50 J. Copyright Soc'y U. S. A. (2003), p. 113.

及其对应的传播行为当为著作权领域关注和研究的焦点。

二、融媒体产业业务创新发展的指引

著作权法是在著作权人和社会公众之间实现精妙平衡的法律机制。①相较于其他知识产权制度，著作权法律制度需要对权利内容及其限制做出更加精细化的安排，而精细化安排的前提便是对著作权人的可控行为进行准确界定。版权法的目的不是对作者的劳动给予奖赏，而是促进科学和艺术的进步，② 同时还追求表达的多样性和繁荣。在版权法视域下，劳动价值论并不能完美适用，作品这一具有极强公共属性的智力成果并不能像物一样，受到类似所有权保护那样的力度和广度的保护，假令创作者对作品享有类似所有权的全部权能，允许创作者控制他人对作品的所有利用行为，则对公众是不公平的，因此国家不会为权利人预先地设定一项笼统的法定权利，令其控制所有针对作品的利用行为。③ 著作权法的目标是以激励创造为手段增进公共文化和知识福祉，而非单纯保护作者的经济利益，④ 因此著作权的扩张均体现为新出现一种传播技术，作者群体要求赋予一项权利，论证一项权利，法定一项权利这样的规律，国家从未主动地将某个针对作品的利用行为交由著作权人控制，更未预设笼统的权利以统领所有的作品利用行为。当一项新的作品利用技术出现时，如果该新技术下的行为与已经为著作权权项控制的行为本质相同，则通过行为原理的阐明，将相应新技术下的行为纳入该已有权项的控制则无较大障碍，⑤ 而如果新技术下的行为与已有权项对应的可控行为本质上并不相同，则不可贸

---

① 参见冯晓青：《著作权法的利益平衡理论研究》，载《湖南大学学报（社会科学版）》2008 年第 6 期。
② See Feist Publications Inc. v. Rural Telephone Service Co. Inc. 499 U. S. at 349 - 350 (1991).
③ See Sony Corp. of Am. v. Universal City Studios，Inc. ，464 U. S. 417，at 433 (1984).
④ 参见曹新明：《知识产权制度伦理性初探》，载《江西社会科学》2005 年第 7 期；黄汇：《版权法上公共领域的衰落与兴起》，载《现代法学》2010 年第 4 期；李勇军：《论著作权法的理念》，载《社会科学研究》2015 年第 2 期。
⑤ 从手工复制到传统机械复制，再到数字化技术复制，复制权所控制行为的外延扩大过程便反映了这一特点。

然将相应技术下的行为纳入已有权项的控制范围,只可在充分论证、权衡、博弈的基础上另行增设权项。而选择合适的路径以应对新技术带来的新的利用行为的前提是对已有著作权权项所控行为的精准界定,只有精准界定已有可控行为,才可对新出现的作品利用技术下的行为给出合理的应对路径选择。

在当代,社会公众对作品的利用已经越来越主要地依靠传媒机构的"传播行为"实现。作品不会产生有形耗损,可由多人同时反复利用,从作者经济利益实现的角度看,若允许传播权控制新出现的传播行为或传播形式,即意味着产生了一种新的经济收入渠道,对整个社会生产而言,即可新增一项或消灭一项商业模式,① 对社会公众而言,也即新增了一项经济成本。著作权人经济收益的度设在哪里,产业发展的公共政策如何设定,均需要进行精细考量,而这一切的前提就是对著作权的可控传播行为进行准确界定。

在当前大力弘扬创新精神和互联网传播技术突飞猛进的大背景下,传媒产业不断开拓新的业务领域,新的信息分享技术和商业模式不断涌现,如果新模式下对应的"传播行为"属于著作权法中已经规定的权利对应的传播行为,则受到著作权人的控制,反之则不会受到著作权人的控制,可以相对自由地开展,这两种情形下传媒产业的业务成本有着天壤之别,因此在决定是否开展新业务时,应以新分享技术下的"传播行为"是否构成著作权法中的传播行为作为首要的依据。另外,当新分享技术下的"传播行为"给传播主体带来不利竞争地位时,有效选择成功回击这种竞争的路径必然以正确分析新分享技术下的"传播行为"的法律性质,准确对其定性为基本前提,一旦将非传播行为误认为著作权法中的传播行为,进而采取法律手段维护"权利",则不仅不能有效阻击这种新分享技术下的"传播行为"造成的竞争威胁,反而会给自己和社会带来额外的成本支出。当下媒体融合背景下,许多新的分享技术带来的"传播行为"的表象都极为相似,而且可以想见未来会出现越来越多的类似的新技术、新行为,如对

---

① See Sony Corp. of Am. v. Universal City Studios, Inc., 464 U.S. 417, at 433 (1984). A&M Records, Inc. v. Napster, Inc., 239 F. 3d 1004, at 1021 (9th Cir, 2001).

传播行为不进行深入研究，不能对著作权法中的传播行为做出准确界定，就可能造成对新出现的分享技术下相应行为的误判，① 后文论述的有关"深层链接"行为定性的争论就是存在这种误判的可能性的典型例证。一旦误判发生，不仅会导致著作权法理论体系的混乱，而且也会给司法实践造成诸多困扰，甚至可能会使新出现的商业模式被无辜扼杀。这显然不利于促进知识产品广泛传播和增进公共文化与知识福祉这一著作权法律制度的目标的实现。

在媒体融合背景下，深入研究著作权法中的传播行为更加重要，传统媒体的优势往往在于长期发展所积累的大量优质内容资源，这些内容资源有些是传统媒体单位自己制作的，拥有全部的著作权，有些是他人制作，传统媒体单位只是获得了许可，受限于自己利用方式的客观条件，传统媒体单位往往没有取得信息网络传播权的授权。而在媒体融合发展的推动下，传统媒体单位需要将这些优质内容资源充分盘活，那么如何利用互联网，通过何种行为合法地将这些内容资源利用起来，需要在明晰各种互联网传播的本质特征基础上，对利用方式和行为进行安排和设计。

---

① 这种误判并不鲜见，如 Playboy Enterprises v. George Frena, 839 F. Supp. 1552, (M. D. Fa, 1993), A&M Records, Inc. v. Napster, Inc., 114 F. Supp. 2d 896 (N. D. Cal. 2000), 广州市中级人民法院民事判决书（2013）穗中法知民初字第 511 号，广州市白云区人民法院民事判决书（2012）穗云法知民初字第 1221 号，北京市高级人民法院民事判决书（2012）高民终字第 3452 号，北京市第二中级人民法院民事判决书（2012）二中民初字第 611 号。

第二章 著作权法中传播行为的表现及制度缺陷

明确著作权法中传播行为的范围必须以著作权法中的传播有关权利为依据，这是对"以受控行为定义专有性权利"原理进行推导的必然结论。学理上，著作财产权可被划分为复制权，发行、出租权，演绎权和公开传播权，其中公开传播权对应的行为即传播行为，在我国著作权法中，其具体包括表演、展览、放映、广播和信息网络传播。我国现行著作权法律制度中并无传播行为这一概念，而且也没有公开传播权的定义，所以无从根据现有法律规定推导出传播行为的定义，此不可不谓是一个缺陷。

第一节 著作权法中传播行为的范围

经过近几年的争鸣与探讨，理论界对公开传播权的含义达成了一定共识，多数学者采取"中义说"。从权利所控制的行为的客观特征看，复制、演绎行为，发行、出租行为与传播行为迥然不同，复制、演绎、出租、发行行为应被排除在公开传播行为之外。确定了公开传播权的内容，著作权法中传播行为的范围也就得以明晰了。

一、传播行为范围概说

传播行为在著作权法中应能与某权利相对应，否则于著作权法而言便无意义。在确定著作权法中传播行为的范围时，首先必须观察现有法律制度对传播有关权利的界定。公开传播权是理论上的一个称谓，在我国及世界大多数国家的法律中，并没有公开传播权这一权利，在立法实践中，公开传播权通常以权利束的方式表现出来，① 即通过若干项法定权利表现出来。比如《美国版权法》中的表演权和展示权可看作公开传播权，《德国著作权法》中的公开传播权有表演权、朗诵权、放映权、广播权、网络传播权、对广播与网络传播的再现权和展览权。②

对于公开传播权的界定，总体上有四种不同的学术观点③：第一种观点是最广义说。该观点认为，在著作权领域，传播是所有利用作品行为的结点，所以所有著作权权项对应的行为都可以归结为传播，或者被传播所统摄，这种传播表现为向不特定的第三人再现"权利对象"，"再现"的方式包括复制、表演、放映、广播等。④ 按照这样的认识，公开传播权就是著作财产权。第二种观点是广义说。该观点认为，公开传播权即"向公众传播作品"的权利，此处的"向公众传播"是指通常意义上的，包含所有传播手段，而非指"向公众传播权"意义上的"向公众传播"，所以不管传播的作品类型或传播方式有何差异，都属于公开传播权的控制范围。⑤ 依据该观点，公开传播权包括发行权、出租权、展览权、表演权、放映权、广播权、信息网络传播权、摄制权，著作财产权中的复制权、演绎权则被排除在公开传播权的外延之外。第三种观点是中义说。该观点认为，

---

① 参见陈绍玲：《公开传播权研究》，华东政法大学博士学位论文，2012年。
② 参见王迁：《著作权法》，中国人民大学出版社2015年版，第184页。
③ 参见梅术文：《著作权法上的传播权研究》，法律出版社2012年版，第6-7页。
④ 参见何鹏：《知识产权传播论——寻找权利的束点》，载《知识产权》2009年第1期。
⑤ 参见卢海君：《传播权的猜想与证明》，载《电子知识产权》2007年第1期。

公开传播权对应的行为是不以转移作品复制件为条件的利用作品行为的总称，它与复制权相对应。① 传播不转移作品有形载体所有权或占有，但能使公众欣赏或利用作品内容。② 按照这一界定，公开传播权包括表演权、放映权、展览权、广播权和信息网络传播权。第四种观点是狭义说。该学说出现在数字化传播产生之后，有学者主张将所有存在于互联网上的传播行为以及广播行为统归于传播。按照这种认识，公开传播权仅包括跨空间传播作品的权利，控制网络传输以及无线、有线等传统广播行为。③ 如此，公开传播权仅应包括现有的广播权和信息网络传播权。从以上不同观点可以看出，公开传播权范围的界定起码遵循两个标准：受控行为的特征与现行法律规定中的权利体系。

如前所述，已有多位学者从权利本身或权利体系完善角度对公开传播权进行了卓有成效的专门性研究，取得了令人佩服的成果。对比各学者的研究成果可知，较为合理且属于当下有关公开传播权含义的主流观点认为，④ 公开传播权控制的是以不转移作品有形载体所有权或占有的方式向公众传播作品，使公众得以欣赏或者使用作品内容的行为。⑤ 有学者从与其他著作财产权相区别的角度将相应观点概括为"与复制、发行权区分的传播权利说"，并指出公开传播权的行使会产生使公众获得作品内容的结果，并且公开传播权的行使并不会使作品的有形载体发生占有的转移。⑥ 总之，以不转移作品载体的方式向公众传递作品当为公开传播行为的核心要件。需要说明的是，邻接权所能控制的特定行为中也包括传播行为，因其与狭义的著作权控制的传播行为并无区别，所以无需专门论述。另外，

---

① 参见张今：《版权法中私人复制问题研究：从印刷机到互联网》，中国政法大学出版社2009年版，第82-83页。
② 参见王迁：《著作权法》，北京大学出版社2007年版，第125页。
③ 参见郑成思：《知识产权法》，法律出版社2004年版，第229页。
④ 参见梅术文：《著作权法上的传播权研究》，法律出版社2012年版，第8页；J. A. L. Sterling, World Copyright Law, Sweet & Maxwell, 2008, p.429.
⑤ 王迁：《著作权法》，中国人民大学出版社2015年版，第184页。梅术文将传播权的概念归纳为："传播权是指直接或者借助一定的装置、媒介无形再现作品的权利，它控制对作品进行表演、放映、展览、广播、网络传播以及其他任何直接、间接的方式，在不转移作品复制件的情况下利用作品的行为。"（梅术文：《著作权法上的传播权研究》，法律出版社2012年版，第8页）
⑥ 参见陈绍玲：《公开传播权研究》，华东政法大学博士学位论文，2012年。

在述及公开传播权的客体（传播行为作用的间接对象）——作品或作品这一特定信息时，事实上均包括邻接权的客体，为了行文简洁，仅以作品或作品信息指称。①

二、传播行为不包括复制和演绎

著作权法中的复制是单纯地倍增作品载体的行为，复制的本质是在有形物质载体上相对稳定和持久地再现作品，复制在一定程度上也可以起到使作品信息流动的作用，比如借得音像制品后自己复制留存等。著作权法中的演绎是保留作品的基本表达，在原作品的基础上进行再创作的行为，演绎可以使作品更加生动，更容易被理解，从而促进传播，但其不属于著作权法中的传播行为。复制和演绎都可以看作发行行为或传播行为的先行为，其目的必然为发行或传播，"自娱自乐"的复制和演绎是没有意义的。

从法律中的权利体系判断，无论是国际公约，还是各个主要国家的立法，均没有将复制权或演绎权纳入传播权或表述为传播性质的权利的先例。从行为的客观特征看，单纯的复制和演绎行为并未造成信息的流动和共享，复制及演绎行为与传播行为间的区别较为明确，复制权及演绎权所控制的行为与传播行为不符，复制权和演绎权没有被纳入公开传播权的事实依据，不应被纳入公开传播权范畴。因此，相应著作权法中的传播行为也就不应当包括复制和演绎。

三、传播行为不包括发行和出租

发行权、出租权控制的行为均有转移作品有形载体的特点。换言之，二权利控制的行为均是通过转移作品有形载体实现信息流动的，这与公开传播权控制的行为截然不同。因公开传播权控制的行为不发生作品的有形载体转移，所以不存在有形载体所有权与作品著作财产权的冲突问题，因而公开传播权也就不存在适用权利用尽的基础，这一法律特征上的明显不

---

① 尤要说明的是，"作品信息"指作品这种信息，而非有关作品内容的信息。

同,也决定了发行权、出租权与公开传播权应当在著作财产权体系中各自分立。

(一)将发行与出租纳入公开传播没有法律制度支撑

有些学者主张,应当将发行权与出租权归入公开传播权,因为出售(发行)、出租等行为与表演、播放、广播、展览等行为相同,均可以使公众获得作品,所以可把出售(发行)、出租行为看作间接的传播,从而将相应权利纳入公开传播权。① 还有学者认为,就完善著作权法律制度而言,传播权是著作权体系化下产生的一种纯粹理论概念,而所有著作财产权的可控行为事实上都是以某种方式传播作品的行为,所以广义的传播权应当包括发行权、出租权在内的所有著作财产权。② 但是通过对《保护文学和艺术作品伯尔尼公约》(简称《伯尔尼公约》)、《世界知识产权组织版权条约》(World Intellectual Property Organization Copyright Treaty,WCT)和《世界知识产权组织表演和录音制品条约》(WIPO Performances and Phonograms Treaty,WPPT)的考察可知,《伯尔尼公约》并未明确规定发行权、出租权,WCT 和 WPPT 虽然专门规定了发行权和出租权,但其是与公众传播权(right of communication to the public)并列的。在国际公约或条约中,无法找到可将发行权、出租权纳入公开传播权的依据;在我国的著作权法律制度中,也无法找到将发行权、出租权归入公开传播权的支撑;同时无论是在国际公约或条约的议定声明或制定的背景资料中,还是在我国的著作权法的半官方释义中,均没有找到将发行权、出租权列入公开传播权的观点记载。虽然发行权、出租权控制的发行和出租行为会造成信息的流动,符合传递信息这一基本特征,但是具有法定化意义的个体权利原本就是存在于权利体系之中,具有自身的内在规定性的,若现行法律规定中无法找到发行权、出租权与表演权、广播权等权利为伍的依据,则要在学理上找到其他充分的理由。基于此,将发行行为与出租行为纳入著作权法中的传播行为没有法律制度的支撑。

(二)"发行""出租""传播"三者语意明显不同

将发行权和出租权纳入传播权范畴的主张似受汉语"传播"之意及日

---

① 参见郑成思:《知识产权法》,法律出版社 2004 年版,第 351 页。
② 参见卢海君:《传播权的猜想与证明》,载《电子知识产权》2007 年第 1 期。

常生活中对传播的认识和理解的影响,但对法律制度中具体概念的考察当以制度来源国的语意为基础,并结合国际条约的界定。汉语中的"传播"一词包罗万象,可涵盖一切造成信息流动的行为,日常生活中人们对传播的理解几乎等同于传媒,而文化产品的发行是最为司空见惯的传媒行为,因此若孤立地从中文语境看发行和出租,二者理所当然应被纳入传播范畴,但如此理解下的"传播"却与著作权法制度来源国中"传播"一词的含义大相径庭。

"distribution"(发行)意为"the passing out of something"[①],"pass out"意为"give to several people"[②]。《牛津现代高级英汉双解词典(第10版)》对"distribute"的解释是"to give things to a large number of people; to share sth between a number of people(分发,分配); to send goods to shops and businesses so that they can be sold(分销); to spread sth, or different parts of sth, over an area(使散开,使分布,分散)"。从"distribute"的词义可看出,无论是 share,还是 send,都有给(give)的意思,二者都有一个基本特征,即在"distribute"发生后,做出相应行为的人会丧失所给之对象,自己无法再享有所给之物带来的利益。所以将"distribution"解释为向公众分发较为合适。WCT 第 6 条对发行权的解释为"通过销售或其他所有权转让形式向公众提供其作品原件或复制品"的行为,[③] 这与"distribution"的词义是相符的,发行行为发生后,原件或复制品的所有权转移,行为人无法再享有原件或复制品带给其的利益——阅读或欣赏作品。

"rental"(出租)的动词形式为"rent",意为"to rent out property, grant possession and enjoyment of in exchange for a consideration paid",[④]即出租行为发生之后,所出租之对象的占有发生转移,从原来的为自用转变为他用,出租者在租期内无法享有直接利用租赁物的利益。著作权法中

---

① See Vocabulary.com. at https://www.vocabulary.com/dictionary/, Jun. 7, 2017.
② See Vocabulary.com. at https://www.vocabulary.com/dictionary/, Jun. 7, 2017.
③ See WCT Article 6: "(1): Authors of literary and artistic works shall enjoy the exclusive right of authorizing the making available to the public of the original and copies of their works through sale or other transfer of ownership."
④ See Vocabulary.com. at https://www.vocabulary.com/dictionary/, Jun. 7, 2017.

"出租"的含义与其词之本义相同，电影作品和计算机软件的载体出租后，出租者在租期内无法依靠已出租的载体观赏电影或安装软件。

"communication"一词源于拉丁语"communicationem"，古法语的根源是"comunicacion"一词，字面意思为"to make common"（belonging to all），本意为分享（to share），① 在当代尤指用于传输信息的技术或设备。② 分享行为发生后，分享者并未丧失所分享对象之利益，其仍可正常随意阅读、欣赏，在分享的过程中，被分享对象之有形载体也仍在分享者的控制下。可以看出，传播的本质特征是"利益兼得"，即在他人获得（感受到）作品的同时，传播者并未丧失对作品有形载体的控制，其仍可享受作品的利益。关于"communication"的词义，本书将在后文探讨传播行为的概念时通过专节详述。通过对词义的分析可以看出，无论发行或出租，其本质均是"一得一失"，即行为发生后，行为相对方可以阅读或欣赏作品，而行为人无法再依靠已发行或出租的原件或复制件感知作品，传播的本质则是"共享"，行为发生后，并不影响原主体的利用。

（三）发行、出租与传播存在法律特征上的显著区别

依靠有形载体移转的信息传递行为与不发生有形载体移转的信息传递行为均具备信源、讯息、媒介、受众四个客观要件，从信息传递的效果上讲，两类行为差别不大。在传播学中，作品的发行、出租与表演、展览、放映、广播、信息网络传播等行为一样，均被认定为传播，③ 但在著作权法领域，两类行为的法律特征存在着显著区别。第一，发行和出租行为的侧重点在于存储载体的转移，此情形下作品信息的传递更像是对物（有形载体）进行利用而伴生的结果。在发行和出租情形下，行为的对象是有形载体，权利义务指向的也首先是有形载体，作品只是使物具有特定使用价值的因素，发行行为对应的"发行权"与其他专有财产权利是截然不同的，它不在于控制对作品内容的"再现"，而是要对作品有形复制件的转

---

① https://www.etymonline.com/word/rent，Jun. 7, 2017.
② See The American Heritage dictionary of English Language，https://www.ahdictionary.com/word/search.html?q=communication&submit.x=34&submit.y=18，Jun. 7, 2017.
③ 参见郭庆光：《传播学教程》，中国人民大学出版社2011年版，第23-28页。

让加以限制。① 物的转让、赠与、租赁及相应产生的权利义务的规范应首先适用物权法,从物权变动的角度理解发行和出租更为顺畅。第二,在为发行、出租时,著作权人基于对作品利用行为的控制而产生的对物权效力的影响微乎其微。首先,发行权在首次合法发行后便已用尽,著作权人不能再行控制后续的发行行为,包括对销售价格进行限制等。② 权利人以发行的方式利用作品,只可为一次,作品载体流转后,权利人便无法再控制作品信息以发行的方式再行传递。出租权作为发行权的特例,虽不适用一次用尽规则,但仅适用于电影和计算机软件等特殊类型作品,不具有普遍性。③ 而表演、展览、放映、广播、信息网络传播等行为是可以反复实施的,每次的实施均由权利人控制,权利人可通过控制这些行为反复获利。简言之,发行、出租与表演、展览、放映、广播、信息网络传播等行为在获利方式和适用法律规则方面有着明显不同,很难将众行为纳入一个权利体系之中。其次,对于未经许可的发行、出租,侵权行为完成后,著作权人只能主张赔偿,并不能要求处分买受人或承租人受让或占有的存储载体。因此,发行权和出租权作为控制信息传递行为的权利并不典型。第三,依靠有形载体流转的信息传递与无有形载体流转的信息传递适用的法律规则有着明显区别。现实生活中,发行、出租首先适用物权法的规则,行使发行权时还要受权利用尽规则的限制。而无有形载体流转的信息传递行为只需遵从著作权法的规则,且不存在权利用尽的问题。第四,对复制的要求不同。可以通过控制复制限制发行和出租的规模;而对于传播,只要传播者掌握一个原件或复制件,就可以实现与他人的分享,不受复制的限制。④ 第五,对著作权人的经济利益影响不同。发行和出租规模的扩大要以有形载体的倍增作为物质基础,同时需要较为强大的商业渠道,所以此两种行为的实施条件较高。⑤ 而传播规模的扩大并不需要有形载体倍增,也不以实体的营销渠道的完善为必要条件,所以传播更易发生,受众

---

① 参见王迁:《论网络环境中的"首次销售原则"》,载《法学杂志》2006 年第 3 期。
② See Bobbs-Merrill Co. v. Straus, 210 U. S. 339, 28 S. Ct. 722, 52 L. Ed. 1086 (1908).
③ 参见陈绍玲:《论著作权法中的公开传播权》,载《华东政法大学学报》2015 年第 2 期。
④ 参见陈绍玲:《公开传播权研究》,华东政法大学博士学位论文,2012 年。
⑤ 参见张立伟:《四步竞争纸媒止跌回升》,载《新闻与写作》2015 年第 3 期。

规模更易扩大，因此对著作权人经济利益影响相对更大。第六，与依靠有形载体流转的信息传递相比，不依靠有形载体流转的信息传递更能体现著作权人对作品（信息）的控制，更能体现著作权法律制度的特点。基于前述理由，理论上对著作财产权体系化时，无法将适用不同法律规则的两类行为兼容地纳入公开传播权体系之中，相应地发行和出租行为也就不属于著作权法中的传播行为。按照公开传播权的内容，对应我国现行著作权法的规定，属于公开传播权的权项有表演权、放映权、展览权、广播权和信息网络传播权，所以著作权法中的传播行为包括表演、放映、展览、广播和信息网络传播。确定了传播行为的范围，也就明确了传播行为概念研究的考察对象，也即明确了研究传播行为时可供"解剖"的标本。

第二节　著作权法中传播行为的历史发展

著作权法中的传播行为伴随着传播技术的发展渐次进入著作权的控制范围，以历史发展的脉络考察著作权法中传播行为的演进，可以管窥各个传播行为在客观特征上的共性，为归纳著作权法中传播行为的概念打下基础。

一、传播的初阶：现场表演和展览

现场表演是最早被纳入作者可控行为范围的传播行为，1791年法国颁布的《表演权法》①第3条首次规定：在没有经过作者正式的书面许可的情况下，不得在法国境内的任何公共剧场演出尚在世作者的作品，否则演出收入将被全部没收，用以补偿作者的收益。② 随着批准加入《伯尔尼

---

① The Decre of January 13/19, 1791.
② J. A. L. Sterling, World Copyright Law: Protecion of Author's Works, Performances, Phonograms, Films, Video, Broadcasts and Published Editions in National, International and Regional Law, Sweet & Maxwell, 2003, p.51.

公约》，德国通过了《关于保护文学作品与声音作品著作权法的法律》（LUG，1901）和《保护美术作品和摄影作品的法律》（KUG，1907）①，前者当中规定了表演权。② 英国在《版权法》（1911）③ 之前的版权法案中仅规定有复制的权利，比如《文学版权法》（1842）中将版权规定为以印刷或者其他方式复制图书的独立的专有性权利，图书也包括乐谱、地图、图纸。④《版权法》（1911）将版权的范围扩展到向公众表演。⑤ 1897年，美国国会亦授予音乐作品的公开表演权。至此大多数欧美国家开始认可现场表演权。与此同时，这一国内立法上的发展也逐渐得到国际层面的认同。1886年的《伯尔尼公约》要求缔约各国在戏剧作品、音乐戏剧作品的公开表演问题上给予国民待遇，1925年之后赋予了作者对于戏剧作品的表演权。1948年的"布鲁塞尔文本"正式确立著作权人享有的公开表演权，并将其客体从戏剧作品扩张到音乐作品；同时规定了"公开朗诵权"，即文字作品的作者享有授权公开朗诵其作品的专有权。⑥ 表演权在诞生之初仅针对现场表演。⑦ 现场表演是最为原始的信息传递方式，其可完全不受有形载体的制约，作品创作完成后，即便没有固定至有形载体上，亦可表演，或者可以边创作边表演。无有形载体的口口相传也可实现异人异地表演，表演者向公众传递作品信息也不依靠载体。依此而言，表演从一开始就是与复制并列的人类信息活动，与以复制为基础的一类行为共同构成信息流动的两大体系。

---

① "LUG""KUG"的译称见：［德］曼弗里特·雷炳德：《著作权法》，张恩民译，法律出版社2005年版，第2-3页。

② J. A. L. Sterling, World Copyright Law: Protecion of Author's Works, Performances, Phonograms, Films, Video, Broadcasts and Published Editions in National, International and Regional Law, Sweet & Maxwell, 2003, p. 54.

③ The Copyright Act 1911.

④ See the Literary Copyright Act of 1842 Sec 1. J. A. L. Sterling, World Copyright Law: Protecion of Author's Works, Performances, Phonograms, Films, Video, Broadcasts and Published Editions in National, International and Regional Law, Sweet & Maxwell, 2003, p. 57.

⑤ J. A. L. Sterling, World Copyright Law: Protecion of Author's Works, Performances, Phonograms, Films, Video, Broadcasts and Published Editions in National, International and Regional Law, Sweet & Maxwell, 2003, p. 57.

⑥ 参见梅术文：《著作权法上的传播权研究》，法律出版社2012年版，第37页。

⑦ See M.-C. Dock, Etude sur le droit ameteur, Paris, L. G. D. G., 1963, p. 88.

展览权的产生是由于绘画装饰作用的独立经济价值被逐渐认可，以及画家成为相对独立的职业群体。① 展览权并不是在大多数国家版权法中能找到的一项权利，《伯尔尼公约》中虽出现过"展出"这个词，但没有"展出权"这项经济权利，它只是在解释艺术品的"展出"并不构成"出版"时，使用了这个词。② 规定了展览权的国家和地区，相应规定也不甚相同，有些国家和地区将展览权的范围定得很小，或者施加更多限制。1976 年《美国版权法》为版权人创设了展览权（the display right）。所谓展览，是指"直接展示，或借助胶片、幻灯片、电视图像或其他任何设备或程序来展示作品的复制件，在涉及电影或其他影视作品时，则指以非连续性的方式展示单幅图像"③。需要说明的是，《美国版权法》表述展览权时所使用的"display"一词，大多数英语国家并未使用，其他英语国家多使用"exhibiting"一词。④《德国著作权法》第 18 条规定："展览权是指将未发表的美术著作，或者未发表的摄影著作的原件或者复制件公开展示的权利。"⑤ 我国台湾地区规定："著作人专有公开展示其未发行之美术著作或摄影著作之权利。"⑥ 展览作品通过展示作品载体实现，只要将作品置于向公众开放之处，公众即可知悉作品的信息，展览行为就实际发生。因此，作品有形载体的正常利用行为与展览行为必然经常相伴而生，所以便需要对展览权所控制的展览行为设定特殊条件，《美国版权法》规定只要作品原件或复制件的销售行为合法，则买受人应可自由展示所买之物，德国规定未发表的作品才有展览权。美国和德国对展览权所设之条件原理相似，效果相同，均可避免展览权与所有权之间的冲突。展览行为以展览者控制的载体为信源，载体不发生占有转移，且无须专门架设信息传递的渠道（信道），信息所呈现的外在状态也并不转换。展览是最简单、最易发生的传播行为。

---

① 参见梅术文：《著作权法上的传播权研究》，法律出版社 2012 年版，第 38 页。
② 参见郑成思：《版权法》，中国人民大学出版社 2009 年版，第 230 页。
③ 易健雄：《技术发展与版权扩张》，西南政法大学博士学位论文，2008 年。
④ 参见郑成思：《版权法》，中国人民大学出版社 2009 年版，第 230 页。
⑤《十二国著作权法》，《十二国著作权法》翻译组译，清华大学出版社 2011 年版，第 150 页。
⑥ 王迁：《著作权法》，中国人民大学出版社 2015 年版，第 201 页。

二、传播的进阶：机械表演和放映

机械表演被纳入著作权控制范围最早缘于音乐盒或手摇风琴等类似装置的流行。19世纪中叶以后，可拆卸和可互换设备的机械乐器的诞生使音乐作者的利益受到极大损害，这些设备不仅可以优美地演奏音乐，而且几乎可以无限度地演奏所有音乐作品。① 回顾而看，机械乐器在著作权法中传播行为的发展轨迹中具有重要的坐标意义，机械乐器代表着用机械设备还原或重现作品信息的开端，它拉开了机械设备参与传播和跨空间传播的序幕。1877年爱迪生发明的留声机使作品信息的存在形态能轻松转换，操作留声机可使固定于唱片上的以磁为表征的音乐作品信息转变为以声波震动为表征的信息，从而为人们的听觉器官所感知。《伯尔尼公约》1908年柏林文本规定了机械表演权，1967年斯德哥尔摩文本规范了公开表演权的一般条款，将其界定为著作权人享有的授权公开表演其作品，包括用各种手段和方式公开表演的权利，从而将公开表演权的外延拓展至机械表演。② 留声机的发明在人类传播史上具有划时代的意义，它可使作品信息的存在形态被人为转换，推进了信息跨空间传递的发展进程。时至今日，广义的机械表演③已成为最重要的传播方式之一。机械表演是所有跨空间传播的最终目的，也是整个跨空间信息传递的必备组成部分，只有在远端通过机械设备再现作品，跨空间传播才算最终完成。

放映是利用机械设备转换连续影像信息的物理载体形态以再现连续影像的行为，连续影像信息先以磁的方式被固定下来，再通过放映设备将磁转换为电信号，再进一步转换为光信号进而为受众所感知。放映这种转换信息表征物理形态的方式为视听作品的远程传播打下了技术基础。放映权

---

① 参见万勇：《论向公众传播权》，法律出版社2014年版，第16页。
② 参见梅术文：《著作权法上的传播权研究》，法律出版社2012年版，第39页。
③ 广义的机械表演是指包括了放映和广播的机械表演，美国即将放映电影和广播作品的行为规定于表演权控制。See 17 U.S.C. § 101: To "perform" a work means to recite, render, play, dance, or act it, either directly or by means of any device or process or, in the case of a motion picture or other audiovisual work, to show its images in any sequence or to make the sounds accompanying it audible.

的产生有赖于电影技术及电影产业的发展和壮大。电影在出现后被视为一种独立的作品类型，有的国家将放映电影的行为确定为对电影作品的机械表演，比如美国、英国、法国、意大利等国就将放映纳入表演权之中，有的国家则单独规定了放映权，比如德国、日本、中国均将放映权与表演权并列。① 在《伯尔尼公约》中，放映也是被当作机械表演看待的，"除非有相反或特别的规定，不能反对对电影作品的复制、发行、公开表演、演奏、向公众有线传播、广播、公开传播、配制字幕和配音"②。由此可知，放映权脱胎于（机械）表演权，从行为特征看，放映与机械表演完全相同，二者均是利用机械设备向公众再现作品的行为；二者的不同之处仅在于对象不同：放映的对象是作品本身，机械表演的对象是作品的表演。

三、传播的高阶：广播和信息网络传播

广播是传播发展进程中出现的第一个跨空间传播行为，较以往的传播行为，广播所牵涉的行为和主体都要复杂得多，因而从广播开始，在传播权有关法律问题上，开始出现较多且颇激烈的争论。从获得信息的效果来看，信息网络传播可以看作升级版的广播，它使受众从被动接收转变为主动选择，信息网络传播牵涉的行为和主体更为复杂，因而有关其的争议也更多更激烈。

（一）广播：传播行为复杂化的开端

广播与机械表演有共同的特点，即都是利用机械设备再现对作品的表演，所不同的是，广播行为中传播者与受众并不处于同一特定空间。远距离传输尤其是电波、电缆、卫星等设施出现以后，便有了创造新权利以覆盖这些新传播行为的需要，美国、法国等国家并没有因此创设新的权利，而是将已有的表演权类型扩张解释，使其能够涵盖广播行为。③ 在当时，美国作曲家、作家和出版商协会（the American Society of Composers, Authors and Publishers,

---

① 参见胡康生：《中华人民共和国著作权法释义》，http://www.npc.gov.cn/npc/flsyywd/minshang/2002-07/15/content_297587.htm.，访问日期：2016年10月22日。

② 《伯尔尼公约》（1979巴黎文本）第14条之二。

③ 参见梅术文：《著作权法上的传播权研究》，法律出版社2012年版，第42页。

ASCAP）就试图对公众的范围进行扩充解释，将广播行为纳入表演权的控制范围，① 在 Jerome H. Remick & Co. v. Am. Auto. Accessories Co. 一案中，美国联邦第六巡回上诉法院明确表明通过广播电台向公众播放音乐作品构成公开表演；② 而在其他一些国家，如德国、意大利、日本则创建了广播权这一新的权利类型。在《伯尔尼公约》（1928 罗马文本）中，广播权得以设立。③ 最早出现的广播行为仅以无线电传输为手段，这也是广播行为的基础行为。从广播行为被纳入著作权控制范围的历史可以看出，著作权人对新技术带来的新的作品分享方式是极为敏感的，而且他们非常盼望将新出现的作品分享行为纳入其专有权利的控制范围。这种愿望的实现一是靠对现有权利的扩张解释，二是靠督促新设权利，但无论是对现有权利做扩张解释，还是新设权利，其相应基础均是新出现的作品分享行为本质上与已有专有权利控制的行为一脉相承。事实上，广播行为仍然是通过利用机械设备转换作品信息的表征形式，实现对作品表演的再现，不同的只是这种转换的次数更多，效果上实现了跨空间。

到了 20 世纪 50 年代，有线电视技术成熟，为解决无线电节目信号被地形或建筑物隔挡造成盲区致使用户无法较好接收的问题，有线电视台开始利用有线电视系统对广播电视台的无线信号进行转播。通过线缆传输节目起码有这样几个优势：有线传输不用架设难看的天线或碟型接收器，这样视觉上更加美观；有线传输可以解决无线电波难以覆盖的低洼地区、居住高密度区域、建筑物遮挡区域的节目接收问题；另外，有线传输还可以使用户同时通过有线和无线两个途径获得节目，以便接收更多的频道。有线电视对无线电传输的节目信号再传送，这一行为能否被纳入表演权的控制范围的问题引发了激烈的争议。20 世纪 60 年代，卫星技术的兴起，同样将卫星对电视节目信号的再传输是否应为表演权控制这一问题带给有线电视公司与地方电视台。④ 1976 年《美国版权法》第 101 条对公开表演做

---

① 参见易健雄：《技术发展与版权扩张》，法律出版社 2009 年版，第 129 页。
② See Jerome H. Remick & Co. v. Am. Auto. Accessories Co., 5 F. 2d 411, 411 (6th Cir. 1925).
③ 参见陈绍玲：《公开传播权研究》，华东政法大学博士学位论文，2012 年。
④ See Sam Ricketson & Jane C. Ginburg, The Berne Convention for the Protection of Literary and Artistic Works: 1886—1986, London, Queen Mary College, Centre for Commercial Law Studies, 1987, p. 450.

了新的界定：借助任何装置或方法在对公众开放的场所表演或展出作品，或在超出一个家庭范围及家庭的社交关系正常范围的数量较多的人的任何聚集场所表演或展出作品，或向公众传送或者以其他方式传播作品的表演或演出，都是公开表演或展出行为。① 据此，《美国版权法》将无线传播、有线转播（retransmit）均纳入公开表演权的控制范围。

在1948年布鲁塞尔外交会议上，"对广播的无线转播权"/再广播权（rebroadcating right）的议题被提出。外交会议预案建议授予文学和艺术作品的作者享有授权"任何新的以有线或者无线方式向公众传播广播的作品的权利"（the right of authorizing any new communication to the public, whether by wire or not, of the broadcast of the work）。外交会议预案认为授予作者上述权利以后，可以有效地解决对原始广播的后续使用问题。在卢森堡代表团的支持下，摩纳哥代表团和荷兰代表团建议：对广播作品的授权应当涵盖由原广播机构通过有线或无线方式的转播。最终，外交会议采纳了比利时代表团的提案：只有在原获得授权的广播机构以外的另一机构以有线或者无线方式向公众传播时，才需要获得作者的授权。自此，广播权增加了可控行为：以有线或者无线方式向公众传播广播的作品。② 在1928年召开罗马外交会议期间，英国代表就提出了设立公开播放接收到的广播的权利的建议，但当时公开播放收到的广播的行为并不普遍，所以未能在《伯尔尼公约》中增设相应权利。到1948年增设对广播转播的有关权利的机会已经成熟，《伯尔尼公约》（布鲁塞尔文本）规定了作者有权控制对广播转播的行为。③

---

① See 17 U.S.C. § 101：To perform or display a work "publicly" means：(1) to perform or display it at a place open to the public or at any place where a substantial number of persons outside of a normal circle of a family and its social acquaintances is gathered; or (2) to transmit or otherwise communicate a performance or display of the work to a place specified by clause (1) or to the public, by means of any device or process, whether the members of the public capable of receiving the performance or display receive it in the same place or in separate places and at the same time or at different times.

② 参见万勇：《论向公众传播权》，法律出版社2014年版，第36-38页。

③ 《伯尔尼公约》（布鲁塞尔文本）第11条之二第1款新增第3项规定文学和艺术作品的作者有权"授权通过扩音器或其他任何传送符号、声音或图像的类似工具向公众传播广播的作品"。（陈绍玲：《公开传播权研究》，华东政法大学博士学位论文，2012年）

可看出，最初著作权法中的广播行为包括三种：一是对作品进行无线广播（广播）；二是用无线或有线方式向公众传播广播的作品（对广播的转播）；三是用扩音器或其他类似工具向公众传播广播的作品（公开播放广播）。广播较以往的传播行为复杂得多，不仅有初始的传播，还有对初始传播的再传播，涉及的主体也多种多样。自广播开始，传播有关问题开始在立法者间出现明显的争论，比如在布鲁塞尔外交会议上，代表们便对什么样的"对广播的转播"构成新的广播产生了不同看法。有代表主张，只要通过有线或无线的方式向新的听众或观众转播广播，就应被认定为新的广播行为，应获得作者的授权；而有的代表认为，"新的听众或观众"很难解释和确定，而且从条约文本中看不出相应结论，他们认为传输方式或发送方式的转变，并不需要获得作者的许可；[1] 另有代表提出，广播组织通常会同时通过有线传输的方式向自己的用户提供服务，如果采用上述"新公众的传播"（new public communication）标准，则会产生用有线方式传播广播的作品，仍要再次获得作者授权的结果，这对有线技术的发展非常不利。[2] 最后，各方一致认为只有被授权广播作品之外的他方主体传播广播的作品始构成新的向公众传播。[3]

我国《著作权法》在 2020 年进行第三次修改时，根据广播技术的发展状况，尤其是网络广播的普及，并结合多年司法实践的经验，对广播权的定义进行了完善，现行《著作权法》对广播权的定义为："广播权，即以有线或者无线方式公开传播或者转播作品，以及通过扩音器或者其他传送符号、声音、图像的类似工具向公众传播广播的作品的权利，但不包括本款第十二项规定的权利"。由此可看出，现行法律将初始广播行为的范

---

[1] See Sam Rickeston & Jane C. Ginburg, The Berne Convention for the Protection of Literary and Artistic Works: 1886—1986, London, Queen Mary College, Centre for Commercial Law Studies, 1987, Appendices 273.

[2] Makeen Fouad Makeen, Copyright in a Global Information Society: The Scope of Copyright Protection Under International, US, UK and French Law, The Hague, Kluwer Law International, 2000, p.241. 转引自：万勇：《论向公众传播权》，法律出版社 2014 年版，第 36-37 页。

[3] Annoteted Principles of Protecion of Authors, Performers, Producers of Phonograms and Broadcasting Organization in Connection with Distribution of Programs by Cable, in Copyright 1984, p.149. 转引自：万勇：《论向公众传播权》，法律出版社 2014 年版，第 37 页。

围进行了扩充，由原来的无线方式调整为"有线或者无线方式"，"以有线或者无线方式"是一个典型的技术中立的用语，实际上与"以任何技术传送手段"无异。将"以无线方式公开广播或者传播作品，以有线传播或者转播的方式向公众传播广播的作品"改为"以有线或者无线方式公开传播或者转播作品"，意味着初始传播无论是无线电传播，还是有线电缆传播，抑或是"网播"，都受修改后的广播权规制。①

（二）信息网络传播：最复杂的传播行为

世界上第一台电子数字计算机 ENIAC 出现在 1946 年，但是通信技术的发展却要比计算机技术早很长时间。② 在很长一段时间中，通信技术和计算机技术之间并没有直接联系，各自处于独立发展的阶段，但当计算机技术与通信技术都发展到一定程度，并且社会上出现了新的需求时，人们就会产生将两项技术融合的想法，计算机网络就是计算机技术与通信技术高度发展、密切结合的产物。③ 将多台计算机通过通信链路相连源自美国军事方面的需求，互联网的前身阿帕网（Advanced Research Projects Agency Network，ARPAnet）是美国国防部高级研究计划署开发的世界上第一个运营的封包交换网络，这种网络最大的特点和优势是去中心化，即便链路中的若干节点受到破坏，仍不影响整个网络的数据交换和信息传递。这一特点为互联网的全球化构建奠定了基础。这一传输特性也直接造就了信息网络传播的特点，具体将在下文进行论述。

信息网络传播基于相互连接的计算机之间的通信，即相互连接的计算机间的请求、响应、传输活动。与以往出现的传播方式截然不同的是，一台计算机的用户向另一台计算机的用户发送传输信息的请求的目标是清楚确定的，另一台计算机用户的响应和传输也几乎是同步的，而且每一台计算机用户可以同时响应多台计算机用户的请求，所以信息网络传播最大的特点在于，针对同一信息提供者在同一时间可以提供的所有信息，不同的

---

① 参见王迁：《〈著作权法〉修改：关键条款的解读与分析（上）》，载《知识产权》2021 年第 1 期。

② 通信技术最早可以追溯到 1835 年有线电磁电报的发明。参见杨波、周亚宁编：《大话通信——通信基础知识读本》，人民邮电出版社 2009 年版，第 12 页。

③ 参见吴功宜：《计算机网络与互联网技术研究、应用和产业发展》，清华大学出版社 2008 年版，第 5 页。

受众个体可以在同一时间进行不同选择并获得相应信息。换言之，就信息提供者角度而言，同一信息提供者可以在同一时间向不同受众提供不同的作品，就受众角度而言，不同受众可以在同一时间从同一信息提供者（或称传播源、信宿）获得不同作品，因此互联网便成为一个可以随时取用的资源库，可供用户获取自己需要的信息，互联网也因此极大地降低了人们对有形载体的需求度。

信息网络的发明是人类信息传播史上最伟大的跨越和壮举，在以发行作为信息传递的主要手段的古代，所有希望将信息流动变得更加便捷和长远的努力，都聚焦于怎么将承载信息的物质载体做得更轻便、更易保存和更廉价，从最早的兽骨龟甲到动物皮革和纺织品，这些载体均不满足轻便、廉价的要求，所以根本无法进行大规模利用，从某种角度讲，也正是这些信息载体的难以携带或获得困难，一定程度上造成了文明传承和文化繁荣的阻滞。后来，聪明的中国人开始使用竹简，这是信息传递技术的一个小飞跃，竹简相较于前述物质载体，显然廉价和容易获取得多，春秋战国时期思想和文化的井喷，与竹简的大规模使用关系密切。再到纸张的出现，发行所需的物质载体形式发展到了极致，时至今日，纸张仍是信息的最佳物质载体，其轻便、易于携带和运输、性状稳定、易于保存、制造成本低廉、容易获得，而且阅读者不用额外使用任何机器设备就可获得纸张上的信息。信息传播史上的第二个技术大飞跃是广播，广播首次令公众摆脱了物质载体的束缚，使公众在不存在有形物质载体的情况下远距离获得信息的需求成为可能。信息网络是信息传播史上的第三个技术大飞跃，它首次实现了公众在不获得或占有有形物质载体的情况下，自由多次地获得所需信息这一传播效果，其几乎可以完美替代所有有形物质载体，高效、便捷、远距离、按需获取信息是信息网络的特点，正是由于这些优势，信息网络的发展和普及迅速替代或部分替代了以发行为主业的传统媒体，传统的广播电视媒体也颓势尽显。

互联网在全球迅猛发展之时，《与贸易有关的知识产权协定》（简称TRIPs协定）的最终文本事实上已经完成。到缔结TRIPs协定的时候，数字技术的应用以及全球信息网络的发展在版权与相关领域引发了许多重要而紧迫的问题,亟待制定国际的、地区的以及国内的规范来予以解决,① 所以无法再在世界贸易组织（World Trade Organization,WTO）框架下解决信息网络传播的版权问题后,制定新的国际规范调整网络环境下的版权保护问题的重担就自然而然地落到了世界知识产权组织（World Intellectual Property Organization,WIPO）专家委员会身上。② 由于互联网直到1994年才开始在国际社会普及,所以专家委员会在前四次会议上并没有讨论"在线传输"的问题,但从1995年开始,专家委员会的讨论就主要集中在"数字在线传输"问题上,各方一致认为:通过互联网以及其他未来可能出现的网络系统传输作品应当属于作者专有权的控制范围。③

各方决定还是在现有的权利中选择一种权利来适用于数字传输。最终,各方基本上形成了以下两种主要意见:一种意见是适用"发行权",另一种意见则倾向于适用一般性的"向公众传播权"。各国在选择适用何种权利时,并不仅仅考虑理论依据,更多考虑到的是其现行的法律框架（什么权利、权利主体是谁、权利范围有多大）、习惯以及国家利益。④ 经过困难、复杂的谈判过程,外交会议于1996年12月21日在日内瓦WIPO总部举行签字仪式,通过了WCT以及WPPT。⑤

传播技术的飞速发展,尤其是信息网络的出现使条约起草者意识到,以往用技术特点描述传播行为,进而作为列入权利人可控行为的方式永远跟不上传播技术发展的速度。WCT第8条首先将以有线或无线方式向公众传播作品的行为均纳入作者的可控行为范围,然后强调了新出现的信息网络传播行为的客观特征。这种客观特征的描述具有中立性,即不以技术

---

① 参见［匈］米哈依·菲彻尔,《版权法与因特网》,郭寿康、万勇、相靖译,中国大百科全书出版社2009年版,第34页。

② 参见万勇:《论向公众传播权》,法律出版社2014年版,第127页。

③ Report on the Fifth Session of Committee of Experts on Possible Protocol to the Berne Covention, WIPO Document BCP/CE/V/9-INR/CE/IV/8, at 59-68; Report on the Sixth Session of Committee of Experts on a Possible Protocol to the Berne Convention, WIPO Document BCP/CE/VI/16-INR/CE/V/14, at 24-36. 转引自:万勇:《论向公众传播权》,法律出版社2014年版,第133页。

④ 参见万勇:《论向公众传播权》,法律出版社2014年版,第135页。

⑤ 参见［匈］米哈依·菲彻尔,《版权法与因特网》,郭寿康、万勇、相靖译,中国大百科全书出版社2009年版,第62-64页。

特征和法律特征对该行为进行框定，只要是能使公众在选择的时间和地点获得作品的行为，都是 WCT 第 8 条规定的提供行为（the making available to the public）。中立的意思是：不必将此种传播行为规定为发行或者向公众传播。① 另外该条还强调了，仅仅为促成或进行传播提供实物设施不致构成本条约或《伯尔尼公约》意义上的传播。② 为了给成员国留出足够充分的自由空间，以便国内法对条约进行转化，WCT 仅给出了"提供"（making available）这一体现"伞形结构"的表述，并同时描述了"提供"行为的结果：可使公众在自选的时间和地点获得作品。③ 至于什么是"提供"行为，或称"available"这种状态是怎样形成的，WCT 并未阐明。换言之，WCT 并未对"提供"做出界定，而仅通过对信息网络传播行为的效果或结果的描述表明了成员国负有将信息网络传播行为纳入国内法法定的著作权权项的控制范围的义务。

信息网络传播比广播包含的环节和牵涉的主体还要多，且表现形式更加多样，是目前最为复杂的一种传播行为。正是因为 WCT 为了给成员国留足空间以灵活调整自己的国内法，所以采用了所谓的体现"伞形结构"的有关表述"available"，而"available"的丰富内涵也为之后有关信息网络传播的诸多基础性理论问题的广泛的、激烈的争论埋下了伏笔。

四、有关著作权法中传播行为发展的启示

从以上对著作权法中传播行为及其发展的梳理可得到两点启示：第一，著作权法中的每种传播行为都对应着现实中存在的具体传播行为，现

---

① 参见［匈］米哈依·菲彻尔，《版权法与因特网》，郭寿康、万勇、相靖译，中国大百科全书出版社 2009 年版，第 725 页。

② 参见 WCT 第 8 条的议定声明。

③ See WCT Article 8: Right of Communication to the Public: Without prejudice to the provisions of Articles 11 (1) (ii), 11bis (1) (i) and (ii), 11ter (1) (ii), 14 (1) (ii) and 14bis (1) of the Berne Convention, authors of literary and artistic works shall enjoy the exclusive right of authorizing any communication to the public of their works, by wire or wireless means, including the making available to the public of their works in such a way that members of the public may access these works from a place and at a time individually chosen by them.

实生产生活中出现了某种传播行为后，著作权法便在博弈和"精算"的前提下，以新设专有权利或扩张专有权利外延的方式对其进行反映，简言之，著作权法中的传播行为就是现实中的某种传播行为在法律中的反映。因此著作权法中的传播行为并未独立于或超脱于现实中的传播行为，对著作权法中的传播行为进行界定应以现实中的传播行为为基础。第二，著作权法中的传播行为的发展伴随着传播技术的进步，从在某空间内传播到跨空间传播，从只依靠人力到主要依靠工具，从受众单向接收到与受众交互，传播的距离越来越远，传播的参与主体越来越多，受众获取信息的自由度也越来越高。在结果上，各传播行为均会使受众在没有获得作品载体之占有的情况下，感知到作品这种信息；在方式上，这些传播行为总体上可以分为不依靠机械设备完成的传播和依靠机械设备完成的传播，且都是向受众展示或再现作品信息。著作权法将这些效果不同、表象不同的传播行为均收入著作权的控制范围，说明它们必然有着共同的特性，[①] 这一共同的特性即是不通过转移有形载体的方式，而与他人共享作品这种信息，所以探寻信息得以共享的原理，研究信息共享的实现过程，就可以接近著作权法中传播行为的本质。

第三节　著作权法中传播行为概念的阙如

因公开传播权仅为学理上的概念，所以现行法律中并无直接针对该权利的有关规定，从而也就无法在现有法律规范中找到公开传播权概念直接对应的传播行为的概念描述。通过检视相关国际条约及主要国家、地区著作权法的规定可知，公开传播权在现有立法例中往往通过其所包含的若干权项零散地表现出来，权利对应的具体单项传播行为的概念虽有规定，但也仅被提及或大略阐明，尚不存在一个能够反映著作权法中传播行为共同

[①] 《美国版权法》对传播这一概念的指称即是这一特性的典型反映，《美国版权法》均将其称为"表演或展示"。See U.S.C. § 101.

本质的且能够统领著作权法中各个传播行为的明确概念，此实为著作权法律制度的一个缺陷。

一、对国际公约中传播行为相关规定的检视

《伯尔尼公约》规定了向公众传播的有关权利，其控制的行为有广播，针对戏剧作品、音乐戏剧作品和音乐作品的表演和有线传播，文学作品的朗诵，电影作品放映和有线传播。① WCT第8条明确规定了向公众传播权，"向公众传播"包括有线和无线方式的所有向公众的跨空间传播，不包括同一空间内的传播。需要特别说明的是，WCT第8条界定"向公众传播"所使用的经典表述——"making available to the public"（直译即"使公众可获得"），② 与其说是对向公众传播行为中的一种行为的界定，倒不如说其仅仅是对该行为的效果的描述，而行为的效果根本不足以界定行为本身。《保护表演者、录音制品制作者和广播组织罗马公约》（简称《罗马公约》）规定了以有线方式传播表演者的现场表演、传播录音制品、转播广播组织的节目、以收门票的方式向公众传播正在播出的电视节目等行为为权利人所控制，③《罗马公约》中的"communication"仅包括有线传播和机械表演。WPPT第2条规定了广播以及向公众传播的定义，广播指包括卫星传输在内的无线传播，向公众传播表演或者录音制品是指通过广播以外的任何媒介向公众传送表演的声音，或以录音制品录制的声音或声音表现物。此向公众传播应为有线传播，"传送"意味着其为跨空间进行。④ WPPT设专门条款第10条和第14条规定了表演者和录音制品制作者的"向公众（按需⑤）提供"权，控制向公众提供已录制的表演、录音制品的行为。《视听表演北京条约》则延续了WPPT的做法，将广播、向

---

① See Berne Convention, Article 11, 11bis, 11ter; Article 14. Guide To The Berne Convention For The Protection Literary And Artistic Works (Paris Act 1971), GENEVA, the World Intellectual Property Organization, 1978, p. 65.
② See WCT Article 8.
③ See Rome Convention, Article 7 1. (a), Article 12, Article 13.
④ 参见 WPPT 第2条。
⑤ On-demand.

公众传播与向公众提供（按需提供）三者并列，向公众传播为以有线方式进行的非交互式传播。TRIPs 协定中的传播行为包括广播、有线传播、机械表演。TRIPs 协定中"communication"一词指称有线传播和机械表演。① 从对国际公约相关规定的梳理可以看出，各国际公约通常仅规定了各自调整的公开传播所具体包括的行为，如有对相应具体行为的界定，也非常简略，从中无法抽象或归纳出著作权法中传播行为的概念。

二、对主要国家和地区法律中传播行为有关规定的检视

《美国版权法》既没有直接对传播（communication）做出界定，也没有专门规定传播权，传播在《美国版权法》中被表演和展示两个行为所体现，在定义"向公众表演或展示"时，《美国版权法》使用了"to transmit or otherwise communicate"的措辞，并同时对传输（transmit）做了界定，② 根据《美国版权法》的规定仅可知"传输"是《美国版权法》所指的传播行为之一。③

英国《1988 年版权、外观设计和专利法案》第 16 条规定了版权人有权禁止的特定行为的内容，该条中"向公众传播"行为（to communicate the work to the public）与公开表演、展示或者播放行为（to perform, show or play）是各自独立的，分处于（c）（d）项。④ 英国《版权法》中的传播（communication）仅指广播和交互式传播，有线的非交互式及非

---

① 参见 TRIPs 协定第 9 条、第 14 条第（1）（3）款。
② See U. S. C. §101：To perform or display a work "publicly" means：(1) to perform or display it at a place open to the public or at any place where a substantial number of persons outside of a normal circle of a family and its social acquaintances is gathered; or (2) to transmit or otherwise communicate a performance or display of the work to a place specified by clause (1) or to the public, by means of any device or process, whether the members of the public capable of receiving the performance or display receive it in the same place or in separate places and at the same time or at different times.
③ See U. S. C. §101：To "transmit" a performance or display is to communicate it by any device or process whereby images or sounds are received beyond the place from which they are sent.
④ See Copyright, Designs and Patents Act 1988, 16 The acts restricted by copyright in a work.

跨空间的机械表演均被排除于传播之外。其对"向公众传播"的解释为，通过电子传输的方式向公众传播，包括广播作品，通过电子传输的方式使公众可以在自己选择的时间和选择的地点获得作品。①

欧盟《信息社会版权指令》（2001/29/EC）（下称《指令》）第 3 条规定了作品作者的向公众传播权（right of communication to the public of works），《指令》对向公众传播权的界定与 WCT 中的界定非常相似，《指令》的"鉴于"部分对"传播"做了说明和限定，表明《指令》中的传播涵盖所有对公众的传播，其中尤其把交互式传播描述为"以互动式'随取即用'的方式向公众传播版权作品或其他载体，此互动式'随取即用'传播方式的特征在于公众可自由选择获取该作品/载体的地点和时间"。②

德国《关于著作权和邻接权的法律》第 3 章第 15 条对向公众传播做了原则性规定，向公众传播的行为包括朗诵、表演、放映，向公众提供，广播，以传播演讲或表演的录音、录像的方式向公众传播作品，用屏幕、扩音器等类似设备对广播的作品或以"向公众提供"的方式接收到的作品再传播，该法第 19 条、第 19 条 a、第 20 条、第 21 条分别对上述行为对应的权利做了界定，从中可看出相应行为的大致含义，③ 但无法看出各个行为的共同本质或传播行为的概念。

法国著作权法将展览之外的所有公开传播行为都归到表演④（représentation）范畴，包括非跨空间传播和跨空间传播。法国《知识产权法典》L.122-2 条规定："表演是指通过某种方式尤其是下列方式将作

---

① See Copyright, Designs and Patents Act 1988, 20 Infringement by communication to the public: (2) References in this Part to communication to the public are to communication to the public by electronic transmission, and in relation to a work include: (a) the broadcasting of the work; (b) the making available to the public of the work by electronic transmission in such a way that members of the public may access it from a place and at atime individually chosen by them.

② See Directive 2001/29/EC of the European Parliament and of the Council of 22 May 2001 on the harmonisaton of certain aspects of copyright and related rights in the information society. 中文译本参见中国保护知识产权网：http://ipr.gov.cn/law/detail.shtml?id=1732，访问日期：2017 年 3 月 25 日。

③ 参见［德］曼弗里特·雷炳德：《著作权法》，张恩民译，法律出版社 2005 年版，第 219 页。

④ 将"représentation"译为"再现"似更为合适。

品向公众传播：1）公开朗诵、音乐演奏、戏剧表演、公开演出、公开放映及在公共场所转播远程传送的作品；2）远程传送。远程传送是指通过电信传播的一切方式，传送各种声音、图像、资料、数据及信息。向卫星发送作品视为表演。"① 法国著作权法中的表演（représentation）几乎与公开传播为同义语，其对表演（公开传播）的界定也比较接近传播行为的本质。

澳大利亚《版权法》第 10 条对传播（communicate）下了定义，传播即是对作品或者其他权利客体的在线提供或者电磁传输，包括单一的途径或方式，也包括联合的途径或方式，既可以借助有形载体，也可以是不借助有形载体的转播。②

从以上梳理可看出，世界主要国家和地区著作权法中对传播行为的界定均是零散的、不系统的、片面的和不确切的，无法通过这些界定聚合出全面的、普适于各个传播行为的、高度概括的概念，各国著作权法在界定"传播"这一概念时所使用的"communicate""make ... available""perform""show""représentation""play"等表述，也均未触及著作权法中传播行为的本质。需要提及的是，英国的《1988 年版权、外观设计和专利法案》将向公众传播限定于通过电子传输的方式（by electronic transmission），但其与"the making available to"之间的关系，以及其与当代互联网技术是否相适应则并不清晰。

三、对我国著作权法中传播行为有关规定的检视

我国《著作权法》中也未直接规定公开传播权这一权利，《著作权法》第 10 条对包括展览权、表演权、放映权、广播权、信息网络传播权等属于公开传播权的五项权利做了逐一定义，虽然各项权利的定义中包含着对

---

① 《十二国著作权法》，《十二国著作权法》翻译组译，清华大学出版社 2011 年版，第 69 页。

② See Australia Copyright Act 1968 (consolidated as of June 1, 2011) Section 10: Communicate means make available online or electronically transmit (whether over a path, or a combination of paths, provided by a material substance or otherwise) a work or other subject-matter, including a performance or live performance within the meaning of this Act.

相应传播行为的描述和定义,① 但从中无法直接归纳出著作权法中传播行为的本质或概念,且每项权利定义中包含的各传播行为的描述也仅是基于行为表象,尤其是对信息网络传播行为的描述,而我国《著作权法》定义信息网络传播权时描述信息网络传播行为所使用的词汇——"提供"更显晦涩。需要提及的是,虽然《最高人民法院关于审理侵害信息网络传播权民事纠纷案件适用法律若干问题的规定》第3条第2款专门对信息网络传播权定义中的核心概念——"提供"做了解释,② 地方性的法院办案指南《北京市高级人民法院审理涉及网络环境下著作权纠纷案件若干问题的指导意见(一)(试行)》也对信息网络传播行为做了比较细致的描述,③ 但仍无法从中反推出信息网络传播行为的概念。

---

① 从我国《著作权法》第10条的规定可以看出,展览是指公开陈列美术作品、摄影作品的原件或者复制件;表演是指公开表演作品,以及用各种手段公开播送作品的表演;放映是指通过放映机、幻灯机等技术设备公开再现美术、摄影视听作品等;广播是指以有线或者无线方式公开传播或者转播作品,以及通过扩音器或者其他传送符号、声音、图像的类似工具向公众传播广播的作品;信息网络传播是指以有线或者无线方式向公众提供,使公众可以在其选定的时间和地点获得作品。参见《著作权法》第10条。
② 《最高人民法院关于审理侵害信息网络传播权民事纠纷案件适用法律若干问题的规定》第3条第2款规定:"通过上传到网络服务器、设置共享文件或者利用文件分享软件等方式,将作品、表演、录音录像制品置于信息网络中,使公众能够在个人选定的时间和地点以下载、浏览或者其他方式获得的,人民法院应当认定其实施了前款规定的提供行为。"
③ 《北京市高级人民法院审理涉及网络环境下著作权纠纷案件若干问题的指导意见(一)(试行)》第2条规定,"将作品、表演、录音录像制品上传至或以其他方式置于向公众开放的网络服务器中,使作品、表演、录音录像制品处于公众可以在选定的时间和地点下载、浏览或以其他方式在线获得,即构成信息网络传播行为"。

第三章 著作权法中传播行为的概念与认定

　　如前所述，无论是从历史上的还是从现行的国内外著作权法中均无法归纳出传播行为的确切概念，而要彻底解决著作权法中传播行为的有关争论问题，则必须对著作法中传播行为的概念进行精准厘定。传播的目的是实现信息传递，传播的结果是公众获得或共享信息。自然科学是社会科学的基础和本原，社会科学无法只建立在抽象概念的堆砌上，对社会科学中的概念困惑不解时，完全可以回到自然科学的原理中去探寻，尤其对于属于客观事实的行为的概念的探究更可如此，这种方法是客观和理性的。传播行为来源于现实生活中的传播，分析传播造成信息传递的原理是探究著作权法中传播行为本质的必由之路。自然科学中的传播有着其自在的原理，而著作权法中的传播行为表现多样，各自区别，可遵循先探究原理，再逐个检视，后总结共性的逻辑思路，先分析传播的科学原理，再检视著作权法中各传播行为对原理的相适性，然后提炼传播行为的共同特征，最后归纳共性，提炼出著作权法中传播行为的概念。

第一节 "传播"的语义解释

著作权法为舶来品,在著作权法的背景下分析"传播"的语义,首先以制度来源国的相应语词作为对象做以考察,对语义做出解释,是较为合理的路径选择,如此可以防止因语词表述上的差异而造成概念探究上的南辕北辙。"communication"一词的本义为分享,分享的方式为传递,"communication"与"transmission"为同义语,"transmission"意为传输。

一、"communication"的词义分析

汉语"传播"的词意仅有广泛散布,① 自《伯尔尼公约》始,在所有著作权国际条约和多国著作权法的英文文本中,传播权中的"传播(行为)"均用"communication"指称。在希腊文中,"communication"源于两个词根"cum"和"munus",前者指与别人建立一种关系,后者意味着产品、作品、功能、服务、利益等。② 维基百科对"communication"的解释是:(from Latin commūnicāre, meaning "to share"③) the act of conveying intended meanings from one entity or group to another through the use of mutually understood signs and semiotic rules。对"convey"的解释是:make known ideas, views, feelings, etc. to another person。古罗马时期的西塞罗把"communication"定义为把握一件事情或者与别人

---

① 中国社会科学院语言研究所词典编辑室编:《现代汉语词典》,商务印书馆2016年版,第200页。
② 陈卫星:《传播的观念》,人民出版社2004年版,第1页。转引自:刘海龙:《中国语境下"传播"概念的演变及意义》,载《新闻传播与研究》2014年第8期。
③ From Wikipedia, the free encyclopedia, https://en.wikipedia.org/wiki/Communication, Feb. 7, 2016.

建立一种关系。① 而按照英国学者雷蒙·威廉斯（Raymond Williams）的解释，"communication"的词源是拉丁文"communis"，意指"普遍"，因此"communicate"是指"普及于大众""传授"的动作。② 在《牛津高阶英汉双解词典（第10版）》中"communicate"的解释是：to share or exchange information, news, ideas, feelings, etc.［交流（信息、消息、意见、情感等）］；to have a good relationship because you are able to understand and talk about your own and other people's thoughts, feelings, etc.［沟通（想法、情感等）］；communicate sth to pass a disease from one person, animal, etc. to another（传染；传播）。此释义的阐明包含两个角度：其一，就传播对象而言，传播就是使他人知晓信息，而知晓的过程其实就是分享的过程；其二，就传播方式而言，传播就是传递或传输，信息从某处流经某处或流动至某处。

依前述分析可知，传播一词的词源本义为分享，这种分享具体表现为对信息的分享，即从一个已经掌握或知晓包含特定内容的信息的主体或群体向其他主体或群体传递，使其他主体或群体也知晓相应信息的特定内容，传播的手段是传递相互能理解的信号或符号规则。因此，"communication"即为分享，分享的方式是传递，分享的对象是以思想、观点、情感等为内核的信息。从词源解释的角度看，"communication"的基本内涵包括：其一，人和人之间的互动；其二，通过传递而共享信息。

二、"communication"与"transmission"辨析

在《伯尔尼公约》的法文文本中，第11条和第13条之三使用的表述都是"la transmission publique"即"向公众传输"，第14条使用的表述是"la transmission par fil au public"，即"通过有线方式向公众传输"，

---

① 陈卫星：《传播的观念》，人民出版社2004年版，第1页。转引自：刘海龙：《中国语境下"传播"概念的演变及意义》，载《新闻传播与研究》2014年第8期。

② 参见［英］雷蒙·威廉斯，《关键词：文化与社会的词汇》，刘建基译，生活·读书·新知三联书店2005年版，第73页。转引自：刘海龙：《中国语境下"传播"概念的演变及意义》，载《新闻传播与研究》2014年第8期。

而与之相对应的英文表述是"communication to the public"和"communication to the public by wire"。① 从这一现象可看出,《伯尔尼公约》表述相关概念时,将"transmission"与"communication"作为同义语。"transmission"意为"conveyance from one place to another"。② WCT第8条规定了"向公众传播权",对其中"传播"的含义,WIPO在《基础提案》中清楚地指出,"传播"一词意味着向不在传播发生地的公众进行传输。由于传播总是涉及传输,所以"传输"本就可被选为描述相关行为的关键术语。但是,"传播"一词仍然被继续使用,因为它是《伯尔尼公约》英文文本中所有相关条款的用语。③ 使用该词的优点在于,除了表述了传输这一纯粹的行为过程外,还同时强调了存在传输对象。④ 虽然传输(transmission)是传播行为(communication)的核心,⑤ 但与"transmission"相比,"communication"不仅包含了"transmission"这一具体行为,还包括了传播过程中所必须产生的临时存储行为。⑥ 从行为的特征及具体内容角度看,用"communication"指称相应概念更准确;从英文文义看,"communication"一词也能更精准地反映出以传输为核心的信息分享过程。

需要说明的是,"transmission"的动词"transmit"既可被译作"传输",也可被译为"发送",⑦ 且在现代汉语中,"发送"与"传输"的含义

---

① 王迁:《论提供"深层链接"行为的法律定性及其规制》,载《法学》2016年第10期。
② Online Etymology Dicitionary, https://www.etymonline.com/word/transmission, Jun. 7, 2017.
③ 王迁:《论提供"深层链接"行为的法律定性及其规制》,载《法学》2016年第10期。
④ See WIPO, Doc. CRNR/DC/4, Basic Proposal for the Substantive Provisions of the Treaty on Certain Questions Concerning the Protection of Literary and Artistic Works to be Considered by the Diplomatic Conference, para. 10.16.
⑤ See WIPO, Doc. CRNR/DC/4, Basic Proposal for the Substantive Provisions of the Treaty on Certain Questions Concerning the Protection of Literary and Artistic Works to be Considered by the Diplomatic Conference, para. 10.15: As communication always involves transmission, the term "transmission" could have been chosen as the key term to describe the relevant act.
⑥ See WIPO, Doc. CRNR/DC/4, Basic Proposal for the Substantive Provisions of the Treaty on Certain Questions Concerning the Protection of Literary and Artistic Works to be Considered by the Diplomatic Conference, p. 46: Communication of a work can involve a series of acts of transmission and temporary storage, such incidental storage being a necessary feature of the communication process.
⑦ 参见外语教学与研究出版社词典编辑室编:《现代汉英词典》,外语教学与研究出版社1988年版,第227页。

几乎相同,① 所以"发送""传输"二词在本书中的使用并无本质区别,且经常混用。但是鉴于"发送"一词似侧重于行为过程的发端点,"传输"一词似侧重于整个行为过程,所以本书意在突出或强调行为的发端点时,倾向使用"发送"一词,意在突出行为的过程时,则倾向使用"传输"一词。另需说明的是,在物理学中"传播"一词通常用英文"propagation"表示,指波在介质中的运动。② 用该词时既无同时表示传播对象之意,又无分享、交互之指。

第二节 传播行为的对象及物理学原理

探讨行为不可避免地得揭示行为的对象,这样行为才具象并有的放矢。后文将尝试提炼出著作权法中的传播行为的概念,而行为对象是传播的概念的重要组成部分。通过揭示传播行为的物理学原理,就可知道信息共享是怎样实现的,传播过程具体包括哪些环节,从而为深入分析著作权法中的传播行为打下基础。

一、传播行为的对象

前文已述及,传播的结果是受众获得信息,而信息不可能自己流动,必须要依靠物质的携载和物质的运动,信息才可从传播者传递至受众,否认这一点,就意味着认为信息传递是纯精神活动,这一结论显然是唯心主义的,严重背离唯物主义辩证法。所有行为都有具体的作用对象,例如刑法理论中的行为对象概念③:行为对象即行为所作用的人或

---

① 发送意为发出、送出;传输意为输送(能量、信息等)。参见中国社会科学院语言研究所词典编辑室编:《现代汉语词典》,商务印书馆2016年版,第352页、第201页。

② In physics, propagation is the motion of waves through or along a medium, https://en.wikipedia.org/wiki/Propagation, Jun. 7, 2017.

③ 行为对象是指危害行为所作用的法益的主体(人)或物质表现(物)。参见张明楷:《刑法学》,法律出版社2003年版,第159页。

物，对于传播行为而言，行为对象仅可能为物，具体而言，即携载信息的传播载体。

（一）信息概说

知识产权界绝大多数学者均认为知识产权的客体（或对象）属于信息，相应的论断亦若星瀚，① 作品当然也属于信息。然而，信息究竟是什么，信息如何界定，则众说纷纭，关于信息的各种各样的概念达 200 余种，② 对信息的概念及本质的深入研究主要集中在信息论、控制论和哲学三个方面。1948 年克劳德·香农（Claude Shannon）发表了一篇题为《通信的数学理论》（*A mathematical theory of communication*）的论文，奠定了信息论的基础。在信息论中，信息的概念具有非常强烈的工具意义，其更主要地是为了满足度量的需要，即以信息的相应概念为基础，确定一个度量体系，从而使通信、传输、密码等诸多问题变得可计算和量化。香农认为，信息是事物运动状态或存在方式的不确定性的描述。③ 控制论的创始人诺伯特·维纳（Norbert Wiener）在 1950 年出版的《人有人的用处》中提出，信息这个名称的内容就是我们对外界进行调解并使我们的调解为外界所了解时而与外界交换来的东西。接收信息和使用信息的过程就是我们对外界环境中的种种偶然性进行调解并在该环境中有效地生活着的过程。④ 如果说信息论中的信息概念关注的是信息本身如何量度，那么控制论中的信息则更关注信息与人的交互作用，更专注信息本身的意义。要完成控制论的任务，系统就必须获得对自己有意义

---

① 参见杨巧主编：《知识产权法学》，中国政法大学出版社 2016 年版，第 19 页；王迁：《知识产权法教程》，中国人民大学出版社 2014 年版，第 2 页；吴汉东：《财产权的类型化、体系化与法典化——以〈民法典（草案）〉为研究对象》，载《现代法学》2017 年第 3 期；张玉敏、易健雄：《主观与客观之间——知识产权"信息说"的重新审视》，载《现代法学》2009 年第 1 期；郑成思、朱谢群：《信息与知识产权》，载《西南科技大学学报（哲学社会科学版）》2006 年第 1 期；冯晓青：《信息产权理论与知识产权制度之正当性》，载《法律科学》2005 年第 4 期。

② 参见向波：《知识、信息与知识产权的对象》，载《知识产权》2011 年第 1 期。

③ 香农将信息定义为用来消除不确定性的东西，具体地说就是在信宿中用来消除对于在信源中发出的消息的不确定性的东西。这一信息概念的内容反映出它发生于通信过程中的背景，运用这个概念来理解广泛存在于我们当今社会中的信息现象肯定是不够的。参见陈一壮：《信息的哲学定义和信息功能的历史演变》，载《河北学刊》2006 年第 1 期。

④ 参见［美］维纳：《人有人的用处——控制论和社会》，陈步译，商务印书馆 2017 年版，第 3 页。

的，并不断变化着的环境因素的信息；根据这些有意义的信息，系统再调节自身的行为、状态，使自己与外部环境相适应。① 在哲学方面，邬焜对信息的研究具有开创性。② 为了探讨信息在哲学研究中的地位，他对传统意义上的存在进行了全新的分割，认为"存在＝物质＋信息"，进一步研究了物质与信息的关系。他认为，物质和信息都是存在：物质是"直接存在"，可称为"实在"，而信息则是"间接存在"，也可以称为"虚在"或"不实在"。他对信息的定义是："信息是标志间接存在的哲学范畴，它是物质（直接存在）存在方式和状态的自身显示。"③

（二）信息的存在和传递离不开物质

虽然信息的概念纷繁复杂，但无论对信息如何界定，学者们对信息的一项特征具有共识，即信息的存在和传递离不开物质。香农的信息论认为，信息的传递离不开信号和信道，信号和信道是由物质构成的。维纳在控制论的奠基性著作《控制论或关于在动物和机器中控制和通讯的科学》一书的第五章指出："信息不是物质，也不是能量"，信息既离不开物质，也离不开能量。④ 信息就是物质存在方式和状态的自身显示，⑤ 或称信息的本质就是事物之间及事物内部的联系。⑥ 信息就是各种物质和能量间的关系，以及呈现出的"形式"⑦。信息绝不是与物质及能量完全无关的"精神实体"或"宗教观念"，而是物质所固有的一种属性。

---

① 参见张玉敏、易健雄：《主观与客观之间——知识产权"信息说"的重新审视》，载《现代法学》2009 年第 1 期。

② 参见[法] 约瑟夫·布伦纳文：《作为信息时代精神的哲学——对邬焜信息哲学的评论》，王健译，载《哲学分析》2015 年第 2 期；李国武：《邬焜信息哲学是信息时代的科学的世界观》，载《重庆邮电大学学报（社会科学版）》2014 年第 1 期。

③ 邬焜：《信息哲学》，商务印书馆 2005 年版。转引自：冯亮：《信息的本质及表现形态》，载《江西社会科学》2016 年第 10 期。

④ 吴伯田：《从哲学看信息的本质》，载《浙江师范学院学报（社会科学版）》1983 年第 2 期。

⑤ 邬焜：《信息哲学》，商务印书馆 2005 年版。

⑥ 参见冯亮：《信息的本质及表现形态》，载《江西社会科学》2016 年第 10 期。

⑦ 此处的"形式"指亚里士多德所语的"形式"，亚里士多德认为物质由质料和形式构成。

同一信息可以用不同的物质载体来传递和存储，同一物质载体也可以存储和传递不同的信息，①但信息无法离开物质独存。信息总是在通信和控制过程中表现出来，而一切通信必须借助于一定的物质过程而使双方发生关系。信息的传递必然消耗一定的能量，无论其能量怎样微小，在量上总不能等于零。这就是说，信息只有以某种物质作为媒介，并伴随一定的能量的传递和转换才能被传送。②信息是对外界特征的反映，但它不能独立存在，只能寓身于物质而存在，并借助于物质的运动而传播。③换言之，信息是"形而下"的客观实在，信息必须靠物质载体存储、表征和传递。只要信息被传送，则必然发生能量的传递和转换，必然依靠物质载体，不存在纯精神活动的信息传递，信息传递必然建立在物理运动基础之上，不存在与载体无关的"裸信息"，也不存在与载体无关的"裸信息作业"。④因此，研究作品这一类信息寓身于的物质——传播载体如何传输，即是研究作品如何传播。

(三) 携载信息的传播载体

信息载体是在信息传播中携带信息的媒介，是信息赖以附载的物质基础，是用于记录、传输、积累和保存信息的实体。信息载体包括：(1) 以能源和介质为特征，运用声波、光波、电波传递信息的无形载体；(2) 以实物形态记录为特征，运用纸张、胶卷、胶片、磁带、磁盘传递和储存信息的有形载体。⑤信息载体分为存储信息的载体和传递信息的载体，所谓的"有形载体"⑥既可存储信息也可传递信息，但其传递信息是通过转移

---

① 参见吴伯田：《从哲学看信息的本质》，载《浙江师范学院学报（社会科学版）》1983年第2期。

② 参见吴伯田：《从哲学看信息的本质》，载《浙江师范学院学报（社会科学版）》1983年第2期。

③ 参见新闻学大辞典，中国知网百科，http://kns.cnki.net/kns/brief/result.aspx?dbprefix=CRPD，访问日期：2017年2月19日。

④ 参见苗东升：《论信息载体》，载《重庆教育学院学报》2006年第1期。

⑤ 参见百度百科词条：信息载体，https://baike.baidu.com/item/%E4%BF%A1%E6%81%AF%E8%BD%BD%E4%BD%93/4309185?fr=aladdin，访问日期：2017年2月19日。该词条得到中国通信学会科普中国百科科学词条评审专家委员会专家张新生、张英海、毛谦认证。

⑥ 此处的"有形""无形"当指有无具体形状。

有形物的占有实现的,① 此与著作权法中传播不包括以转移占有的方式实现信息传递的特征不相适应,所以于此讨论的信息载体仅分为存储信息的"有形载体"和传递信息的"无形载体",可分别称为存储载体和传播载体。通常在探讨知识产权与物权的区别与联系时,"客体与载体"所指称的"载体"仅指存储载体,即"有形载体",但事实上除此之外还存在传播载体。传播载体具体包括声波、电流和电磁波,作品这一信息由传播载体携带、传递,著作权法中传播行为的直接对象即携载作品信息的传播载体。

（四）对传播行为的对象称谓的选择

现有论著在提及承载并传递信息的物质时,通常将其表述为"媒介""介质"或"信号"。经过深入考察和仔细辨析,可以得出的结论是：用"媒介""介质"或"信号"指称传播行为的对象时,会造成指代不明或概念混淆。

按照《现代汉语词典》的解释,媒介是指使双方（人或事物）发生关系的人或事物。② 在传播学中,媒介通常是指介于传播者与受传者之间,用以负载、传递、延伸、扩大特定符号的物质实体。③ 在实际使用中,媒介的含义更广泛,它往往不仅指传播行为作用的对象,还指传播的工具或组织,④ 比如《中国百科大辞典》对媒介的解释为："包括纸、光、声波、

---

① 表现为有形物的载体即为本书所称的"存储载体",即通常所说的作品的有形载体。关于"有形物"之称谓,根据对物的分类的一般理解,无体物在早期单指财产权利,后权利从物的概念中被剔除后,无体物的概念产生了变化,现多指财产利益和知识产权客体,也有学者认为无体物还包括能源、热、光等自然力,但笔者认为能源、热、光等皆为物质,与财产利益和知识产权客体存在显著不同,将这些归入无体物似有不妥,宜将热、电、光、磁等无具体形状的物质归入有体物中的无形物。对此何敏教授指出,无"结构"与有"材质"者是物,称之为"无构有质物",或据其区别性特征称其为"无形物",如电、光、磁、热、气等,笔者殊为赞同。前述观点参见温世扬：《财产支配权要议》,载《中国法学》2005年第5期；吴清旺、贺丹青：《物的概念与财产权立法构造》,载《现代法学》2003年第6期；卢志刚：《民法上的物》,华中科技大学硕士学位论文,2007年；何敏：《知识产权客体新论》,载《中国法学》2014年第6期。

② 参见中国社会科学院语言研究所词典编辑室编：《现代汉语词典》,商务印书馆2016年版,第887页。

③ 参见段鹏：《传播学基础：历史、框架与外延》,中国传媒大学出版社2013年版,第171页。

④ 媒介,又称传播渠道,不仅包括传送以及存储信息的设施,也包括那些使用这些设施来传递信息的机构。参见张今：《再论信息网络传播行为》,载《出版发行研究》2017年第2期。

电波等进行传播的一切符号载体。大众传播出现以后,媒介主要指报纸、杂志、书籍、广播、电影、电视等大众传播工具。"① 因此,抛开人或组织不论,仅在物的概念下,媒介起码包括了起静态存储信息作用的有形载体,以及声波、电流、电磁波等起传递信息作用的无形载体,而前文已述,著作权法中的传播并不包括依靠有形载体的转移传递信息的行为,所以用媒介指称传播行为的对象并不合适。

介质在现代汉语中被解释为"一种物质存在于另一种物质内部时,后者就是前者的介质"②,比如光波在光纤中传输,光纤就是光波的介质。由此可看出,对于传播行为的对象而言,介质并非传播行为的对象,而只是传播行为的对象(传播载体)运动时所存在于的物质,当然有时也用"介质"一词,指称被传输的声波、光、电波等。有关介质的概念将在后文详述,总之以介质指称传播行为的对象亦不达意。

信号是表示消息的物理量,如电信号可以通过幅度、频率、相位的变化来表示不同的消息,③ 它与信息的无形载体既紧密联系,又有区别。在很多情况下,信号被直接用来指称光波、声波等物质实体(信息的无形载体),比如有学者将信号定义为"运载与传递信息的载体与工具",④ 但信号一词更偏重于表达无形载体所表现出的物理量,比如有教科书直接将信号界定为"随时间和空间变化的某种物理量或物理现象",⑤ 或将信号描述为信息的表现形式,通常体现为随若干变量而变化的某种物理量,⑥ 而且在使用信号一词时,相应视角似通常为接收者,所以以信号指称传播行为的对象亦不够精准。鉴于信号与信息的无形载体间所具有的互为表里的关系以及在通信工程语境下通常使用信号一词,后文在分析和叙述传播的

---

① 中国知网《百科》:《中国百科大辞典》词条,http://kns.cnki.net/kns/brief/default_result.aspx,访问日期:2018 年 8 月 31 日。
② 中国社会科学院语言研究所词典编辑室编:《现代汉语词典》,商务印书馆 2016 年版,第 670 页。
③ 参见百度百科词条:信号,https://baike.baidu.com/item/%E4%BF%A1%E5%8F%B7/32683?fr=aladdin.访问日期:2018 年 9 月 1 日。该词条由"科普中国"百科科学词条编写与应用工作项目审核。
④ 参见张凯主编:《信号与系统》,西北工业大学出版社 2007 年版,第 2 页。
⑤ 参见闫青、付晨主编:《信号与系统》,山东科学技术出版社 2008 年版,第 1 页。
⑥ 参见魏春英、高晓玲主编:《信号与系统》,北京邮电大学出版社 2017 年版,第 2 页。

物理学或通信原理时，也会使用到"信号"一词。

虽然在著作权法语境下，"载体"被公认为有形物的存储载体的简称，但在实际使用中仍普遍存在对"载体"加以"有形"一词，进行强调、说明或限定的情形，所以在语言表述上，提出与该情形相对应的同样对"载体"加以强调、说明或限定的称谓并不太显唐突。"有形"之义为具有具体形状，所指之物乃有形物，"有形"是从其物的属性角度描述的。与"有形"对应的当为"无形"，"无形"之义为无具体形状，所指之物乃无形物，有形物与无形物皆属于有体物。有形载体具有存储信息的功能，无形载体具有传递信息的功能，所以从功能的角度描述，可将"载体"进一步区分为存储载体和传播载体。在有相对熟悉的概念和称谓可供沿用的情况下，继续使用该称谓，并加以适当调适和组合形成一个新的称谓，同时辅以解释和说明，此情形下的新称谓要比完全新造一个词语指称相应概念更易被接受，所以在反复权衡的情况下，笔者选择以"传播载体"作为对传播行为对象的称谓。

二、传播的物理学原理

传播的目的是实现信息的分享，而信息不可能凭空闪现于受众的大脑之中，信息从信源到达受众，实现与受众分享的过程首先是一个物质运动的过程，这其中包含着并不复杂的物理学原理，传播的物理学原理是深入剖析著作权法中传播行为的本质的坚实客观基础。

（一）与传播有关的物理概念

下文阐述传播的物理学原理时会涉及若干物理学上的名词，为了理解方便，在此一并列出和解释：

（1）介质。

介质亦称媒质。一般来说，它是物理系统在其间存在或物理过程（如力和能量的传递、光和声的传播等）在其间进行的物质。介质的含义较为广泛，不仅仅局限于我们传统理解的"实物"范围，如空气和水等"实物"是传播声和光的良好介质，而不存在"实物"的真空虽不能传播声音，但却能最有效地传播光、无线电波、热辐射等。物体振动而发出的声音通过介质以波的形式传入人耳,引起鼓膜振动,刺激听神经而产生听觉。① 波动能量的传递,需要某种物质基本粒子的准弹性碰撞来实现。这种物质的成分、形状、密度、运动状态,决定了波动能量的传递方向和速度,这种对波的传播起决定作用的物质,称为这种波的介质。② 比如声波在空气中波动和传递,空气即声波的介质。

(2) 质点。

质点是一种理想化的模型。在研究机械运动时,若物体的形状和大小对运动的影响可以忽略,我们就可以把它看作一个具有一定质量的几何点,称为质点。③ 在机械波的情形下,介质的质点为分子或原子,分子或原子的振动传递机械波。

(3) 机械波。

机械振动在媒质中的传播所形成的波动。在弹性媒质中,只要有一个质点受到激励发生振动,则它周围的质点由于具有惯性,在媒质的弹性力的作用下也会发生振动,但与前者存在一定的相位滞后。同样的原理,接着近邻的质点又在这些质点的带动下振动起来,只是比最先振动的质点滞后更大的相位,像这样由近及远地影响下去,机械振动就以一定的速度由近及远地向各个方向传播开去,形成机械波。产生机械波必须具备作为波源的能激发波动的振动系统和能传播机械振动的具有一定质量的弹性媒质。声波是典型的机械波。④

(4) 电磁波。

电磁波是由同相且互相垂直的电场与磁场在空间中衍生发射的震荡粒子波,是以波动的形式传播的电磁场,具有波粒二象性。当电磁波的能阶跃迁过辐射临界点,便以光的形式向外辐射,此阶段波体为光子,所以太阳光是电磁波的一种可见的辐射形态。⑤ 可见光是波长在 770~390 纳米

---

① 参见《初中生实用辞典·物理》,江苏少儿出版社 1997 年版,第 125 页。
② 参见百度百科词条:介质,https://baike.baidu.com/item/%E4%BB%8B%E8%B4%A8/5419484?fr=aladdin,访问日期:2017 年 2 月 19 日。
③ 参见徐龙道编:《物理学词典》,科学出版社 2004 年版,第 10 页。
④ 参见徐龙道编:《物理学词典》,科学出版社 2004 年版,第 119 页。
⑤ 参见百度百科词条:电磁波,https://baike.baidu.com/item/%E7%94%B5%E7%A3%81%E6%B3%A2/102449?fr=aladdin,访问日期:2017 年 2 月 19 日。该词条得到中国通信学会科普中国百科科学词条评审专家委员会专家张新生、张英海、毛谦认证。

的电磁波。① 电磁辐射由高频率到低频率主要分为：伽马射线、X 射线、紫外线、可见光、红外线、微波和无线电波。电磁波可以不依靠介质传播。②

（5）电流。

电荷沿着导体定向移动产生电流。电源的电动势形成了电压，继而产生了电场力，在电场力的作用下，处于电场内的电荷发生定向移动，形成了电流。③ 机器设备中的电阻变化会令电流也跟着变化，这样一来，信息特征的变化就变成了适合在电路上进行传输的电流信号的强弱变化，模拟信号的幅度和相位都连续，数字信号的幅度取值呈离散状态，幅值表示被限制在有限个数值之内。

（二）信息传播的物理学原理

1. 听觉信息的传播

在听觉信息的传递过程中，不同频率的物体机械振动形成声源，机械振动的传递必须依靠弹性介质，只有弹性介质才具有弹性和惯性，要有弹性是为了提供一个力使质点的位移能恢复到它原来的位置，要有惯性是为了使运动的质点能把动量传递给邻近的质点。对于弹性介质而言，只要有一个质点被激发产生振动，那它周围的质点也会被激发产生振动，④ 机械振动在弹性介质中产生以一定速度传播的扰动，像这样由近及远地依此振动下去，声源振动的幅度、频率等特征就被远处的质点重现，振动的质点在耳道撞击人耳鼓膜，鼓膜振动经过螺旋状内耳（耳蜗）中的液体，使耳蜗中微小的听毛细胞振动，听毛细胞探测到运动，并将其转化为听神经可接受的电化学信号，听神经通过电脉冲将信息发送到大脑，大脑对信息进行转译和理解。若信号对应的信息是语言，则大脑对相应信号进行符号化"反编译"，从而获知信息中包含的符号和意思，若信号对应的是语言之外

---

① 参见徐龙道编：《物理学词典》，科学出版社 2004 年版，第 188 页。
② 参见百度百科词条：电磁波，https：//baike.baidu.com/item/%E7%94%B5%E7%A3%81%E6%B3%A2/102449?fr=aladdin，访问日期：2017 年 2 月 19 日。
③ 参见朱文军、陆建隆主编：《学科教学详解 初中物理》，湖南教育出版社 2015 年版，第 231 页。
④ 参见徐龙道编：《物理学词典》，科学出版社 2004 年版，第 116-117 页。

的其他听觉信息,则大脑便直接获得听觉信息。

从本质上讲,机械波只是一种现象,或者说是对质点依次规律振动的一种形象化描述,其实质是质点有序的、规律的依次振动,因此机械波事实上并不是传递听觉信息的载体,听觉信息的传播载体是弹性介质或者弹性介质的质点,因此,对于听觉信息而言,介质即载体,载体即介质,听觉信息的传播必须依靠弹性介质,否则无法进行。换言之,只要传播听觉信息,则必须存在弹性介质。但为了形象化并与称呼习惯相符,仍以机械波指称听觉信息的传播载体。能够引起受众听觉感知的对作品的现场表演,以及非跨空间的机械表演等传播行为均是以机械波为传播载体进行的听觉信息传递,它以弹性介质(比如空气、水)的质点为实质载体,依靠质点的依此振动向受众传递信息。

2. 视觉信息的传播

可见光是视觉信息传递的载体,可见光照射到物体上产生反射,或者由发光体自身发光,将物体的形状、位置关系、颜色等信息通过可见光表示并传递给人的眼球,眼球中视网膜的一部分细胞将可见光转变为电信号,即光电转化,这些电信号经过视网膜其他细胞的加工向脑内的外侧膝状体传递,之后传递给视皮层进行更进一步的信息处理与整合,进而形成视觉。[1] 可见光既可在特定介质中传播,也可在真空中传播,可见光属于电磁波[2]的一种。因此,能够引起受众视觉感知的对作品的现场表演,以及放映、展览等传播行为的本质是以可见光为传播载体的信息传递,可见光的发出者或被反射者为传播源,受众依靠接收可见光感知作品。

3. 信息的跨空间传播

某些电磁波比较适合远距离传输,信息的跨空间无线传播依靠这些电磁波完成,跨空间有线传播依靠电或光完成。对于听觉信息而言,机械振动产生的机械波被设备转化为电磁波或电流并放大[3],再利用天线、卫

---

[1] 参见《人类大脑是怎么产生视觉的 视觉是如何在大脑形成的》,https://baijia.baidu.com/s?old_id=689833,访问日期:2017年3月2日。

[2] 电磁波的本质是电场和磁场的交替转化,将其称为波也是为了形象化和便于理解,后文在描述视觉信息的传播载体及信息的远程传输载体时,均由电磁波指称。

[3] 一般通过"调制"完成。

星、导线等发送或传送，然后通过接收设备接收电磁波，再将电磁波转化①为机械振动，经过传播载体类型的转换和传送，在远端便产生与发射源机械振动相同物理量的机械波，最后引起听觉感知。对于视觉信息而言，从光源发出或被反射的可见光被设备转化为适于远距传输的电磁波或电流并被放大，再利用天线、卫星、导线等发射或进行传输，然后通过接收设备将相应电磁波或电流转化为可见光，从而引起视觉感知。以无线电波传输为例，以上将信息与用于远距传输的传播载体相结合的过程被称作"载波"（carrier wave）和"调制"（modulation），通过调谐至载波频率的谐振电路（resonant circuit）选择性接收空间中的传播载体，并放大和恢复信息的过程被称为"调谐"（tune）和"解调"（demodulation）。目前已知的适用于远距传输的载体有无线电波、微波、光和电流。因此，作品跨空间传播就是由适用于远距传输的传播载体携带作品信息进行远距传输的过程，跨空间传播以转换传播载体的类型为基本实现途径，以传播载体的发送、接收为基本实现手段。

通过以上物理学原理分析可知，传播载体包括分别以弹性介质、电场和磁场、电荷为内容的机械波、电磁波以及电流，信息传递必须依靠传播载体。传播的物理现象就是传播载体的运动和变化，也即机械波、电磁波、电流的运动和变化。在跨空间的传播过程中，传播载体相互转换，从而实现信息的跨距传递。机械波、电磁波、电流的运动轨迹就是信息传播的轨迹，携带信息的机械波、电磁波、电流的发出者传播了信息，是传播行为的直接做出者。

三、著作权法中传播行为的物理学原理解读

著作权法中产生相应的公开传播权权项皆因现实中存在或出现了相对应的传播行为，易言之，是先有了行为再有的权利，现实中出现具体的传播行为，才相应地产生了由著作权法予以规制的需要，著作权法中相应权项所对应的各单项传播行为皆应为现实中实际存在的行为，因为法律的根

---

① 一般通过"调谐"和"解调"完成。

本目标乃是解决现实中的纠纷，而非对社会生活之上的抽象概念或原理予以规制，所以这些行为不应包含其他特殊的含义，就是日常生活或相应自然学科中所理解的相应行为。著作权法中的行为从现实生产生活中来，又对应和规制着现实的生产生活，用物理学原理对这些行为进行解读，即可深入探究这些行为的共同本质。

第一，展览。展览是引发受众视觉感知作品的一种传播行为。展览者将作品进行公开展示，可见光作为传播载体将作品信息携载并传递给受众。展览过程通常没有可转换传播载体种类的机械设备参与，通常不涉及传播载体的制造发送、远程传输、接收等环节。提供作品，使作品处于公开展示状态，人造光或自然光即可携载作品信息进行传输。对于展览而言，虽然展览行为人发送传播载体的因素表现得不明显，使作品信息与传播载体结合是展览行为的主要方面，但的确存在着使传播载体发送这一环节。

第二，现场表演。现场表演作品，或引发受众听觉感知，或引发受众视觉感知，或二者皆存在。表演者通过器械或者自身器官制造声波，声波携载和传递作品信息，或者利用身体动静的变化展示作品，身体动静表示的作品信息被可见光携载并传递给受众。现场表演存在利用机械设备转变传播载体类型、传输传播载体的情形，比如利用扩音设备放大表演者制造的声音，但该行为并非将存储于有形载体的作品信息进行再现，所以不属于机械表演，仍属于现场表演。

第三，机械表演与放映。将存储载体中的作品信息与传播载体结合是二者的特征之一，即将存储载体中的信息再现。机械表演是用机械设备再现对作品的表演的行为，在放映行为被单独规定的情况下，机械表演的对象仅为听觉信息，机械表演将存储载体上的以磁或电或物料上的凹凸点形式记录的听觉信息还原为声波，其大概的过程是存储载体上变化的磁场或电压等物理量使设备产生相应特征的感应电流，电流经放大电路放大后送到扬声器，扬声器使空气振动发出机械波。原始的胶片放映利用人造光源生成可见光，可见光透射胶片后携载作品信息进行传递，其他后来发展出来的放映设备放映的大概过程为将存储载体上反映作品信息的物理量转换为相应参数特征变化的电流，电流中的电子撞击荧光屏产生可见光或电流通过液体水晶溶液使水晶重新排列以使液晶屏显像。

第四，广播。广播与机械表演和放映的原理相似，不同的是，广播过程中要实施更多次的传播载体类型的转换，以实现远距离传输和信息再现。以广播电台播出作品为例，广播电台首先把声音转换成表征声音物理特征并具有对应物理量变化的电流，经放大、调制、再放大后，经天线转换为无线电波向外发射，无线电波被收音机天线接收后，经放大、解调，还原为音频电信号，电流带动扬声器的纸盆振动，产生机械波（声波），从而被人听到。①

从传播行为角度讲，电视信号的传输当然也属于广播的范畴。电视用电磁波传递图像信息和声音信息，声音信息的产生、传递和接收跟无线电广播的工作过程相似。图像信息的工作过程是：摄像机把图像变成电信号，发射机把电信号加载到频率很高的电流上，通过发射天线发射到空中。电视机的接收天线把这样的高频信号接收下来，通过电视机把图像信号取出并放大，再由显像管把它还原成图像。②

第五，信息网络传播。信息网络传播是靠制造、发送、接收携载数字化信息的电流或电磁波完成的，用户计算机与传播者计算机之间首先建立起通信，由用户计算机向传播者计算机发出请求，然后传播者计算机通过物理网络向用户发送传播载体，用户计算机接收传播载体并显示数字化信息。信息网络传播的通信原理最特殊之处是，在传播者发送传播载体之前，用户先向传播者发送请求，告诉传播者自己需要的对象，传播者再行发送。信息网络传播的服务器控制者分为物理上的控制者和读写操作上的控制者，读写操作上的控制者是传播载体的真正发送者。使服务器的读写功能向公众开放，由用户提供信息，依照用户指令或依据技术安排，自动发送传播载体，此时用户既是信息提供者，又是服务器的实际控制者和操纵者。在依据技术安排自动发送传播载体的情况下，用户提供信息意味着

---

① 参见百度百科词条：广播，https://baike.baidu.com/item/%E5%B9%BF%E6%92%AD/656406?fr=aladdin#6，访问日期：2017年2月19日。该词条得到中国通信学会科普中国百科科学词条评审专家委员会专家张新生、张英海、毛谦认证。

② 参见课程教材研究所、物理课程教材研究开发中心编：《物理》（八年级下册），人民教育出版社2006年版，第102-103页。

必然会在受众发出请求时触发携载有相应信息的传播载体向公众发送，服务器的网络用户将信息与传播载体结合，从而决定并促成传播载体的发送。

著作权法中规定相应传播权是对现实中出现相应传播形式和传播行为的立法反映，而且著作权法中公开传播权中的各个权利都是在现实中渐次出现相应传播形式和传播行为之后出现的，所以，著作权法中的传播呼应了现实中的传播行为，或称物理意义上的传播在法律中的反映即著作权法中的传播。著作权法中的传播本质上是传播载体的物理运动，在公众中的非跨空间传播行为表现为机械波、电磁波或电流的直接传输，向远端公众的跨空间传播行为表现为"传播载体类型转换—传输—传播载体类型再转换—传输"的过程。发送携载作品信息的传播载体是著作权法中传播行为的共同客观基础，通过传播载体的传输，受众才可感知作品信息，即实现作品的分享。

第三节 对著作权法中传播行为的表征性抽象

著作权法中的传播行为脱胎于现实中客观存在的传播，是运用著作权法原理对现实中存在的传播行为进行提炼、加工的结果，其除了符合传播的物理学原理外，还在著作权法原理的调适下产生了附加的、具有自在规定性的共同特性。抽象出著作权法中传播行为的共性可以为规范著作权法中传播行为的定义提供坚实基础。对著作权法中的传播行为进行学理上的划类可更进一步揭示传播行为的本质和各自区别，为提炼著作权法中传播行为的定义做准备。

一、著作权法中传播行为的共同特征

通过对著作权法中传播行为范畴的圈定，对传播的物理学原理的剖

析，以及对著作权法中各传播行为运用的物理学原理进行解读，即可抽象出著作权法中传播行为的共同特征。这些共同特征是在著作权法的原理下或著作权法的制度规定性下产生的。

第一，不发生存储载体的转移。著作权法中的传播均不发生作品存储载体的转移，其仅利用传播载体变化的物理量表征作品信息，并依靠传播载体的运动使他人感知信息。传播载体均为有体物中的无形物，表现为分子、原子或其他微观粒子，这与可为触觉感知的有形的存储载体截然不同。该特征使著作权法中的传播行为区别于发行和出租行为。

第二，传播行为的对象是携载作品信息的传播载体。以往著作权法理论中所称载体一般仅指记载或呈现作品的有形物质实体，其是作品信息的承载质料，起到了静态存储的作用，因而实际宜称之为存储载体。传播载体与其相应，是信息发生动态传递时，携载信息并运动的载体，传播载体以自身运动状态的变化以及自身的运动映射、表示和传递信息，传播行为的对象是表征作品信息的传播载体，或称携载了作品信息的传播载体。作品信息是内容，传播载体是容器，一个是"神"，一个是"形"。既有信息，又有传播载体，"形神兼备"，传播始得发生。没有"神"的单纯"形"没有任何意义，只是无意义的"噪声"，只能成为自然科学研究的对象；没有"形"的单纯"神"是静态的信息，可能与信息的存储有关，但与传播无关。传播就是通过传播载体传递信息，作品的传播即是通过传播载体传递作品这一类特定信息。引入传播载体这一概念对于研究著作权法中的传播行为具有重要意义，传播载体是传播行为的直接作用对象，是传播行为得以实际发生和完成的物质基础。只有明确了行为的直接对象，才能为进一步细化研究行为的客观方面、行为各参与主体的行为性质和相互间的权利义务关系，以及行为主体与权利人间权利义务关系提供支点。

第三，向不特定的多数人（公众）传递信息。传播的目的是使不特定的公众获得信息，这就意味着传播一定是公开的，各国著作权法无一例外地要求传播为公开的。在指称相应行为时，"传播"一词优于"传输"的其中一个原因是，传播一词有开放的、对象不特定之含义，传输似有个体对个体、封闭之隐意。《美国版权法》第101条对何谓"公开地"表演或展出作品做了较为经典的定义：①（1）在向公众开放的地方，或者在超出家庭范围或者通常的社交圈的多数人聚集的地方，表演或展示作品的；（2）利用任何设备或者方法在前述第（1）项所指的地方或者向公众传输或以其他方式传播对作品的表演或展示，无论能接收这种表演或展示的人是在同一时间同一地点，还是分别于不同时间或分处于不同地点。由此可看出，"公开地"是指传播的受众为家庭范围或通常的社交圈之外的不特定的多数人。"不特定"是指作品信息的传递或传播载体的传输并非指向于特定的对象，传递或传输所造成的可以获得作品信息的主体是不确定的。不特定公众的重点在于"不特定"，而非单次传播面向的受众数量，或多次传播累积产生的受众数量。

需要指出的是，以下情况下也属于"公众"的范畴：其一，受众在地理上是分散的，但同一时刻不特定的多数人能够欣赏作品。例如，某旅馆通过内部的闭路电视系统向各房间播送节目，虽然旅馆中的客人并未集中在一起观赏，但能够在各自的房间内观赏，那么这些分散在各自房间的客人共同构成"公众"。其二，受众在欣赏作品的时间上是分散的，但日积月累的效果使不特定的多数人能够欣赏作品。例如，在餐厅播放音乐的某个时间点，进餐的客人可能并不多，但只要音乐在持续播放，就能使众多不特定的客人欣赏音乐，故在分散的时间进餐的客人共同构成了"公众"。其三，在半公开的场合如大中院校、机关和工厂等传播作品。因为在这些场所中，受众之间的联系并不紧密，不在"正常社交"的范围内。如在拥有上万名学生的大学中，不同院系的学生并不熟识。在全体师生都可购票进入的大学礼堂播放电影就属于面向"公众"的传播。另外，要构成受传播权控制的行为，行为人必须具有使构成"公众"的预定受众获得作品的目的。行为本身应是在主观意识下产生的身体的动静，如果对相应行为完全无意识，对相应结果完全无预期，完全不追求，则该主观状态下的身体动静难以成为行为。比如，在家中播放音乐时音量过大，导致过路人也能听到，虽然过路人是"公众"，但该公众并非行为的作用对象。②

---

① See Paul Goldstein, Goldstein on Copyright（3rd ed），Wolters Kluwer Law & Business, 2008, p. 7.
② 参见王迁：《知识产权法教程》，中国政法大学出版社2021年版，第180页。

第四，受众是否实际获得信息在所不问。传播的目的是使不特定的公众可以获得作品信息。"可以获得"是指受众可能获得作品，而非针对传播实际发生的可能性。著作权法中的传播仅要求产生使不特定公众获得作品信息的可能，并不要求公众实际获得了信息，但这种获得作品信息的可能必然是以面向公众的传播最终可以实际发生为基础和支撑的，如果最终必然无法向公众发送携带作品信息的传播载体，则根本不具有这种可能。"可以获得"对应着传播的两种状态：其一为传播载体被实际发送，现场表演、展览、机械表演和放映、广播行为实际发生均属于此，此状态下，受众是否实际观看表演、展览、收听等，在所不问；其二为传播载体可应受众需求随时发送，信息网络传播即属这种，此状态下，受众是否发送请求，传播载体通过信息网络传送至受众的电子设备后，受众是否实际观看或欣赏，则在所不问。传播行为具有这一特征盖因受众是否实际获得信息只是传播的结果，而非传播行为本身的构成因素，若要求传播行为具有实际获得信息的结果，则意味着在传播权侵权诉讼中，权利人要证明公众实际接收了传播载体，这种证明责任是根本不可能完成的，如将此作为判定侵权的待证事实，则必然会使传播权的保护落空。

对著作权法中传播行为的上述共同特征可做进一步的理解：其一，传播行为的共同特征乃指行为的客观特征，而非指行为造成的结果或具有的社会意义等。将行为结果或行为的社会效果、意义等当作行为的特征是一种常见的错误思维，同一结果或社会效果可由多种截然不同的行为造成，结果或社会效果只可用以评价行为，仅凭结果或社会效果根本不足以认定行为。其二，传播行为的特征是确定的，特征之下传播行为的"含义"也应是明确的。实践中，已有通过个案审判对法律做扩张解释，使新出现的传播方式纳入已有权利的控制范围的实例，比如，在2021年新修正的《著作权法》实施之前，就存在将通过信息网络实施的"定时播放"解释为应受著作权人控制的传播行为的判例。[①] 但解释不能产生迥异于传播行为本质特征的后果，致使已有的概念无法容纳，例如，无法通过扩张解释

---

① 参见上海市浦东区人民法院民事判决书（2008）浦民三〔知〕初字第459号，北京市高级人民法院民事判决书（2009）高民终字第3034号，北京市朝阳区人民法院民事判决书（2014）朝民（知）初字第40334号。

将鲸鱼界定为鱼[①],如果一定要追求这个结果的话,那必须要将鱼纲动物重新定义,仅抽象出在水中活动这一个特征,才可把鲸鱼纳入鱼的范畴,但如此一来,"鲸鱼是不是鱼"这个问题便变得没有意义了。"是不是鱼"或"鱼是什么"这个问题就会成为为了实施某个特定行为、达到某种特殊效果、追求某个特定目标的托词或者刻意营造的语境,此时"鱼是什么"的问题已不再是一个科学问题,而是为实现某一目的,可由人任意编排的工具。著作权法中的传播行为既具有统一的特征,又具有内在规定性,其概念当是明确和固定的。著作权法中传播的概念应是对现有立法例中传播权所控制的行为的共同本质特征的归纳和集束,如果背离其本质特征,认为不具有相应基本特征的行为也属于传播,即冲破传播行为的共同本质特征,进行突破性的演绎,将造成著作权法中的任何概念都无可无不可的后果,此范式下的研究和理论体系也将无章可循、无所适从。其三,从著作权法的发展史角度看,历史上渐次出现的已被纳入版权法调整范围的传播行为都是依靠传播载体运动(传输)来实现信息传递的,既没有将信息传播载体的接收设备生产者或提供者作为传播的主体,或者将传播载体接收者视为传播主体的先例,也没有将造成传播载体向公众传输之外的行为纳入传播范畴的先例。著作权的扩张历程充分说明,关于某个新传播技术对应的信息分享行为是否构成著作权法中的公开传播,以及是否应赋予著作权人新的权能以控制新出现的分享行为等问题的解决,从未有以受众主观认识作为判断标准之先例。其四,法律中传播的概念应是对已纳入著作权法中的单个传播行为的抽象、概括和归纳,这些单个的传播行为是对现实生活中传播行为的法律化表述,要以通常的方式理解现实生活中传播的含义,就要基于其原理对传播进行理解。

  什么是著作权法中的传播行为?回答这个问题,归根结底是要搞清楚传播的目的是什么,以及这个目的是如何实现的。简言之,搞清楚受众如何分享到作品这类信息,就搞清楚了著作权法中的传播。

---

  ① 鱼纲是体被鳞片、以鳃呼吸、鳍为运动器官和具上下颌的变温水生动物。参见谢桂林、杜东书主编:《动物学》,复旦大学出版社2014年版,第175页。

二、著作权法中传播行为的划类

对研究对象进行分类可以更好地理解研究对象，便于对研究对象的共性和特征进行把握。根据不同的划分标准，可以将著作权法中的传播行为划分成不同种类。著作权法中特定的传播行为类型也可体现著作权法中传播行为在物理的传播概念上的扩展，此处的划类也是为了后文便于对著作权法中传播行为进行初步定义。

（一）在公众中传播和向公众传播

根据传播载体的传输是否跨空间，可将著作权法中的传播划分为在公众中传播和向公众传播。[①] 在公众中传播是信息不进行远距离传递的传播，向公众传播则是传播载体需要远程流动才能实现信息传递的传播。向公众传播通过对传播载体的类型进行转换而实现，同时经历传播载体的发送、传输和接收三个阶段。在公众中传播与向公众传播的区别并非传播者与受众是否实际同处于一个空间，而是受众接收的传播载体是否经历了远程传输或者传播载体是否具有进行远程传输的能力。比如，广播电台为了实时监听播音室播出节目的效果，同时用半导体收音机或类似设备在播音室隔壁的房间中收听节目，此时虽然听众和节目的传播者在同一空间，但其仍然为向公众传播，因为听众获得的传播载体乃通过远距离传输而来，或称该传播载体具有远距离传输的能力。

在公众中传播与向公众传播的区别还在于受众最终感知作品信息是否需要专门的传播载体接收设备，前者无需接收设备，而后者必然存在接收

[①] 有学者将公开传播权划分为两类："在公众传播权"和"向公众传播权"。前者控制的是向聚集于特定时间和地点的公众的公开传播，即强调公众必须在特定地点（in the public）聚集，此时的公开传播权被称为"在公众传播权"（right of communication in the public）；后者控制的是指向特定时间、非特定地点以及非特定时间、非特定公众的公开传播，并不要求公众必须在特定地点集合，此时的公开传播权可以称为"向公众传播权"（right of communication to the public）。对此划分方法及提法，笔者殊为赞同。参照该对公开传播权的划分，此处提出了相应传播行为的划分。参见陈绍玲：《公开传播权研究》，华东政法大学博士学位论文，2012年。

设备,① 以便将适于远距离传输的传播载体转换为机械波或可见光。此种分类的意义在于,向公众传播较在公众中传播的受众更为广泛,对著作权人的经济利益影响更大;在公众中传播牵涉主体较少,向公众传播则牵涉主体较多,且有些主体已经发展成为专业化的传播载体发送机构、传播介质架设机构、传播载体接收转发机构等。各专业机构间各有分工,往往产生非常复杂的权利义务关系。

(二)交互式传播和非交互式传播

根据传播的发生是否基于受众的请求(指令)或传播过程中传播者与受众之间是否有交流,可将著作权法中的传播划分为交互式传播和非交互式传播。交互式传播下,信息的传递基于受众的请求,受众通过设备向传播者发出向其传递某一信息的请求,传播者根据请求向受众传递相应信息,或者在传播过程中传播者与受众之间有交流,传播者根据受众反馈的信息不断修正或调整所传播的信息。因此,听众打电话到电台与主持人进行互动,导播按照听众所点歌曲进行播放就是一种最简单的交互式传播;互联网平台中,直播间的主播按照观众在公屏上留言的要求演唱歌曲即是一种在先进传输平台上发生的较为原始的交互式传播。信息网络传播是典型的且是目前最先进、功能最强大的交互式传播,它可实现传播者同时与多名受众"交互"。

此种分类的意义在于,交互式传播的实际发生基于受众的请求,受众可以在传播者提供服务的任何时间获得自己需要的信息,现代化的交互式传播可以最大限度地实现受众获取作品的自由,基本实现了"随用随取",② 交互式传播因此对传统媒体造成了极大的冲击。在以往,只有占有存储载体,受众才可按照自己的意愿自由欣赏作品,包括广播、展览、现场表演在内的非交互式传播均无法令受众自由地、反复地欣赏作品。在信息网络普及以前,传统媒体间各自发展、势力均衡,彼此无法取代,而信息网络既能实现受众如同购买存储载体一样"随用随取"的效果,又不用实际购买存储载体,因此必然对传统媒体产生极大影响。另外,因为受

---

① See Claude Masouyé, Guide To The Berne Convention For The Protection Literary And Artistic Works (Paris Act 1971), GENEVA, the World Intellectual Property Organization, 1978, p. 65.

② 参见王迁:《著作权法》,中国人民大学出版社 2015 年版,第 195 页。

众的请求引发了交互式传播的实际产生,所以受众作为交互式传播的参与者,势必会与其他传播者之间产生较为复杂的权利义务关系。非交互式传播下受众不能选择信息,只能根据传播者的安排单向接收作品信息,受众无法实现获取自由,所以非交互式传播无法替代存储载体的作用,对传统媒体影响不大。在非交互式传播情形下,不论受众是否实际接收,受众接收的信息是已经传递到位的,且受众只是被动接收信息,所以受众并未参与传播,也就是说受众几乎不与其他传播主体发生权利义务关系。

（三）自行式传播与应答式传播

自行式传播与应答式传播是笔者提出的一种分类,二者是以传播的实际发生所基于的主体的不同进行的划分。应答式传播在现有的著作权法理论中通常被交互式传播所遮盖,但应答式传播与交互式传播并不完全相同,这种划分方法对于进一步阐明著作权法中传播的概念和构成标准具有重要意义,它也是本书的立论基础之一。自行①式传播即无需受众请求即可发生的传播。对于自行式传播,实际发送传播载体是传播的成立要件,只有发送了传播载体,才可使公众处于可获得作品的状态,没有发送传播载体或者准备发送传播载体,均无法使公众处于可获得作品的状态。因此对于自行式传播,只有实际发送传播载体才构成传播。广播、展览、现场表演、传播者自行完成的机械表演和放映都属于自行式传播。应答式传播是指需要由受众发出请求或自助操作始可发生信息传递的传播。应答式传播的传播者处于随时准备响应受众请求的待命状态,只要受众要求,就可接收到携载作品信息的传播载体。对于应答式传播,实际发送传播载体并非传播行为的必备构成要件,但发送传播载体是该行为的基础,即如果受众向传播者发出了请求,则必然实际发送传播载体,这种发送传播载体的结果是确定的,应答式传播的实行行为是待命发送携载作品信息的传播载体。因为应答式传播,发送传播载体这一结果相对确定,即只要受众发出指令或提出请求,则必然会发生传播载体的实际发送,所以对于应答式传播,著作权法做了法益保护前置化的安排,将这种尚未实际发送传播载

---

① "自行"在现代汉语中的意思为:自己（做）;自己主动。参见中国社会科学院语言研究所词典编辑室编:《现代汉语词典》,商务印书馆2016年版,第1739页。

体,但造成待命发送传播载体状态的行为纳入著作权的控制范围,以充分保护著作权人的利益。机械表演中的自助播放、放映中的自助播放①、信息网络传播都属应答式传播。

事实上,应答式传播并不是什么新鲜事物,早在1890年,路易斯·格拉斯(Louis Glas)和威廉·S. 阿诺德(William S. Arnold)在对爱迪生的电留声机进行了改进后,发明了一种槽中有镍(nickel in the slot)的留声机,并获得了装置专利技术,将其命名为投币驱动式留声机,使用者可以通过4个听筒中的任意一个聆听音乐。1928年,贾斯特斯·P. 西伯格(Justus P. Seeburg)将自动钢琴、电扬声器和唱机加工制造成一个通过投币启动的装置,可供选择的唱片增至8张。这种唱机大且笨重,在一个摩天轮似的旋转驱动上有8个独立的转盘装置,可令使用者选择任意一张唱片。1940年,自动点唱机(jukebox)的称谓首先在美国出现,该词是从"juke joint"一词派生出来的,根源于来自美国东南部的词语"juke",意为无序的、嘈杂的、奇怪的,点唱机在20世纪40至60年代中期,尤其是50年代极为流行,②现如今我们还可以在复古酒吧和美国西部牛仔片中看到它的身影。所谓的自动点唱机其实就是一种自助音乐播放设备,里面放着若干黑胶唱片,顾客投入硬币后,可以选择其中一唱片中的歌曲进行自动播放。自动点唱机可能是最早的应答式传播设备,经营者将点唱机置于公共场所,等待顾客发出播放的指令(或称"进行操作"),设备在顾客的指令下开始播放(机械表演),向不特定的公众传播作品。

应答式传播与交互式传播既有联系又有区别,应答式传播里有交互式传播的因素,向传播者发出指令属于与传播者的"交互",所以信息网络传播既属于交互式传播,又属于应答式传播。同时二者还各有侧重,交互式传播的重点在于"信息的交流",即在可获取信息的内容、时间方面,受众有可选择的空间,受众在可供选择的范围内选择作品并告知传播者,后由传播者依照受众的指示进行作品的传输。依此而言,"交互"更像是对行为效果的描述,它突出的是受众的可选择性,即对获得作品时间或内

---

① 比如KTV和点播影院。
② 参见《什么是Jukebox Musical?! 你了解么?》,https://www.sohu.com/a/273840408_745158,访问日期:2021年12月2日。

容的选择,并将选择结果告知传播者。仍以广播电台、电视台的点歌节目为例,听众或观众可以提前打电话或写信到广播电台、电视台,告知节目制作者其希望在某时听到某首歌曲,广播电台、电视台按照相应要求安排节目,并在指定时间播出。① 此情形完全符合"在选定的时间、选定的地点获得选定的作品"的特点,选定的时间和作品不再赘述,拿着收音机在任何有广播信号覆盖的地方,都可以收听歌曲,此当然也符合选定地点的特征。依此而言,交互式传播这一类型划分和特征描述并非专属于信息网络传播,而是一个较为宽泛的概念,也不能用其界定信息网络传播行为,或言其并非信息网络传播行为的本质特征。

应答式传播的重点则在于"待命响应",内容是否可选择并非关键,假设前述自动点唱机中可供播放的仅有一张单曲唱片,此情形下事实上无法满足可选择作品的特点,即便如此也丝毫不影响其构成应答式传播。对于网站而言也是如此,假设一个网站仅存储了一张图片供人浏览,则该网站同样构成应答式传播,因其显然满足"待命响应"的特点。因此,"应答"更侧重于对行为本身特征的描述,受众是否可选择并非应答式传播的特征,换言之,若将受众的选择理解为包括对是否实际进行作品传播载体的发送和传输,则可选择亦是应答式传播的特征之一。对于分析传播行为的概念和构成标准而言,应答式传播的提法较交互式传播更适宜,自行式传播和应答式传播的划分对于准确界定著作权法中传播行为的概念,以及准确分析和理解著作权法中传播行为的构成标准均具有重要意义。

第四节 对著作权法中传播行为的原理性抽象

科学抽象的过程主要是通过思维的分析活动,从感性材料中分析出事

---

① 这种方式在20世纪90年代非常流行,听众或观众往往还会表示将所点曲目送给某位朋友,同时还附带一些祝福的话语,在节目播放时,主持人也一并会代为转述。

物的质和量,抽象出事物的本质和特征,进而对事物内核的、本质的、必然的东西加以规定,由此形成科学概念。① 科学抽象的本质是透过现象摘取本质的思维过程。② 任何概念都有内涵,所谓概念的内涵,就是概念所反映的事物的特有属性,即概念所概括事物的本质属性的程度。能正确反映事物本质属性的概念是真实概念,歪曲反映事物本质属性的概念是虚假概念。从概念的规定性上看,概念具有主观性和客观性相统一的特点,任何概念都是对客观事物普遍本质的概括和反映。③ 在梳理了著作权法有关传播(权)的立法实践,剖析了作品传播的物理学原理,分析了著作权法中传播行为的共同特点,并以划类的方式交叉检校了著作权法中传播行为的本质的基础上,即可尝试提炼出著作权法中传播行为的内涵,给出著作权法中传播行为的定义。

一、著作权法中传播行为概念的初步提炼

著作权法律制度的鲜明特征之一就是与传播技术关系密切。与很多其他法律制度不同,著作权法领域的许多问题恰恰是技术引发并由技术决定的,因为技术的更深层逻辑是行为,不同技术对应着不同的行为,现实中新出现的传播技术不仅会引发既有作品之上利益的重新分配,更会引致新权利的产生,反过来,相应权利也必然对应和控制着以一定技术为基础的传播手段,传播技术和手段是著作权法公开传播权的现实基础和存在土壤,对著作权法中的概念进行辨析和准确界定离不开对相应传播技术及其原理的观察和归纳。认为分析传播技术进而判定行为是"桎梏于技术细节的窠臼"④ 等,表面上看义正词严,站在"利益受损"一方,⑤ 具有岿然的正当性,实则必然陷入缺乏客观基础的虚无和从权利出发又回到权利,

---

① 参见鲍健强:《科学思维与科学方法》,贵州科技出版社2002年版,第84页。
② 参见鲍健强:《科学思维与科学方法》,贵州科技出版社2002年版,第82页。
③ 参见鲍健强:《科学思维与科学方法》,贵州科技出版社2002年版,第87页。
④ 参见郭鹏:《深度链接侵害信息网络传播权再思考——从技术解析窠臼趋向权利保护本位》,载《法学论坛》2021年第4期。
⑤ 版权法并非以保护哪方利益为目的,对作者利益的保护也仅是为了实现繁荣创作这一目的,保护作者利益仅为手段而已,对其限制也是为了平衡对作者利益保护的度。

以权利论证权利的循环论证的窘境。信息无法摆脱物质世界而自立,更无法离开物质而"自流",不依托于传播载体的运动而使信息传递是不可能实现的。因此,对著作权法中的传播进行探究,必然要联系客观物质基础和信息传递的客观运动原理的。

在自然科学对某一事物有着明确界定的情况下,包括法学在内的社会科学应首先援引自然科学中相应概念的界定,而不应南辕北辙,从其他社会科学中"汲取营养",套用其他人文学科的界定,抑或完全无视著作权法与传播技术间根深蒂固的关系,完全抛弃或不顾自然科学的界定,自造某一概念的内涵和外延。法学应当植根于客观物质世界,而不能成为其他人文学科理论概念之上的法学,抑或自我封闭,营造如同经院哲学一般的看似深奥且华丽,但实际空洞无"物"的理论体系。唯有如此法学研究才能有统一的客观基础,才能真正使研究成果指导实践,解决实践中的真问题。比如,法学中自然死亡的死亡所指必为生物学意义上的死亡,而非哲学意义上的死亡。① 再如,法学中的毒品所指必为药学中的毒品,而非心理学中的"毒品"。② 又如,法学中的环境所指必为自然环境,通常属于生物学范畴,而非文学、历史等所指的人文环境。

行为是指生物进行的从外部可察觉到的有适应意义的活动,不仅包括身体的运动,还包括静止的姿势等。③ 行为一词在通常语境中指受思想支

---

① 自然死亡有心肺死亡和脑死亡两种标准,其均是指生物学意义上的人体器官停止运转。参见郭自力:《死亡标准的法律与伦理问题》,载《政法论坛》2001年第3期。在哲学中,原始死亡观认为死亡只不过是人的生命中一个可以逆转的事件;自然死亡观认为死亡是自然界物质转换的一个环节,宗教死亡观认为死亡是人的生活方式转换的中介环节,是人达到更好生活的必经的途径;唯心主义死亡观认为死亡只是人的身体的消,而人的灵魂则是不死的;马克思主义死亡观认为死亡意味着以独特个体为中心的社会关系的断裂,死亡使个体彻底退出家庭关系和其他社会关系,标志着以个体为中心的各种社会关系从此不复存在。参见周德新:《论死亡本质及其社会性》,载《社会科学辑刊》2010年第3期。

② 有学者将具有成瘾性的烟草、酒精、挥发性溶剂,或者网络游戏等均界定为毒品。参见童振华、徐嗣荪:《就毒品概念的界定与〈毒品学〉作者商榷》,载《中国药物滥用防治杂志》2003年第9卷第1期;刘华杰:《广义毒品与数字毒品》,载《民主与科学》2006年第4期。

③ 参见中国大百科全书总编辑委员会《生物学》编辑委员会、中国大百科全书出版社编辑部编:《中国大百科全书(生物学)》Ⅲ,中国大百科全书出版社1992年版,第1932页。

配而表现出来的活动,①民法中对行为的界定与之类似。②而行为这一概念在刑法条文的使用上有两种含义:一种是指犯罪心理态度的客观外在表现,即基于故意或过失的身体外部活动;另一种是无主观罪过的行为,即不是出于故意或过失的人体外部活动,后者与法律责任无关,属于事件。刑法上的行为具有三个要素:(1)行为的心素,指行为由人的意思所发动。(2)行为的体素,指人的身体举动及静止。身体的动静是行为构成的外部要素。(3)对外界所发生的影响,有的学者称之为行为的介素,指因思想活动所支配的身体动静而引起的有害结果。③借鉴此,知识产权法中专有权利可控的特定行为当指基于行为人的意思所发动的,作用于知识产权客体的人的身体举动及静止。特定行为本质上即是行为人身体的举动或静止,举动或静止是客观存在,是可被观察或被证实的;特定行为是作用于知识产权客体的,举动或静止必然引发与客体有关的客观物质世界的变化。

科学概念从形式上讲是抽象的、主观的,但在内容上讲则是具体的、客观的,④著作权法中的传播行为这一概念应被表述得具体、客观。传播就是信息的传递,信息借助声、光、电等的物理量的变化来表示和传递,机械波、电磁波、电流等是信息的传播载体,根据前文的分析和论证可以将著作权法中传播行为的定义初步表述为:著作权法中的传播行为是指使作品与传播载体相结合,并使携载作品信息的传播载体向公众发送。该表述可简化为著作权法中的传播行为即是使携载作品信息⑤的传播载体向公众发送。相应著作权法中传播行为的认定方法可初步总结为:只要向公众实际发送了携载作品信息的传播载体,传播行为即一定发生;谁使携载作品信息的传播载体实际向公众发送,谁即传播行为的行为人。

需要特别说明的是,此处对著作权法中传播行为概念的界定仅是初步

---

① 参见中国社会科学院语言研究所词典编辑室编:《现代汉语词典》,商务印书馆2016年版,第1466页。

② 王泽鉴先生认为,所谓行为,系指受意思支配、有意识之人的活动。参见王泽鉴:《侵权行为》,北京大学出版社2016年版,第105页。

③ 参见马克昌主编:《犯罪通论》,武汉大学出版社1999年版,第150-153页。

④ 参见鲍健强:《科学思维与科学方法》,贵州科技出版社2002年版,第82页。

⑤ 作品信息意为作品这种信息,而非作品的信息。

的和最基本的,因信息网络是计算机技术和通信技术相结合的产物,而计算机具有的自动伺服功能使信息网络具有了自动响应这一显著特点,这是信息网络之前的所有传统传播方式[①]均不具备的,相应特点必然会使著作权法中传播行为内涵得以扩充,相应著作权法中传播行为的定义也必然需要调适。信息网络传播不依赖于有形物质载体的转移而传递信息的特性,使其必然归属于著作权法中传播行为的大类,所以,在对著作权法中的传播行为进行初步和最基本的界定的基础之上,必然要对传播行为的内涵和外延做适当丰富和拓展,将应答式传播下的待命向公众发送携载作品信息的传播载体的状态也界定为传播。此问题将在下文详述。

二、著作权法中传播行为概念的再完善

应答式传播的构成不以传播载体的实际发送为要件,这一法律现象是著作权法律制度为了实现特定目的,以传播的物理原理为基础,对著作权法中传播行为的概念进行适度扩张的体现,新闻学中传播概念的嬗变为这一扩张现象提供了解剖的标本。著作权法中传播行为的定义应在前文初步概括的表述基础上进一步完善,将应答式传播下的"待命发送传播载体"予以涵括。

(一)传播概念嬗变的标本:传播学中的传播

传播学应是社会科学中唯一专门研究传播的学科,虽然传播学中的传播与著作权法中的传播称谓一致(均为"communication"),但是传播学中的传播却与著作权法中的传播具有较大的区别,而无法供后者直接转用。传播学中的传播虽然具有物理学传播的客观基础,但其更多的是将传播作为一种社会现象看待,其包含着主体、效果等诸多因素。尽管如此,传播学中传播的特定内涵和外延仍是在物理学传播(传输)的基础上产生的,传播学对传播有着深入的研究,并且传播学与法学在社会科学学科分类中处于同一层级,[②] 所以研究传播学中的传播概念如何从物理学的传播

---

① 指展览、表演、放映、广播。

② 法学和新闻学与传播学是同属于人文与社会科学类的一级学科,参见《中华人民共和国学科分类与代码国家标准》(GB/T 13745—2009)。

概念嬗变而来，对于界定著作权法中的传播概念有着较大的借鉴意义。

1. 传播学中传播概念的解读

传播在传播学中可以有多种解读和阐释。有学者认为，传播一词作为传播学中的特定概念是由日常用语演变而来的，在 19 世纪末，"communication"这个词已经成为常用词，其主要指人类传递或交流信息、观点、感情或与此有关的交往活动。① 有学者从社会关系角度对传播进行解读，认为传播是社会互动的一种手段，还有人认为传播在广义上指的就是信息的传递，② 另有学者或者认为传播即社会信息的传递或社会信息系统的运行，③ 或者认为传播是一定社会结构与社会关系中的信息传递与知识共享行为。④ 以上对传播学中传播的解读有一共性，即认为传播不仅仅是一种行为，还是一种社会活动，更是人与人之间的一种关系。传播学中的传播具有如下特点：第一，传播是一种信息共享活动，是一个将单个人或少数人所独有的信息化为两个人或更多人所共有的过程。第二，传播是在一定社会关系中进行的，是一定社会关系的体现。第三，从传播的社会关系性而言，它是一种双向的社会互动行为。第四，传播成立的重要前提之一，是传受双方必须要有共同的意义空间。⑤ 第五，传播是一种行为，是一种过程，也是一种系统。⑥

虽然传播学界的学者着重从社会关系或社会活动角度对传播进行界定，但可以得出的结论是传播学学者普遍认为传播的本质是信息的流动，即通过一定的"介质"使具有意义的符号从信息源向受众流动，从而产生

---

① 郭庆光：《传播学的研究对象和基本问题（上）》，载《国际新闻界》1998 年第 2 期。

② 传播指的是人与人关系赖以成立和发展的机制，包括一切精神象征及其在空间中得到传递、在时间上得到保存的手段。See Cooley, C. H., Social Orgnizations: A Study of the Larger Mind, 1990. 传播是指通过符号或象征手段而进行的社会互动。See Lundberg, C., Foundation of Sociology, Macmillan, New York, 1939. 传播不仅包括接触新闻，而且包括表达感情、期待、命令、愿望或其他任何什么。See Ayer, A. J., "What is Communication", in Studies in Communication, Martin Secker & Warburg, London, 1955. 转引自：郭庆光：《传播学的研究对象和基本问题（上）》，载《国际新闻界》1998 年第 2 期。

③ 参见郭庆光：《传播学的研究对象和基本问题（上）》，载《国际新闻界》1998 年第 2 期。

④ 参见刘海龙：《中国语境下"传播"概念的演变及意义》，载《新闻传播与研究》2014 年第 8 期。

⑤ 参见段鹏：《传播学基础：历史、框架与外延》，中国传媒大学出版社 2013 年版，第 170 页。

⑥ 参见郭庆光：《传播学教程》，中国人民大学出版社 2011 年版，第 4 页。

被受众认知的结果，传播实际上就是由多要素及其相互关系组成的动态的有一定顺序的信息流动过程。① 传播者将讯息传达给受众，受众反过来再将结果通过各种形式反馈给传播者。传播学非常关注受众在接收信息后的反馈，且更关注传播源与受众之间的交互作用与相互影响，以及由此引发的社会关系、人际关系，以及社会关系和人际关系的变动。因此，传播学对传播的研究视角是双向的、全过程的，从信息流动出发，分析和探究信息流动对整个过程参与者以及社会群体的心理和相应社会关系产生的影响。至于具体的传播行为有何特征、由何主体做出、各传播参与主体之间的分工及权利义务关系，传播学并不特别关注。简言之，传播学中的传播概念是社会现象范畴，② 至于社会互动或信息传递究竟是怎样发生的、具体如何认定，从概念中皆无从得知。

2. 有关传播学中传播概念的启示

传播学中的传播以物理学的传播为基础，但又不同于物理学的传播，在传播学的任务和目的支撑下，传播学中传播的概念扩展至社会信息的传递和社会信息系统的运转，这种扩展是有依据的，也是必须的。传播学中的传播与著作权法中的传播都有物理学中传播的基础，但二者并不相同，考察传播学中传播概念的内涵和外延以及形成原因，对于准确界定著作权法中传播行为的概念有着重要的借鉴作用。

第一，传播学中的传播概念以物理的传播为基础。虽然传播学对传播的研究更关注传播所引发的社会效应和人际关系效应，即社会中人和人的关系，但传播学中传播的概念源于物理意义上的传播现象，传播学对传播的研究首先植根于对传播行为本身的客观观察和研究，其对传播客观特征和基本构成的描述和认识与自然科学中的传播相符。传播学中的传播核心要素有二：媒介和信息。"媒介"是介于传播者与受传者之间，用以负载、传递、延伸、扩大特定符号的物质实体。③ 纯粹就物理学角度而言，信息

---

① 段鹏：《传播学基础：历史、框架与外延》，中国传媒大学出版社2013年版，第5页。
② 传播学理论基础的出发点是研究人类社会各种形态传播现象的普遍规律。参见郭庆光：《传播学教程》，中国人民大学出版社2011年版，第2页。
③ 参见段鹏：《传播学基础：历史、框架与外延》，中国传媒大学出版社2013年版，第171页。

就是按一定方式排列的信号序列，① 符号与信号序列同质异构，可以相互代表，所以传播学中传播的客观基础即是负载信息这一信号序列的物质实体的传递。

第二，传播学中的传播是一种社会现象。在单纯的行为属性之上，传播学给"传播"赋予了许多其他意义，这是传播学的研究对象所决定的。传播学的研究对象是社会信息系统及其运行规律，它的任务是通过对社会信息系统及其各部分的结构、功能、过程以及互动关系的考察，探索发现克服传播障碍和传播隔阂的科学方法，找到社会信息系统良性运行的机制，由此来推动社会发展。② 简言之，传播学的任务是考察社会信息系统在社会关系中如何存在，以及如何才能对社会关系造成好的影响，对传播效果的考察是传播学的重点。传播学中传播过程的五大要素包括信源、讯息、媒介、受众、效果。③ 效果要素决定了传播学中的传播不仅仅是单纯的人的行为，它还包括人与人之间的关系。传播学中的传播是以物理传播为基础的社会现象。

第三，传播学中传播概念的引申和扩展方法。通过前文分析可知，传播学中的"传播"不仅是一种人的行为，更是一种社会现象。界定著作权法中的传播是为了认定行为、判定侵权和划定责任，著作权法并不关注传播所引发的社会效应和人际关系变化，也不关注对受众的影响和受众的反馈，以及对相应社会关系、人际关系的影响，这些社会现象的因素不能成为法律中认定行为的依据。在侵权法中，受众的反馈和认识及对相应社会关系及人际关系的影响并不能左右法律对行为人行为本身的认定，反而要在认定时尽量排除这些因素的干扰。比如，某人钱包被偷，不会因为受害人表达了极大的愤慨或因造成诸如受害人自杀的严重后果，而将对盗窃的认定改为抢劫或者抢夺。传播学对物理意义上传播概念的引申和扩展成

---

① 克劳斯：《从哲学看控制论》，中国社会科学出版社1981年版，第68—69页。转引自：郭庆光：《传播学的研究对象和基本问题（上）》，载《国际新闻界》1998年第2期，第42页。
② 参见郭庆光：《传播学教程》，中国人民大学出版社2011年版，第6—10页。
③ 这是美国学者哈罗德·拉斯韦尔（Harold Lasswell）在1948年发表的《传播在社会中的结构与功能》一文中提到的传播过程的模式，它奠定了传播学研究的范围和基本内容。在传播学的研究中，拉斯韦尔的五要素也已几乎涵盖了这一学科的基本内容。参见段鹏：《传播学基础：历史、框架与外延》，中国传媒大学出版社2013年版，第4页。

果，不宜被著作权法直接援引，因此，基于自身研究目的和任务，传播学对物理学的传播概念所做的引申和扩展的成果并不适用于著作权法中对传播行为概念的界定。不能用传播学中传播的定义界定著作权法中的传播。

传播学中的传播是宏观和系统的，它几乎没有必要区分谁发送了传播载体、谁提供了信道、谁提供了帮助，只要造成了社会信息的传递或社会信息系统的运行结果，参与其中的主体就都是传播主体。而著作权法中的传播是具象和个体的，需要根据具体行为的特征相互辨别，判断产生了什么行为，是谁做出的，损害了谁的利益。著作权法中的传播不是社会现象，其仅是行为，仅是事实。传播学中的传播概念建立在物理学的传播概念之上，或称以物理学的传播概念为发端，然后在社会关系领域内引申和扩展得来，具体表现为增加主体及主体间的关系、传播效果等因素，这些都是基于传播学的研究对象，以及为了完成传播学的任务而产生的。这种以物理学的传播概念为基础，以研究对象和任务为导向做引申和扩展的方法是可在界定著作权法中传播行为的概念时借鉴的。换言之，在界定著作权法中传播行为的概念时，不能完全脱离物理学的传播概念，但可在著作权法的任务①的指引下，并在符合著作权法的基本原理情况下，对传播的概念做科学的扩展和引申。

（二）传播概念扩展的依据：传播实际发生的现实可能性

传播的结果是与受众分享了信息，使受众获得了作品，实现这一结果的唯一途径是向受众发送携带作品信息的传播载体。那种认为在没有传播载体承载的情况下信息可以被分享的观点，以及对传播载体承载信息进行传递从而实现分享作品的客观事实视而不见的做法，事实上与认为通过视频聊天可以传播病毒令人患上肺炎的想法如出一辙。

对于自行式传播，是否实际发送传播载体仅取决于传播者，此类传播不存在受众向传播者发出指令的可能，因此，对于自行式传播，携带作品信息的传播载体被实际发送为其唯一的构成标准。② 实际传播的可能发生

---

① 著作权法的任务是在权利法定的前提下，通过制裁侵权行为人的方式，保护著作权人的利益，以实现激励创新的公共政策目的。

② 对这一问题，郑成思教授曾在对广播权的有关问题的论述中指出："作者之有权控制他人广播自己的作品，并从广播中收取经济报酬，是不以该广播有无收听人或收看人为转移的。"（郑成思：《版权法》，中国人民大学出版社2009年版，第226页）

是指，作品信息与传播载体虽尚未结合，且传播载体尚未被实际发送，但传播载体被发送的可能性已经确定具备。对于应答式传播，只要受众要求或发出指令，就一定能造成携载作品信息的传播载体被实际发送的结果，所以这种"可能性"是一种现实的可能性。这种现实的可能性是以信息网络或其他应答式传播所具有的响应受众指令作为保证的。对于自助式播放而言，只要顾客操作播放设备，就必然可以获得作品；对于信息网络而言，只要用户与网站建立通信，则服务器必然会自动响应用户的请求，向用户传输携载作品信息的传播载体，使用户获得作品。在实际传播的可能发生状态下，虽没有实际产生传播载体被发送的结果，尚不会对权利人造成实在的损失，但一旦受众发出指令，则实际传播一定会发生，损害的可能性便必然转变为损害的现实性，为了避免实际损害的发生，法律应允许权利人对相应实际传播行为发生之前的待命发送状态予以禁止。笔者认为，此种立法现象和原理与刑法理论中的法益保护前置化的有关立法现象和原理颇为相似。对于刑法理论中的法益保护前置化，有学者认为，法益保护前置化不是把罪行的中心放在对法益的侵害结果上，而是放在对行为者的行为义务的违反上。换言之，行为者的行为即使没有对特定的法益造成损害结果或具体危险，但是只要违反了行为规范，就推定行为对法益产生了侵害的抽象危险，就应该受刑法上的否定性评价，[①] 这在刑法中被称为"刑事处罚的前置化"。法益保护前置化体现的是法益概念的扩张，而并不对应具体犯罪类型。[②] 将传播实际发生的现实可能性状态纳入著作权法中的传播，也可看作为了充分保护著作权人的利益，而对著作权法中的传播概念所做的扩张。

事实上类似的立法现象在著作权法、专利法及商标法中都有体现，但学界似鲜有对该现象及所涉理论问题进行深入研究的，法律上的规定也多出于实用考虑。虽然法益保护前置化（或称刑事处罚的前置化）的相关理论尚待进一步研究，但此思路和理论值得知识产权学界关注。在专利法中，因专利权并不控制非以生产经营为目的的使用行为，且销售权仅控制

---

① 姚贝、王拓：《法益保护前置化问题研究》，载《中国刑事法杂志》2012年第1期。
② 参见王永茜：《论现代刑法扩张的新手段——法益保护的提前化和刑事处罚的前置化》，载《法学杂志》2013年第6期。

实际销售行为,即专利产品的交付转移,①所以销售侵权一旦实际发生,给权利人造成的损害往往难以弥补。对此,专利法专门规定了许诺销售权以矫治实际侵权销售带来的利益失衡,许诺销售权所控制的销售的要约和要约邀请行为并不会给权利人造成实际的损害,但为了避免损害的实际发生,允许专利权人控制实际交付行为之前的要约和要约邀请行为,将未经许可销售所侵害的法益予以前置化保护,从而最大限度地保护专利权人的利益。商标法中,商标权人对销售行为的控制事实上也暗含对实际售出的可能状态的防止,司法实务中,只要销售者做出销售侵权商品的意思表示,并不要求实际售出,即构成销售侵权。②在2002年12月WTO对我国实施TRIPs的立法进行审查时,我国代表指出:"商标法没有像专利法那样规定'允诺销售',是因为'允诺销售'行为可以为商标法及其实施条例相关条款解决。对于'允诺销售',如果当事人在商业活动中非法使用了他人商标(即使未将商标使用在商品上),将构成《商标法》第52条规定的商标侵权行为,应当受到惩罚。"著作权法对发行权的保护也体现了法益保护的前置化,发行权不仅控制实际的销售、赠与行为,具有销售、赠与可能的未经许可的商品陈列、展示等行为均可被认定为具有销售的可能,从而被著作权人禁止。英国《版权法》和《德国著作权法》就将"投入流通领域"作为发行行为的表现之一。③

需要特别提及的是,WCT第8条中所使用的"向公众提供"并非首次出现在著作权有关的国际公约中。"向公众提供"这一表述第一次出现是在《伯尔尼公约》(罗马文本)第4条第(4)款对"已出版作品"的定义中,相应规定为:"(4)'已出版作品'一词,在本公约中是指:其复制

---

① 参见王迁:《知识产权法教程》,中国人民大学出版社2014年版,第335页;张玉敏主编:《知识产权法学》,法律出版社2017年版,第254页。虽然《最高人民法院关于审理侵犯专利权纠纷案件应用法律若干问题的解释(二)》第19条将"产品买卖合同依法成立"也解释为销售,但笔者认为此似与对有关该问题的普遍认识不符,专利销售权对应的销售行为仅指实际交付专利产品或依照专利方法直接获得的产品的行为。

② Nuno Piers de Carvalho, The TRIPs Regime of Trademark and Design, Kluwer Law Internationl, London, 2014, pp. 260 - 261. 转引自:孔祥俊:《商标与不正当竞争法——原理和判例》,法律出版社2009年版,第176页。原文中的时间表述为1992年12月,似为印刷错误。

③ 参见王迁:《著作权法》,中国人民大学出版社2015年版,第178页。

品已经提供给了公众的作品。戏剧作品、音乐戏剧作品或音乐作品的表演，美术作品的展出和建筑作品的建造不构成出版。""提供"（making available to）作为界定出版之用，① 即通过载体占有转移的方式使公众获得作品。从《伯尔尼公约》（罗马文本）这一措辞细节可看出，将待命响应受众请求传递信息纳入著作权的控制范围，并非 WCT 为设立向公众传播权而首创的，在界定发行的近义语"出版"时，便使用了"提供"，而出版或发行行为不仅包括有形载体的实际转移，也包括等待公众选购，在公众做出请求或指示时实际移转有形载体的占有的待命状态，而且这种待命状态是以有形载体的实际转移为基础和保障的。另外，WCT 第 6 条在界定发行权的时候，恰恰使用了"the making available to the public"（"向公众提供"），即"文学和艺术作品的作者应享有授权通过销售或其他所有权转让形式向公众提供其作品原件或复制品的专有权"（Authors of literary and artistic works shall enjoy the exclusive right of authorizing the making available to the public of the original and copies of their works through sale or other transfer of ownership）。该表述与 WCT 中向公众传播权的定义的核心表述完全相同。② 因此，在实际发送携载作品信息的传播载体这一纯物理意义的传播行为基础之上，将致使传播载体处于待命发送状态的行为归入著作权法中的传播行为概念，不仅具有理论依据和保护作者利益的正当性，而且在立法上也有先例。使传播载体处于待命发送状态的基础和保障乃为实际发送携载作品信息的传播载体。

（三）传播概念扩展的体现：应答式传播

对于广播、放映、表演等自行式传播，因不能保证只要公众愿意获得作品即可获得作品，即公众能否获得作品完全取决于传播者，所以无探讨其对应的传播可能之状态的必要。而准备作品以及广播和放映设备，使传播处于可能发生之状态，事实上就是自行式传播的预备行为。这种可能发生的状态不具有现实性，著作权法没有必要将其按传播对待，并由某项专

---

① ［匈］米哈尔·菲彻尔：《版权法与因特网》，郭寿康、万勇、相靖译，中国大百科全书出版社 2009 年版，第 232 页。
② 著作权法中的发行与信息网络传播在行为特征方面有着密切的联系，后文在探讨信息网络传播行为的本质时，将会就此问题做一详述。

有权利控制，但是著作权法针对未经许可的自行式传播的预备行为向权利人提供了诉前禁止令的救济措施。①

在设置点唱机、KTV经营场所、点播影院等自助播放模式下，只要在营业时间内，任何顾客均可自助操作设备，使传播载体发送，获得作品信息，经营者提供作品和自助播放设备，等待顾客使用的行为，即是使作品待命与传播载体结合，并使传播载体待命发送的行为。自助模式播放是较为简单的应答式传播，信息网络传播是目前最先进的应答式传播，只要将作品置于向公众开放的网络存储空间，作品便处于被提供并可为公众获得的状态，此时只要公众愿意获得，即可获得。信息网络传播不仅实现了遵照受众的指令或操作发送传播载体，而且令受众摆脱了必须要到传播者的经营场所方能获得作品的限制，同时也最大可能地实现了作品获得时间上的自由，受众不再受制于传播者的营业时间，几乎实现了全时段的作品获得。从效果上看，也可把信息网络传播称作跨空间的应答式传播。

信息网络传播行为下发送传播载体行为的"可能发生"与受众的"可能获得作品"是同步的，即将作品置于向公众开放的服务器的状态与公众可能获得作品的状态是同步的，只要将作品置于向公众开放的服务器，公众即可通过自己的计算机终端向传播者发出指令，发送传播载体的行为也即实际发生。公众能实际获得作品是包括信息网络传播在内的所有应答式传播的落脚点，公众实际获得作品是通过传播载体携带作品信息进行传输，并由受众接收传播载体最终实现的，就受众角度而言的"可获得"就是就传播者角度而言的待命向公众发送传播载体，只要行为人做到待命向公众发送传播载体，作品便可为公众获得。例如，WCT第8条规定了向公众传播权中的"向公众提供"（the making available to the public②），

---

① 《著作权法》第56条：著作权人或者与著作权有关的权利人有证据证明他人正在实施或者即将实施侵犯其权利、妨碍其实现权利的行为，如不及时制止将会使其合法权益受到难以弥补的损害的，可以在起诉前依法向人民法院申请采取财产保全、责令作出一定行为或者禁止作出一定行为等措施。《最高人民法院关于审理著作权民事纠纷案件适用法律若干问题的解释》第28条：人民法院采取保全措施的，依据民事诉讼法及《最高人民法院关于审查知识产权纠纷行为保全案件适用法律若干问题的规定》的有关规定办理。

② See WCT Article 8.

"使公众中的成员……可获得"①,我国《著作权法》第 10 条第 12 项规定了信息网络传播权控制的"向公众提供,使公众可以……获得作品"的行为,我国《最高人民法院关于审理侵害信息网络传播权民事纠纷案件适用法律若干问题的规定》第 3 条规定了侵害信息网络传播权行为中的"通过信息网络提供","提供"即依靠待命发送携载作品信息的传播载体实现,或言"提供"即是待命发送携载作品信息的传播载体。因此,对于应答式传播,只要行为人使携载作品信息的传播载体待命向公众发送,即构成著作权法中的传播,②谁令这种待命状态发生,谁就做出了传播行为。

(四)对著作权法中传播行为定义的补足

前文对著作权法中传播行为做出了初步的定义:著作权法中的传播行为是指使作品与传播载体相结合,并使携载作品信息的传播载体向公众发送。因自行式传播以传播载体的实际发送为构成标准,所以如此归纳的概念对自行式传播较为适合,但未能涵盖应答式传播。在分析了应答式传播的原理后,即可尝试将著作权法中传播行为的定义补足为:对于自行式传播,著作权法中的传播行为是指使作品与传播载体结合,并使携载作品信息的传播载体向公众发送;对于应答式传播,著作权法中的传播行为是指使作品处于可被传播载体携载而待命向公众发送的状态的行为。③

如此定义著作权法中传播行为概念的优点在于:第一,该定义表述直指著作权法中传播行为的物理学原理和客观本质,体现传播行为的客观属性;第二,从物理原理角度界定著作权法中的传播行为,标准客观且固定,不会因考察角度和考察者立场不同,得出不同结论;第三,该界定符合以客观事实为依据的法律思维基本原则,可以排除以价值判断或道德判断取代事实判断的错误的却常见的思维方法;第四,将传播行为划分为自行式传播和应答式传播,进而分别表述相应概念,体现出了两种传播行为并不相同的构成标准;第五,该概念表述归纳了著作权法中传播行为的共

---

① 参见 WCT 中文译本第 8 条。
② 传播载体和作品相结合,与传播载体被实际制发,这两个环节事实上是同步发生的。
③ 对于下定义一事,笔者一直是敬而畏之的,尤其是针对著作权法中的传播行为这样基础且重要的命题,在尝试给出相应的表述后,内心也始终惴惴不安,无奈该问题无法回避,不得已而为之。

性，且具有开放性的特点，为以后可能出现的新的传播行为预留了空间；第六，用"使"这一使令性动词作为整体文字表述的骨架，可以突出对行为对象——"传播载体"的状态的关注，而非对实际制造和发送主体的关注，因为在某些情况下，决定制造和向公众发送传播载体的主体与实际制造和发送传播载体的主体并不相同，而且对于展览和现场表演而言，传播载体（自然光）本就存在，行为人只是使作品信息与传播载体结合，并令携载作品信息的可见光向公众发送，是展览和现场表演行为人造成了这一状态或结果的发生；第七，未从受众可获得作品的角度，而直接从传播者以及传播行为的对象角度描述传播行为，可以尽可能避免受众的认识或传播的效果干扰对传播的判断。自行式传播与应答式传播的根基都是能够实际发送传播载体，只有传播载体被实际发送，受众方可分享到作品，实际发送传播载体是著作权法中传播行为的本性，两种传播的方式不同，表现不同，但殊途同归。

第五节　传播行为认定的客观标准

传播行为的认定就是判断某行为是否符合传播行为的概念，是否与传播行为概念的内涵和外延相契合。融媒体背景下，传播行为的表象更加复杂，在认定传播行为时，首先应遵从行为认定的一般标准，即行为认定的客观标准，应仅以行为本身为考察对象，不应受到行为的效果、行为的损害结果、行为造成的他人主观认识等因素的干扰。媒体融合背景下，对传播行为认定问题存有的争议的，仅存于互联网领域，主要表现为某一行为是否构成传播行为，如构成，则构成何种传播行为。

一、行为认定的标准

认识世界的方式有主观标准和客观标准两种，主观标准的特点是以评价者的内心感受和主观认识对事物做出认定，客观标准的特点是以事物客观存在的特征和本质属性对事物做出反应和认定。客观标准与客观事实判断是相融洽的，与价值判断、道德判断是相排斥的。客观事实不以人的意志为转移，行为即是人在意志支配下身体的动静，属于物质运动的范畴，当然属于客观事实，所以认定行为应首选客观标准。传播行为的构成标准即是本书归纳的从传播行为客观原理而来的，著作权法中传播行为的概念的分解展开，应以著作权法中传播行为本身的特性为基准，属于行为认定的客观标准。

人类历史上，受观察和研究世界手段的限制，人们也经常将看到和感受到的内容，作为判断和界定事实的依据，但这种判断和界定往往经不住更先进的观测设备和科学实验的验证，而最终被推翻。比如，几万年来，人们观察到太阳每天从东方升起，从西方落下，于是认为太阳必然围绕着地球转，但事实上这种从肉眼观察得到的结论与客观实际并不相符。物质决定意识，意识不可能决定物质，这应是我们认识世界和改造世界的基本原理，也是马克思主义唯物论的基本原则。在明晰相应行为的技术原理后，若仍坚持将观察者的感觉和主观认识作为认定行为的依据，则必然会陷入唯心主义泥潭而无法自拔。

（一）行为认定的主观标准与客观标准

从解释法律、适用法律规定角度看，对行为进行认定属于法律问题，但从深入分析行为特征和原理角度看，对行为进行认定属于事实问题。很多情况下，所谓的法律问题的解决最终仍要落脚于事实问题，法律问题与事实问题是内在统一的，而且对行为的认定属于事实问题还是法律问题的疑虑，并不影响对认定标准的选择。事实问题属于事实判断的范畴，而非价值判断的范畴，更非道德评判的对象，事实判断当首选客观标准。

1. 事实问题与法律问题之辨

鉴于存在对法律规定的行为进行认定属于事实问题还是法律问题的疑问，且在后文对信息网络传播行为认定标准的探讨中会涉及所谓的"法律标准"，所以有必要在此就事实问题与法律问题的关系做一澄清。事实问题与法律问题是一对复杂且相互纠缠的概念，在此笔者无力就这一对概念进行深入辨析，仅借用诸多学者已有的研究成果并加入自己的观察和思考，将与传播行为认定相关的问题进行简单阐述。

通常认为,所谓"事实问题",是指探寻案件中发生过或将要发生的行为、事件、行为人的主观意愿或其他心理状态时所产生的问题。所谓"法律问题",指的是对已认定的事实,按照法律规范应如何做出评价的问题。纯粹的"事实问题"独立于法律而存在,其产生、解决均无需法律的介入;纯粹的"法律问题"也只需通过法律规范的解释、识别或选择予以解答,跟案件事实无涉。① 但事实上,所谓纯粹的"事实问题"并不常见,更多的是与"法律问题"相粘连的"事实问题"。针对"事实"与"法律"相粘连的情形,有学者指出,从应然角度讲,"事实问题"与"法律问题"当分别指"纯粹的事实问题"与"需经法律规范适用而确定的事实问题",其划分标准为是否需经法律规范适用而确定,无须适用法律规范即可确认的事实,为"纯粹的事实问题",须经法律规范的适用而确定的事实,为"需经法律规范适用而确定的事实问题"。② 从这些论述可以看出,"纯粹的事实问题"无须通过法律规定进行判定,对其判断依靠法律规定之外的公理、知识和经验,只要是需要经过法律规定的适用才能评判的,即为所谓的"法律问题"。法律问题事实上就是解释法律和适用法律的问题,即用法律规定对待判问题进行界定和判断。

事实问题与法律问题看似对立,实则内在统一。首先,法律规定本身乃建立于纯粹的事实基础之上;其次,纯粹的事实是解释法律的最基本单元之一。以原告主张被告对其"实施家庭暴力"这一命题为例,因《反家庭暴力法》规定了"家庭暴力"的概念,所以"是否实施家庭暴力"属于"需经法律规范适用而确定的事实问题",即法律问题。该法第 2 条规定:"家庭暴力,是指家庭成员之间以殴打、捆绑、残害、限制人身自由以及经常性谩骂、恐吓等方式实施的身体、精神等侵害行为。"依该规定可看出:其一,"是否实施家庭暴力"这一法律问题是建立在是否实施了殴打、捆绑、残害等行为的纯粹的事实问题基础上的;其二,要对"是否实施家庭暴力"予以判定,就要对"殴打""捆绑""残害"等行为进行界定,这些行为是解释"家庭暴力"的最基本单元,所以判定"是否实施家庭暴

---

① 参见陈杭平:《论"事实问题"与"法律问题"的区分》,载《中外法学》2011 年第 2 期。
② 参见孙海龙、姚建军:《知识产权民事审判中事实问题与法律问题辨析》,载《电子知识产权》2007 年第 11 期。

力"的关键仍在于对"纯粹的事实问题"的界定和判定。如果法律规定了某行为的概念，但无法从规定的概念中得出相应行为的确切含义，则仍要依赖于对概念表述所包含的具体事实做进一步的界定。具体到后文将要探讨的著作权法中传播行为的认定，其首先是法律问题，但归根结底是事实问题。

2. 行为认定本质上属于事实判断

行为属于事实范畴。对法律中规定的行为进行认定，本质上都可归结为事实判断，一层层地寻根溯源的概念解释下，所有行为认定问题均能归结为"纯粹的事实问题"，行为认定本质上属于事实判断。

第一，从行为的概念看，行为属于事实范畴。行为一词在通常语境中指受思想支配而表现出来的活动，[1] 行为指与当事人意志有关的、能够引起民事法律关系发生、变更和消灭的人的活动。[2] 行为系指受意识支配、有意识之人的活动。[3] 行为是基于意识的身体动静，行为是由目的统治的有目的的活动。[4] 无论行为的概念如何表述，其核心要素均为人的身体动静或活动，人身体的动静或活动当为事实范畴。另外，身体动静或活动能够引起外界的变化，这是行为概念必须包含的要素。没有引起任何外界变化的身体活动不成为行为，[5] 身体动静或活动引起的外部世界变化乃客观存在，其可观、可验、可查，从这一层面讲，行为也当属于事实范畴。

第二，民法、刑法理论均将行为归入事实范畴。民事法律事实，是符合民法规范，能够引起民事法律关系发生、变更和消灭的客观现象。民事法律事实分为行为和事件两大类，行为又分为表意行为和非表意行为，其中非表意行为又包括事实行为（如发现埋藏物）和非法行为（如侵权行为），[6] 民法理论中的行为显然属于事实范畴。在刑法理论中，抛开行为

---

[1] 参见中国社会科学院语言研究所词典编辑室编：《现代汉语词典》，商务印书馆2016年版，第1466页。

[2] 参见彭万林主编：《民法学》，中国政法大学出版社1998年版，第80页；王泽鉴：《侵权行为》，北京大学出版社2016年版，第105页。

[3] 参见王泽鉴：《侵权行为》，北京大学出版社2016年版，第105页。

[4] 参见张明楷：《刑法学》，法律出版社2003年版，第148-149页。

[5] 参见刘霜：《刑法中的行为概念研究》，西南政法大学博士学位论文，2006年。

[6] 参见彭万林主编：《民法学》，中国政法大学出版社1998年版，第80页。

人的主观因素,即从狭义角度讲,"行为"仅指危害行为,其是指在人的意志或意识支配下实施的危害社会的身体动静。① 危害行为属于犯罪客观方面的要件之一,而犯罪客观方面则是犯罪行为这种人的活动的客观事实,是行为人在有意识、有意志的心理态度支配下表现于外部的事实特征,② 显然,行为在刑法理论中也属于事实范畴。

第三,对行为进行认定本质上是事实问题。无论是在民法理论体系中,还是在刑法理论体系中,行为均被归于事实之中,行为之有无、种类、对象、主体等也均属事实问题。通过前文分析可知,法律问题事实上可归结为事实问题,对法律问题的判定最终还得依靠对纯粹的事实的判定。针对行为,无论法律如何规定,认定的落脚点最终必为纯粹的事实问题范畴下的行为。此意义上的行为是客观实在、形而下的范畴,对行为认定本质上属于事实判断。

(二)对行为认定应首选客观标准

对行为认定可以包含三个方面:第一,判断是否存在行为对象;第二,判断行为人是否做出了相应动作,或称相应的身体动静;第三,判断作用于行为对象的行为人是谁。行为对象是否存在,行为人做出何种行为,以及行为主体是谁等均是客观命题,是客观存在,不依人的认识而改变,行为仅可为人观察和感知,其存灭不依于人的主观意识。对行为认定是事实判断中的客观命题,或称对客观事实的判断,其中包含的均为客观因素,对其判定应采用客观标准。若依行为相对人的主观认识判定行为人的行为,则必然出现"腹诽罪""思想罪"等司法擅断的怪胎。

1. 事实判断的主观标准及其固有缺点

裁判案件的工作有且只有两类,一是认定事实,处理事实问题;二是法律适用,处理法律问题,③ 裁判的方法即"以事实为根据,以法律为准绳",事实认定是适用法律的基础,裁判的前提。知识产权领域中的事实问题既存在大量主观命题,也存在大量客观命题,前者的特点是在两相对比下依靠人的主观认识产生结论,比如是否近似、是否等同等,后者的特

---

① 参见高铭暄、马克昌主编:《刑法学》,北京大学出版社2005年版,第68页。
② 参见高铭暄、马克昌主编:《刑法学》,北京大学出版社2005年版,第64页。
③ 参见梁慧星:《裁判的方法》,法律出版社2003年版,第9页。

点是无须对比即可得出结论，比如行为是否发生、是何行为等。主观命题只能用主观标准进行判断，评判者的生活环境、成长经历、受教育程度、社会经验，甚至先天条件、所持立场等诸多因素均会对评判者的认识能力、评价能力、认识与评价角度及标准造成影响，从而导致不同主体对同一命题产生不同的认识，因此，若以主观标准对某一命题进行评判，则不同主体必然极易得出不同的结论。

主观标准造成的评价结果的不确定性会极大地影响法律的预测功能。为了降低这种不确定性，知识产权法律制度在涉及主观命题的有关规定中，均又创造出一个主体标准，用创造出的假想主体的认知能力描述和限定主观标准。在做评价时，必须要将自己假想为纠纷所涉领域的普通人员①，以其认知水平对纠纷所涉命题进行判断，然而对相应普通人员的认定本身就充满着主观因素，这样一来便进一步增加了判断的难度。比如商标法中，判断两个商标标识是否近似时，要以假想的普通消费者的一般注意力为判断标准，从形、意、音、色等方面进行判断，② 这里既难以对"普通消费者"做确切把握，又难以对"一般注意力"进行准确界定，对"普通消费者"和"一般注意力"的界定本身就又充满了主观因素。专利法中的创造性判断和等同认定等也是如此，需先假想出一个人：所属技术领域的普通技术人员，其亦可称为本领域的技术人员，他是一种假设的"人"，知晓申请日之前该技术领域所有的普通技术知识，能够获知该领域中所有的现有技术，并且具有运用该申请日之前常规实验手段的能力。他不是指具体的某一个人或某一类人，不宜用文化程度、职称、级别等具体标准来参照套用。③ 这样一个主体标准被描述清楚后，再以其专业水平和认知能力对"非显而易见性"和"以基本相同的手段，实现基本相同的功能，产生了基本相同的效果"进行判断。

事实判断的主观标准下，任何一个判断者在下判断时均没有一个较为明确和恒定的评判标准，所以主观判断标准是不精细、不精确的，它只能

---

① 有学者将其称为"知识产权法中的理性人"。（杨红军：《理性人标准在知识产权法中的规范性适用》，载《法律科学》2017年第3期）
② 参见《最高人民法院关于审理商标民事纠纷案件适用法律若干问题的解释》第9条第2款。
③ 《北京市高级人民法院专利侵权判定指南》第10条。

对某一对象尽可能丰富和接近地描述，主观判断标准必须要与个体的判断者结合才能产生裁判结果，个体差异性必然造成主观判断标准下判断结果的不确定性。虽然可以进一步假设主体标准，但对是否符合主体标准进行判断同样充斥着主观因素。为了消弭这种主观性造成的弊端，有学者建议应当对知识产权客体的构成标准、知识产权权利内容的界定，以及对知识产权所控特定行为的解释运用客观化标准，以保证知识产权制度的正义内涵被充分实现。① 而这种主张恰恰说明了事实判断的主观标准存在难以克服的弊端。

2. 事实判断的客观标准及其优势

所谓事实判断的客观标准，即依据事物的自身状态和表现对事实进行判断，而不完全以人的主观感知或认识作为判断事实是否存在以及界定事实的依据。将主观标准和客观标准相较，二者的优劣立判：第一，主观标准较难把握，且评判结果不够确定。评判主体受诸多主观因素及个人成长经历的影响，所以主观标准下的评判结论往往会出现较大差异。客观标准下的评判依据是客观实在，评判者和判断结论受主观因素影响较少，有或无、是与否、为何物等事实命题的判断均依据事物本身的状态和特征，因而具有较大的确定性。第二，主观标准反映在立法上，往往体现为对主观认识的描述，而社会公众对这种描述是较难把握的，因此以主观标准为内容的法律规则的预测功能必然较差，即便社会公众充分了解法律规定的内容，往往也无法对自己行为的法律后果做出准确预判。而客观标准反映在立法上即是用事物的客观表象和本质特征对应法律后果的有无，依此标准对客观事实进行判断是较为容易且结果确定的。行为人通过对照法律规定中的客观标准，便可较为准确地预测出自己行为的法律后果，客观标准可使法律的预测功能得到较好的实现。第三，依照主观标准进行判断，答案往往可在一定幅度内摇摆，或左或右的答案都有其正当理由和合理性，因此适用主观标准进行裁判时，裁判者的自由裁量权必然较大，裁判者可基于不同的立场，做出截然相反的判断。依照客观标准则相反，裁判者的自

---

① 参见杨红军：《理性人标准在知识产权法中的规范性适用》，载《法律科学》2017年第3期。

由裁量权相对较小，裁判较为容易且便于进行监督和纠正。司法公正必须具有客观性，要依靠客观的衡量、把握和约束标准来实现，法官的推理过程和裁判理由需要外化和客观化，司法的客观性要求裁判必须尽可能避免主观随意性。① 在有客观标准和主观标准可供选择的情况下，裁判者选择客观标准对事实进行认定显然有利于司法公正的实现。

然而，事实判断的客观标准也有不足：其一，客观标准较主观标准更为僵化，灵活性不够，容易产生滞后性。其二，若客观标准揭示出的事实与人们的通常认识不符，容易引起普遍质疑，进而引发公众对相应法律制度的不信任，从而可能损害法律的权威性。其三，主观标准下，论者可从各个角度、立场，运用各种其他社会学科的理论，做不同结论、观点的阐述和论证，且均可论证深入，在形式上自圆其说，如此则较易出现成果繁荣且原理深奥的景象，也较为容易形成百家争鸣、济济一堂的局面。其四，在客观标准尚未被揭示或被普遍认同的情况下，相对具体化的主观标准对稳定社会关系也能起到一定的积极作用。比如在"日心说"取代"地心说"之前，虽然"地心说"只是人们在长期观察基础上依据直觉和感受得出的直接和直观的结论，② 但它的历史功绩不应被抹杀，它不仅促使人们着眼于探索和揭示行星的运动规律，标志着人类对宇宙认识的一大进步，③ 而且有助于当时西方社会生活的有序和稳定。然而，即便如此，相对于主观标准，④ 事实判断的客观标准仍然更符合物质决定意识的基本原理，具有显而易见的优势。

3. 事实判断应避免的误区

与事实判断相关的两个命题分别为价值判断和道德判断，在进行事实判断时，有些学者往往自觉或不自觉地受到价值判断或道德判断的干扰，或者干脆用价值判断或道德判断替代事实判断，从而得出非客观的结论。如果将事实判断简单归纳为"有没有"或"是不是"，那么价值判断则可

---

① 参见孔祥俊：《知识产权审判践行司法公正》，载《人民司法》2013 年第 15 期。
② 参见卢昌海：《太阳的故事》，清华大学出版社 2011 年版，第 50 页。
③ 参见陈亚华：《谈地心说的历史功绩》，载《学理论》2009 年第 31 期。
④ 参见钱兆华、姜华：《关于科学与宗教之间关系的几点思考》，载《江苏大学学报（社会科学版）》2006 年第 1 期。

被归纳为"好不好",道德判断可被归纳为"对不对"。在论证某个行为是否构成传播行为时,其实即是论证"有没有"做出相应行为,并进而对照目标概念的特征,做出"是不是"的判断,无论评判者认为该行为有多么损害他方利益,多么令他方深恶痛绝,其也不能对"有没有"一概不论,而直接祭出"好不好""对不对"的大旗,进而得出"是不是"的结论。然而,笔者发现很多文章在论证某个行为是否构成传播时,却在开篇便大谈特谈该行为造成的危害,以及给某个群体造成的损害,然后得出应把相应行为认定为传播,并主张未经许可做出相应行为应被认定为侵权,但自始至终都未分析相应行为的原理和特征,这样的论证逻辑是令人遗憾的。

二、著作权法中传播行为的构成标准

如待判对象符合某个概念的定义,则待判对象必然构成相应概念下之事物,所以构成标准可被理解为定义的分解,其当是对定义的分项重述。归纳著作权法中传播行为的构成标准,必然以前文提炼的著作权法中传播行为的定义为基础。前文将著作权法中传播行为定义为:对于自行式传播,著作权法中的传播行为是指使作品与传播载体结合,并使携载作品信息的传播载体向公众发送;对于应答式传播,著作权法中的传播行为是指使作品处于可被传播载体携载而待命向公众发送的状态的行为。在该定义指导下,第一,可将自行式传播行为的构成标准描述为:使携载作品信息的传播载体向公众实际发送。携载作品信息的传播载体被实际向公众发送即构成著作权法中的传播行为,其核心因素为"实际发送",即传播载体的实际发出。第二,可将应答式传播行为的构成标准描述为:使作品处于可被传播载体携载而待命向公众发送的状态。使自己或他人处于待命向公众发送携载作品信息的传播载体的状态即构成传播,其核心因素为"待命发送",即传播载体尚未实际发送,但随时准备发送。第三,对于应答式传播,如果已经使自己或他人向公众实际发送了携载作品信息的传播载体,则必然构成著作权法中的传播行为。这是举重以明轻逻辑推理下的必然结论。

第四章 融媒体中的直接传播及法律适用

媒体融合发展的关键在于融为一体、合而为一，媒体融合发展的重点在于将传统媒体融合于互联网，要借助新媒体即网络媒体的传播优势，将纸质媒体、广播电视等传统媒体相融于互联网媒体。① 现如今，以"三网融合"为主题的互联网传播通道大融合已经完成，互联网媒体中的传播行为除信息网络传播②之外，还包括其他多种类型的传播行为，整个互联网媒体呈现出多态同步发展的趋势，互联网的物理传输通道已然成为多种传播行为交互作用的融媒体传播大场地、大平台。需要再次强调的是，著作权法中的传播是有特指的，其与传播学或日常生活中所指的传播大相径庭。传播学或日常生活中的传播更多是指社会活动和社会现象，而著作权法中的传播则是符合法律内在规定性的特定行为，著作权法中的传播包括

---

① 参见《关于媒体融合发展，习近平总书记这样说》，https://www.ccdi.gov.cn/toutiao/201901/t20190125_187718.html，访问日期：2023年10月6日。

② "信息网络传播"特指信息网络传播权所对应的信息网络传播行为，本书在论及著作权法意义上的传播行为时均使用与权利对应的行为的称谓，在论及产业、行业或物理传播环境时，均使用"互联网"一词，以示区分。

现场表演、展览、机械表演、放映、广播和信息网络传播。直接传播与间接传播对应,即是指直接做出相应表演、展览、机械表演、放映、广播或信息网络传播等行为。互联网媒体的传播优势很大程度上来源于互联网所具有的传播特性,而其传播特性又根源于其技术特点,这些技术特点又决定了著作权法中有的直接传播行为可发生于互联网平台,有的则无法发生于互联网平台。

第一节 融媒体中直接传播行为的表现

在社会公众日常的使用中,并不区分互联网与信息网络,二词几乎为同义语。《现代汉语词典》中收录了"互联网"和"信息高速公路"两个词汇,但没有收录"信息网络"。互联网,指由若干计算机网络相互连接而成的网络。[①] 信息高速公路,指建立在现代计算机技术和通信技术的基础上,能够高速运行的通信网络,在信息提供者与用户之间可以迅速地传送文字、图像、声音等信息。[②] 多个法律法规的相关条款对信息网络做了界定:《最高人民法院关于审理侵害信息网络传播权民事纠纷案件适用法律若干问题的规定》第 2 条规定:"本规定所称信息网络,包括以计算机、电视机、固定电话机、移动电话机等电子设备为终端的计算机互联网、广播电视网、固定通信网、移动通信网等信息网络,以及向公众开放的局域网络。"《最高人民法院、最高人民检察院关于办理利用信息网络实施诽谤等刑事案件适用法律若干问题的解释》第 10 条规定:"本解释所称信息网络,包括以计算机、电视机、固定电话机、移动电话机等电子设备为终端的计算机互联网、广播电视网、固定通信网、移动通信网等信息网络,以及向公众开放的局域网络。"2003 年 1 月公布的《互联网等信息网络传播

---

① 参见中国社会科学院语言研究所词典编辑室编:《现代汉语词典》,商务印书馆 2016 年版,第 553 页。

② 参见中国社会科学院语言研究所词典编辑室编:《现代汉语词典》,商务印书馆 2016 年版,第 1462 页。

视听节目管理办法》① 第 3 条规定："本办法所称的信息网络，是指通过无线或有线链路相联接，采用卫星、微波、光纤、同轴电缆、双绞线等具体物理形态，架构在互联网或其它软件平台基础上，用于信息传输的传播系统。"可看出，法律法规界定信息网络时通常描述信息网络的外延，罗列信息网络所包含的物理网络类型，但并没有点出信息网络的本质，而随着媒体融合已经基本实现，所谓的计算机互联网、广播电视网、固定通信网、移动通信网等网络间的边界越来越模糊，前述法律法规关于信息网络的定义也显得越发不科学。考虑到我国《著作权法》中法定了信息网络传播权及其定义，所以，本书更倾向于将信息网络与特指的信息网络传播行为相联系，言信息网络传播，即仅指与信息网络传播权相对应的互联网环境下的交互式传播；而互联网传播则指包括信息网络传播在内的所有发生在互联网这一物理环境下的传播行为；而互联网则指通过网络协议、利用传输介质和通信设备将地理位置不同的节点，按一定物理或逻辑拓扑结构连接在一起的多条链路和节点的集合，② 无论使用的是何终端设备。

一、互联网的构成与传播特性

互联网是计算机技术与通信技术发展到一定阶段后相互结合的产物。在计算机发明之前，现代通信技术已经有了较长的发展历史，1837 年萨缪尔·莫尔斯（Samuel B. Morse）发明了有线电报，1876 年亚历山大·格雷厄姆·贝尔（Alexander Graham Bell）发明了电话，1895 年伽利尔摩·马可尼（Guglielmo Marconi）利用电磁波做通信试验，所有这些发明都为现代通信技术的发展奠定了基础。1906 年，费森登（Fessenden）发明无线电广播，1925 年，J. L. 贝尔德（J. L. Baird）发明电视，至此，传统传播手段达到了顶峰。1946 年世界上第一台电子计算机——埃尼阿克计算机（ENIAC）诞生。当计算机技术与通信技术都发展到一定程度，

---

① 该规定已被 2004 年 7 月 6 日国家广播电影电视总局第 39 号令《互联网等信息网络传播视听节目管理办法》废止。

② 参见陆延昌主编：《中国电力百科全书（综合卷）》，中国电力出版社 2014 年版，第 406 页。

并且社会上出现新的需求时，两项技术的交叉融合便自然产生。

20世纪中叶，"冷战"阴云笼罩全球。1957年，苏联发射了世界上第一颗人造卫星，美国上下为之震惊。苏联发射人造卫星的火箭射程可覆盖美国本土，如果携带核弹头，则足以摧毁美国本土的军用有线或无线通信设施，核爆炸还会严重干扰大气中的电离层，造成无线电传输异常，从而使美国通信彻底瘫痪，甚至会令美国无法组织有效反击。在此之前，美国的通信网络都是中心化的，即通信网络存在一个枢纽，通信终端依靠枢纽相互接通和传递信息。这种中心化的通信结构的弊端是明显的，在战争中，一旦通信枢纽被摧毁，整个通信系统便丧失功能，所以必须开发出一种新的通信技术和通信网络，以防遭到核打击后，通信系统彻底瘫痪。要实现这样的目的，需达成两个要求：其一，通信网络去中心化；其二，数据拆分传输。美国为此于1958年专门成立了一个国防研究机构，即美国国防部高级研究计划局（Defense Advanced Research Projects Agency，DARPA），对相应问题进行研究。

要实现通信网络的去中心化必须解决两个问题：一是每一个接入通信网络的信息设备必须既能接收信息，也能发送信息，换言之，每一个接入通信网络的信息设备既要是终端，也要是信息传输的节点，所以每一个接入通信网络的信息设备既是中心，也不是中心。二是配合这样的设备和技术的传输网络结构要去中心化，不能设置信息传输的区间枢纽。计算机所具有的既可接收信息又可发送信息的信息自动处理功能完美地契合了去中心化的设备需求，每一台接入通信网络的计算机既是接收信息的节点，也是自动发送信息的节点，任何一台计算机的接入和断开，都不会影响到整个通信系统中其他计算机的工作，那么即便部分计算机或者通信网络停止工作，也不会使整个通信系统瘫痪，与之相对应，通信系统的拓扑结构也不再采用星型的中心化结构，而是采用以网状型为基础的拓扑结构。

1960年美国国防部授权兰德公司寻找一种有效的通信网络解决方案。兰德公司的研究人员保尔·巴兰（Paul Baran）建议在新的通信系统中采用数字的分组交换技术或称包交换技术。他想象的是一个网状结构、分布式控制的计算机网络中，两台不直接连接的计算机之间的通信需要中间节点转发，要实现这一效果，即要预先把传输的数据分成多个短的数据分组,就像把一张写着内容的纸质文件裁剪成大小相同的段一样。每个中间节点都可以独立地为分组进行路由选择,好比每条纸段可以被独立地自动选择到不同路径进行传递,等到了目的地之后,再按照原先的先后次序,把纸段组合起来。分组交换技术完美地匹配了去中心化的通信系统要求和网状的通信网络拓扑结构,而且极大地提高了通信线路的利用率,提升了信息传输速率。在去中心化的通信网络、网状通信网络结构的总体思路下,以及分组交换技术和计算机设备的支撑下,1969年DARPA完成了一种广域网阿帕网的设计任务,互联网的雏形诞生。[①] 此后,互联网发展高歌猛进,1974年传输控制协议/网际协议(TCP/IP协议)研究成功,1977年调制解调器开发成功,1984年域名系统与域名服务器诞生,1991年万维网诞生,1993年Mosaic网页浏览器版本1.0诞生。

互联网主要由硬件和软件两部分构成。硬件主要由众多计算机组成,这些计算机有的信息处理功能强大,可快速处理大量的访问,而这种具有较强大的响应访问需求的计算机即是网络服务器,还有就是我们普通用户所使用的个人电脑、手机等。其他必需的硬件还有有线传输介质、调制解调器(俗称猫,它的主要作用是将模拟信息信号转换为数字信号)、中继器(是最简单的网络互联设备,工作在网络的物理层。它就像一个网络传输介质上的中转站,对信号进行放大和整形后,再传输出去,以使信号长途传输正常进行)、集线器(可以将其理解为一个多口的中继器)、网桥(也称桥接器,是连接两个局域网的存储转发设备)、交换机、路由器、网关等。软件包括各类网络软件,比如通信软件、网络协议软件、网络应用系统等。除了硬件和软件之外,还有一类比较特殊的要件,就是各种协议,或称标准。接入互联网的设备及其使用的软件是各种各样的,如果没有一系列各种设备均须遵从的规范,设备之间便无法进行通信,互联也就无法实现。确立互联网中的各种协议,并要求各种接入互联网的设备及其使用的软件遵从该协议,是互联互通的基础。

互联网自诞生时就具备了较以往传播技术和传播手段截然不同的特

[①] 参见吴宫宜:《计算机网络与互联网技术研究、应用和产业发展》,清华大学出版社2008年版,第5-6页。

性，恰恰是这些特性决定了信息网络传播的特点以及信息网络传播行为的构成要件。互联网以网状结构为主的拓扑结构的去中心化特点，令每个接入互联网系统的通信设备都进出自由，只要覆盖了网络系统，且拥有具备上网功能的计算机设备，用户即可根据自己的需要选择地点接入互联网，获取信息。若其断开网络连接，离开网络系统，也不会对其他的互联网使用者产生影响。此乃通信技术发展到一定高度的体现。而计算机所具有的自动伺服和自动响应功能使得每一台接入互联网的计算机既是信息接收者，也是信息发送者，而且可以全天自动响应与其建立起通信的用户的指令，按照用户的需求发送信息。

虽然互联网最初只是出于军事目的而建立，但它最终却开启了全新的传播时代，我们目前仍无法预见互联网对人类文明的促进作用究竟有多大，可能丝毫不亚于纸张和印刷术的发明。在互联网普及之前，即便无线电广播电视这样的不借助有形物质载体的可以向远端的受众提供声形并茂的信息的传播手段已经广为流行，CD、DVD、USB闪存盘这样的可存储文字、声音、图片、视频的存储工具也已经价格低廉，颇为普及，但传统的纸质媒体仍在传播工具中占据着重要位置，可以说与其他传播手段平分秋色，而互联网的普及彻底改变了这一局面，它令所有传统媒体迅速萎缩。

并不是互联网改变了受众获取信息的习惯，而是互联网完美满足了受众获取信息的需求。基于前述互联网传播的技术特点，受众可以在网络服务覆盖的任何地方自由接入或者断开互联网，这如同受众随身携带了图书一样，在哪里都可以坐下打开，获取知识和信息，也可以立刻合上书，离开此地，打开图书或离开都不会给其他正在看书的受众造成任何影响。计算机所具有的全天自动伺服和自动响应功能可使受众最大程度地不受限于广播或电视传播者的播出时间和播出内容，这也如同自己随身携带了大量的图书，想看什么内容就取出对应的图书翻阅。图书等具有有形物质载体的传播工具其实具有与互联网相似的传播效果，在依靠转移有形物质载体来传播信息的技术条件下，占有有形物质载体，便可实现"随时随地""想看就看"，纸质媒体事实上是传统传播手段中最具有优势的，因为纸张轻便易携带，耐久易保存，使用时无需专用设备，正因如此，广播电视等媒体的出现，并未给传统纸质媒体造成重大影响，但是，互联网技术所具有的传播特性与传统纸质媒体非常相似，传统纸质媒体所具有的传播优势，互联网传播也具有，所以互联网可以完美替代传统纸质媒体，迎合受众获取信息的习惯。另外，互联网传播的内容形式也比纸媒丰富，声音、图像比静态的文字、图片更能吸引受众的注意力，在这些因素的共同作用下，纸质媒体迅速被互联网替代，其在传播手段中的龙头地位不复存在。

互联网的普及不仅使纸质媒体逐渐没落，而且在媒体融合背景下，互联网大平台也向下"兼容"和囊括了所有的跨距离传播，包括广播电视。本书始终在物理传输通道和平台意义上使用"互联网"一词，在互联网平台中，不仅仅只有信息网络传播，著作权法意义上的其他传播类型也通过该平台实施。

二、媒体融合背景下互联网中的不同传播类型

早期互联网平台中所进行的传播行为类型比较单一，即只有著作权法语境下的信息网络传播。它给受众的体验迥然不同于传统的广播电视，这是因为获取信息的方式、手段和工具均不相同。传统的广播电视最早必须通过天线接收信号，而早期互联网均通过电缆接收信号；传统的广播电视没有鼠标和键盘这种表达用户意思的操作工具，而用于连接互联网的计算机通常都有鼠标和键盘；传统的广播电视接收信息是单向的，用户和传播者之间没有沟通，没有信息交换，而互联网用户和传播者之间要频繁交换信息，传播者根据用户的选择传输相应内容。总之，互联网与广播网、电视网之间的界限是非常清晰的。之后互联网广播、互联网电视、网络直播等传播形式在互联网上陆续出现，传统电视设备也逐渐具备了网络点播功能，广播网、电视网加速融入互联网，听广播、看电视与上网获取信息之间的界限不再清晰，我们逐渐无法用传播者的身份区分传播类型，更无法用终端设备区分传播类型。

在媒体融合传播背景下，互联网传播的表现形式起码有在线浏览、提供下载、定时播放、线上直播、直播回看、定时轮播等，以后是否还会出现新的形式则不得而知。近期笔者偶然发现某以带货为主的直播平台的不

少直播间以直播的形式播放当红影视剧，笔者虽然并未进行调查，但基本可以确定的是该直播平台软件并不具备可令主播直接播放其本地计算机存储的视频的功能，这种直播是利用电脑中的专用软件并配合直播平台账号实现的，这种形式虽也被称作直播，但其实是利用互联网平台的播放。无论互联网中传播的形式如何多样，在著作权法意义上，互联网中的传播目前仅表现为两种：信息网络传播和广播，广播又可以具体分为录播和直播。需要说明的是，著作权法中的广播与日常生活中所说的广播不同，无论是否有画面，只要不属于点播的，即用户无法选择获得的内容和时间的，都属于广播。录播和直播的区别仅在于所传播的内容的来源不同，如果所传播的内容事先固定在载体上，则属于录播，如果没有事先固定在载体上，在被传播的内容产生的同时进行传播，则属于直播。

第二节　融媒体中直接传播行为的著作权法适用

著作权法中明确规定了广播权和信息网络传播权的定义，但因具体认定问题非常复杂，适用时存有诸多争议。在 2010 年《著作权法》中，对广播权和信息网络传播权的定义分别为：广播权，即以无线方式公开广播或者传播作品，以有线传播或者转播的方式向公众传播广播的作品，以及通过扩音器或者其他传送符号、声音、图像的类似工具向公众传播广播的作品的权利；信息网络传播权，即以有线或者无线方式向公众提供作品，使公众可以在其个人选定的时间和地点获得作品的权利。可以看出，广播权和信息网络传播权所控制的行为之间存在空白地带，有一些行为既无法被纳入广播权的控制范围，也无法被纳入信息网络传播权的控制范围，媒体融合发展令该问题越发突出和复杂。《著作权法》2020 年修改之后，对广播权和信息网络传播权的定义进行了调整，修改为：广播权，即以有线或者无线方式公开传播或者转播作品，以及通过扩音器或者其他传送符号、声音、图像的类似工具向公众传播广播的作品的权利，但不包括本款第12项规定的权利①;信息网络传播权,即以有线或者无线方式向公众提供,使公众可以在其选定的时间和地点获得作品的权利。相较于2010年《著作权法》的有关规定,2020年《著作权法》完善了广播权的定义,使此前无法被广播权和信息网络传播权控制的定时播放和网络直播行为被纳入控制范围。

一、互联网平台上的自行式传播与广播权

(一)媒体融合背景下新旧《著作权法》中广播权所控制的行为

按照2010年《著作权法》中广播权的定义,广播权控制的第一种行为是:以无线方式公开广播或者传播作品。此处限定了广播行为的重要特点,即以无线方式进行,而"传播作品"中的"传播"是否要求无线,则难以从表述中看出。我国《著作权法》中很多定义均直接来自《伯尔尼公约》,如《伯尔尼公约》第11条之二第1款第(i)目规定,文学艺术作品的作者享有授权广播其作品或以任何其他无线传送符号、声音或图像的方法向公众传播其作品的专有权利〔(1) Authors of literary and artistic works shall enjoy the exclusive right of authorizing: (i) the broadcasting of their works or the communication thereof to the public by any other means of wireless diffusion of signs, sounds or images〕。据此可看出,"传播"是指以其他无线传送符号、声音或者图像的方法向公众传播作品。《伯尔尼公约》里的"以无线方式""传播"事实上起到了对"广播"的兜底和解释作用,兜底是为了应对以后可能出现的其他无线方式传播,解释是对"广播"这种传播方式必然以"无线"形式进行的一种强调。我国《著作权法》在定义广播权时将这种强调凸显于"广播"之前,直接对"广播"进行限定,这种做法是科学的。在汉语语境下,"广播"一词在日常使用时往往有多种含义,按照《现代汉语词典》的解释,作为动词的广播是指广播电台、电视台发送无线电波,播送节目。有线电播送节目也叫广播。作为名词的广播是指广播电台或有线电播送的节目。② 因此,按照通常理解,广播既包括无线播送,也包括有线播送,而且

---

① 本款第12项即信息网络传播权的定义。
② 参见中国社会科学院语言研究所词典编辑室编:《现代汉语词典》,商务印书馆2016年版,第487-488页。

日常生活中一提到广播，人们首先想到半导体收音机，所以往往不将电视台的播送理解为广播。我国《著作权法》中笼统地将广播传播的对象表述为作品，说明既包括带画面的视听作品，也包括不带画面的音乐作品或文字作品，从而将播送声音和图像的行为都纳入广播的范畴，专门强调了"以无线方式公开广播"也与《伯尔尼公约》保持了一致，很好地排除了汉语习惯可能带来的混淆。美中不足的是，广播权定义第一层中的"传播作品"是否包含有线方式则无法直接从表述中得出结论。笔者认为这是由于追求表述简洁造成的，当定语或状语之后有两个以上并列句子成分时，定语或状语是仅修饰其后紧随的句子成分，还是并列的成分都修饰，这是经常遇到的法律解释难题。结合《伯尔尼公约》的相关规定可明确得出结论，我国《著作权法》中的广播权的定义的第一层中的"以无线方式"的表述限定了后面的"传播"，该"传播"仅指无线方式。

根据 2010 年《著作权法》中广播权的定义，广播权控制的第二种行为是：以有线传播或者转播的方式向公众传播广播的作品。其中"广播的作品"指前述第一种行为传播的作品，即以无线方式对作品进行传播。"有线传播"的意思似乎比较清楚，即通过双绞线、同轴电缆等有形物质载体进行传播，进而以"有线"转"无线"，而这里的"转播"是否受"有线"限定又成为一个需要解释的问题。《伯尔尼公约》第 11 条之二第 1 款第（ii）目规定，授权由原广播机构以外的另一机构通过有线传播或转播的方式向公众传播广播的作品（any communication to the public by wire or by rebroadcasting of the broadcast of the work, when this communication is made by an organization other than the original one）。"转播"来自该规定的"rebroadcasting"，而结合第（i）目中"broadcasting"为"means of wireless"的限定可知，"rebroadcasting"乃指以无线的方式进行的转播。因此，我国《著作权法》中广播权控制的第二种行为是对广播的作品进行有线转播或者无线转播。根据《伯尔尼公约》的规定，这种转播如果是原广播机构以外的另一机构进行的，才需要征得许可。

依据 2010 年《著作权法》中广播权的定义，广播权控制的第三种行为是：通过扩音器或者其他传送符号、声音、图像的类似工具向公众传播广播的作品，即《伯尔尼公约》第 11 条之二第 1 款第（iii）目的规定（the public communication by loudspeaker or any other analogous instrument transmitting, by signs, sounds or images, the broadcast of the work)。

可以看出，我国《著作权法》所规定的广播权控制的第三种行为与《伯尔尼公约》的相关规定完全一致，在现实中，对该行为的理解也基本没有争议。

2020年，《著作权法》对广播权的定义进行了较大修改，广播权控制的行为仍分三层，分别为：第一，以有线或者无线方式公开传播作品；第二，以有线或者无线方式转播作品；第三，通过扩音器或者其他传送符号、声音、图像的类似工具向公众传播广播的作品。这三种行为均不包含信息网络传播行为。

从以上解读可看出，2020年《著作权法》中广播权定义相较于修改之前，最大的变化是将有线广播纳入广播权的控制范围，极大地扩大了广播行为的外延。所谓有线传播的"有线"不应被局限地理解为实体线路，而应将其理解为定向传输，区别于不定项地散发信号进行传输。至于定向传输是否使用实体线路则在所不问。"有线"与"无线"的本质区别并不是信号在空中传输还是在有形物质载体中传输，而是是否向特定的接收端进行传输。① 因此，2020年修改后的《著作权法》中的广播行为与信息网络传播行为的区别仅在于广播行为是自行式传播，而信息网络传播是待命传播，与在什么介质中传输传播载体没有关系。

2020年《著作权法》修改之前，广播权与信息网络传播权所控制的行为之间有空白地带，即向公众的以定向形式进行的自行式传播，既不受广播权控制，也不受信息网络传播权控制，有线电视和闭路电视是这种向公众的定向自行式传播的早期表现形式，互联网环境中的定时播放和网络直播是媒体融合后这种自行式传播的最常见形式。

(二) 互联网中的定时播放、直播与转播的法律适用

通过有线电视或闭路电视向公众播放属于典型的定向的自行式传播，但随着媒体融合的不断深化，有线电视和闭路电视的使用率越来越低，理论界对有线电视和闭路电视所涉及的有线播放问题逐渐不再关注。同时，移动互联网的兴起让互联网平台中的定时播放（在互联网平台中按照既定节目时间表播放被固定在载体上的作品）、网络直播（在互联网上同步播

---

① 参见王迁：《网络著作权专有权利研究》，中国人民大学出版社2022年版，第287-289页。

放对作品的表演）和网络转播（使用互联网对初始自行传播的作品进行转播）开始占据主流，网络主播和网络转播让互联网中的自行式传播成为利益纠葛的焦点，在2020年《著作权法》修改前后，互联网中的自行式传播的法律适用问题引发了大量争议。

1. 修法前的互联网自行式传播的法律适用困境

去中心化、自动伺服和自动响应是互联网的传播优势，定向传输形式的自行式传播可在互联网平台轻易实现。在2020年《著作权法》修改之前的司法实践中，有的法院为了追求朴素的公平正义，将相应互联网中的自行式传播纳入著作权人享有的专有权利的控制范围，将发生在互联网平台中的自行式传播行为认定为信息网络传播行为。在"宁波成功多媒体通信有限公司诉北京时越网络技术有限公司信息网络传播权纠纷案"中，被告北京时越网络技术有限公司在其所有的"悠视网"（www.uusee.com）提供"UUsee网络电视2007版"软件下载，将该软件下载并安装后，桌面上出现标注为"UUsee网络电视"的快捷方式图标，点击该图标，打开"UUsee网络电视"的界面后便可出现"浏览""正在播放""录制"三个选项，右上方显示"所有频道（557）"，其下显示"电视台""海外电影""华语电影""内地电视剧""港台电视剧"等选项。点击"内地电视剧"，下方显示包括涉案电视剧"奋斗（李小璐、佟大为）"在内的多个选项。点击该选项，则按照既定的时间表依此播放《奋斗》剧集。一审法院认为北京时越网络技术有限公司未经权利人许可，通过互联网在线播放的方式使用《奋斗》，侵犯了宁波成功多媒体通信有限公司从鑫宝源公司获得的大陆地区独家信息网络传播权。[①] 二审法院认为互联网用户通过悠视网能够观看该电视剧的内容，即使悠视网的播放方式系定时定集播放，但悠视网未经许可的在线播放行为亦侵犯了宁波成功多媒体通信有限公司享有的信息网络传播权。[②] 该案是我国较早的关于互联网平台定时播放的纠纷，该案原告和判决书虽然清楚地认识到相应行为不属于广播权的控制范围，但未能把握住著作权法中广播行为与信息网络传播行为之间的区别，且可

---

① 参见北京市海淀区人民法院（2008）海民初字第4015号民事判决书。
② 参见北京市第一中级人民法院（2008）一中民终字第5314号民事判决书。

能想当然地认为发生在互联网平台的行为就一定是信息网络传播行为,从而做出了错误的判断。

此后经过多年的研究和实践,学术界和实务界均清楚地认识到即便发生在互联网平台,自行式传播也不构成信息网络传播行为,但是,有线形式下的自行式传播是否能被广播权控制,应适用何种法律规定,一直存在较大争议。2006年12月29日,第十届全国人民代表大会常务委员会第二十五次会议决定我国加入WCT,2007年3月6日,中国政府向WIPO正式递交加入书,同年6月9日WCT在我国正式生效。该条约第8条关于向公众传播权的定义界定了向公众传播行为,即将其作品以有线或无线方式向公众传播(any communication to the public of their works, by wire or wireless means)。从《伯尔尼公约》关于广播权的定义可看出,广播行为当然属于传播行为。[①] 从层级关系看,WCT属于《伯尔尼公约》的补充协议,且《伯尔尼公约》第11条之二第1款在界定广播权时所用"传播"一词与WCT第8条在界定向公众传播权时所用"传播"一词完全相同,因此可以认为WCT第8条扩张了《伯尔尼公约》中广播权所对应的广播行为的形式。加入WCT后,我国《著作权法》的有关规定与WCT的有关规定存在一定距离,WCT第8条的规定涵盖了所有的向公众的以有线或无线方式进行的传播,当然也包括向公众的以有线方式进行的自行式传播。

有了WCT作为可适用的法律依据,我国法院对合理突破广播权的规定做了大胆的尝试,以全面保护著作权人利益。在安乐影片有限公司诉北京时越网络技术有限公司等侵害著作权纠纷案中,被告北京时越网络技术有限公司通过其"悠视网"和"UUSee网络电视"软件向公众提供原告安乐影片有限公司享有著作权的电影《霍元甲》的定时在线播放服务。法院经审理认为,被告北京时越网络技术有限公司作为涉案网站"悠视网"的经营者,在该网站上向公众提供涉案影片《霍元甲》的定时在线播放服务和定时录制服务,使网络用户可以在该网站确定的时间和用户选定的计算机终端上观看和下载涉案影片《霍元甲》。被告北京时越网络技术有限

---

① 《伯尔尼公约》第11条之二第1款第(i)目规定:广播其作品或以任何其他无线传送符号、声音或图像的方法向公众传播其作品。此处的传播对应的英文为"communication"。

公司的上述行为侵犯了原告安乐影片有限公司对该影片享有的著作权中的通过有线和无线方式按照事先安排之时间表向公众传播、提供作品的定时在线播放、下载、传播的权利，依据《著作权法》第10条第1款第17项等法律规定，被告应当承担停止侵害、赔偿损失的民事责任。该案发生于2008年，依据当时的《著作权法》，被告的行为显然既不侵犯原告的广播权，也不侵犯原告的信息网络传播权，法院充分注意到我国当时已经加入WCT，在有WCT第8条作为支撑的情况下，依据2001年修正的《著作权法》第10条第1款第17项，即著作权包括下列人身权和财产权：应当由著作权人享有的其他权利。对本案做出了侵权判决。既未在朴素的公平正义观下强行将相应被控侵权行为纳入广播权的控制范围，也未想当然地将相应行为纳入信息网络传播行为范畴。法院科学且勇敢地援引了我国《著作权法》第10条第1款的兜底条款，不仅很好地保护了原告的权利，而且智慧地弥补了我国国内法与我国已经加入的国际条约相关规定之间的间隙。

此后，我国法院出现了大量类似的援引2020年修改前的《著作权法》第10条第1款第17项的案例，比如央视国际网络有限公司诉华数传媒网络有限公司侵害著作权纠纷案①，央视国际网络有限公司与上海千杉网络技术发展有限公司著作权权属、侵权纠纷系列案②，湖南快乐阳光互动娱乐传媒有限公司与上海视畅信息科技有限公司著作权权属、侵权纠纷系列案③，上海视畅信息科技有限公司与湖南快乐阳光互动娱乐传媒有限公司著作权权属、侵权纠纷系列案④等。但是，适用兜底条款对案件进行判决

---

① 该案判决书指出：通常而言，网络实时转播是指将电视台或广播台直播的节目信号采集、转换为数字信息后通过网络服务器实时提供给网络用户观看，与信息网络传播权所控制的行为不同，网络实时转播采用了非交互式的传播方式，用户无法在个人选定的时间或地点获得作品，而只能在网络服务提供者指定的某个特定时间内获得作品。同时，该行为的传播途径并非我国现行广播权所控制的无线广播、有线转播及公开播放广播等方式，亦无法为广播权所调整。鉴于华数公司的行为无法通过著作权的某个具体权项调整或扩大解释进行适用，而该行为又侵犯了央视国际网络有限公司所享有的著作权利，故应适用《著作权法》第10条第17项的规定对央视国际网络有限公司进行保护。参见北京市海淀区人民法院民事判决书（2015）海民（知）初字第27389号。
② 参见上海市浦东新区人民法院民事判决书（2016）沪0115民初38167号等。
③ 参见湖南省长沙市中级人民法院民事判决书（2016）湘01民初1153号等。
④ 参见湖南省长沙市中级人民法院民事判决书（2017）湘民终325号等。

毕竟是无可奈何的权宜之计，必须通过立法的完善补足相应滞后。

2. 2020年《著作权法》修正后对广播权相关规定的适用

有学者认为，2020年《著作权法》修改所取得的最大成就之一就是调整了广播权的定义，大大拓展了广播权的规范范围，① 本书对此颇为赞同，现行《著作权法》很好地回应了媒体融合发展的需要，将目前出现的所有传播行为都纳入调整范围，结束了互联网平台的直播行为无明确法律可依的局面，使广播权真正成为与信息网络传播权并驾齐驱的、融媒体中的两大基本权利之一。针对互联网中的定时播放、直播和转播行为，可直接依据广播权的有关规定进行规制。

目前仍略有争议的问题是对于互联网中的直播行为是否可以适用表演权的有关规定予以规制。② 但是，该问题的答案应当是清晰的，按照前文对传播行为的划分，我国著作权法中的传播行为总体上可分为在公众中传播和向公众传播，属于在公众中传播一类的各种行为均具有的特点是，没有或不经历传播载体形式上的转化，不具有远程传输信息的能力，所以它们只发生于某一特定空间之中，在评价互联网直播属于何种著作权法中的特定行为时，评价对象不是主播在直播间里的表演行为，而是远端看到的主播的表演，互联网直播显然经历了跨空间传输，它当然不属于表演行为。另外，如果认为互联网直播可用表演权规制，属于表演权中的"用各种手段公开播送作品"的行为，那么就会令我国著作权法规定的广播权和信息网络传播权都失去意义。按照法律解释的基本原则，进行法律解释时，如果解释的结果将使成文法的某项规定变得毫无意义，则该解释方法和解释结论必定有问题。所以认为互联网中的直播属于表演行为，乃表演权的控制范围，属于对表演权相关法律规定的错误解释。

现行《著作权法》中广播权的定义中所指的转播对象既可以是无线电波、有线电缆传输的信号，也可以是互联网中的数字化数据流，换言之，

---

① 参见王迁：《〈著作权法〉修改：关键条款的解读与分析（上）》，载《知识产权》2021年第1期。

② 有学者提出："通过网络非互动地对外公开播放'作品的表演'，很可能也落入了……（表演权定义中）利用某种手段公开播放。"（崔国斌：《著作权法：原理与案例》，北京大学出版社2014年版，第428页）

转播的对象囊括了所有初始的自行式传播的对象，无论初始传播发生在哪个平台，那么转播权中的转播的对象当然包括互联网平台中的定时播放和直播。

二、互联网平台上的应答式传播与信息网络传播权

2020年《著作权法》修改时，对信息网络传播权的定义改动不大，仅删去了"作品"一词，从原来的"以有线或者无线方式向公众提供作品，使公众可以在其个人选定的时间和地点获得作品的权利"改为"以有线或者无线方式向公众提供，使公众可以在其选定的时间和地点获得作品的权利"，这种改动仅为纯粹的立法技术上的调整，立法者认为删去"作品"一词，可令文本看起来更简洁。但是，却有人以此做文章，认为删去"作品"意味着扩充了信息网络传播行为的对象，将提供"深层链接"纳入信息网络传播权的控制范围，提供"深层链接"行为属于信息网络传播行为。[①] 有关设置"深层链接"行为的定性问题，本书将在第六章详述，仅从法律解释角度，即可直接看出该观点显然不能成立。我国关于信息网络传播权的定义来源于WCT第8条的后半段，后半段的表述清楚点明了"将其作品[②]向公众提供，……"，而我国修改《著作权法》不可能产生与WCT的有关规定如该观点所说的那么大的差异。另外，更重要的是，WCT等国际条约均未将设置"深层链接"规定或解释为著作权人可控制的行为，这意味着其他国家可以不在国内法中做相应的规定。依据国民待遇原则，如果把我国现行《著作权法》中信息网络传播权定义中的"提供"对象解释为包括设置"深层链接"，则意味着我国司法机关有义务制裁未经许可对其他成员国国民的作品设置"深层链接"的行为，而其他成员国的司法机关却没有同样的义务，这样一来，我国与其他WCT成员国对著作权的保护就会出现严重不对等的情况，这是不合理的，我国立法机关不会让这样的局面产生。

---

① 参见王迁：《〈著作权法〉修改：关键条款的解读与分析（上）》，载《知识产权》2021年第1期。

② 着重号为本书作者添加。

近年来，非同质权益凭证（non-fungible token，NFT）[①] 数字藏品的销售问题又引发了信息网络传播行为与发行行为之间的关系的激烈讨论。NFT 数字藏品其实就是作品数字化复制件和区块链结合的产物，数字化作品的复制件通过互联网平台并借助区块链技术进行销售，因为有区块链技术的参与，每一件数字化复制件都可以确保唯一性，也可以确保在交易后，卖家完全脱离对作品数字化复制件的控制，而由买家完全掌控，通过 NFT 形式发行的数字藏品具有唯一性、价值性、流通性等特征。以 NFT 方式发行的数字藏品从表观效果看，具有类有体物的属性，因而很多学者主张将通过互联网途径以 NFT 方式进行的数字藏品交易认定为著作权法中的发行，并适用发行权用尽规则。[②]

本书认为，将 NFT 数字藏品的交易认定为发行，既无法律依据，也无必要。首先，如前所述，著作权法中发行行为的本质特点是通过有形物质载体所有权的有偿转移实现信息传递和共享。无论是 NFT 数字藏品的制作上市，还是上市以后的转手交易，都不存在有形物质载体所有权的转移，无论经历多少手，NFT 数字藏品这种电子复制件依然保存在特定服务器中，只不过它的权利凭证通过区块链记载，所以 NFT 数字藏品的交易根本不符合著作权法中发行行为的本质特征。其次，将 NFT 数字藏品的交易认定为发行行为的主张通常是要对相应交易适用发行权用尽原则，这些主张基本都认为现行《著作权法》中发行权的定义太过传统，无法适应瞬息万变的互联网环境，因此要对发行权进行重构。然而，改变一种约定俗成的、长期以来一直适用良好的制度是很不容易的，对一个概念进行新的解构，赋予其新的内涵的基础是客观上有实际存在的需要，否则这种新的解构恐怕只会徒增文章数量而已。最后，物权关系与债权关系的重要区别在于，物的利用可以不依赖于他人，而债必须依靠他人的配合才可实

[①] 有的文章将 NFT 有意无意地翻译为"非同质化代币"，本书作者是非常反对的，"代币"一称很容易让公众误认为 NFT 数字藏品有金融属性，这非常不利于 NFT 数字藏品产业的健康发展。

[②] 参见周澎：《非同质化代币交易中我国首次销售原则的适用困境与纠偏——兼评"胖虎打疫苗"案》，载《法律适用》2023 年第 8 期；刘晓、李莹莹：《非同质化代币数字作品发行权穷竭原则的适用困境与纾解路径》，载《出版发行研究》2023 年第 4 期；刘维、林星成：《论 NFT 数字作品发行权的证成与扩张》，载《新闻界》2023 年第 8 期。

现，尤其是对标的物处置方面，物权人可毁灭自己占有之物，而债权人无法自己毁灭债之标的物，必须依靠他人，物的关系与债的关系间的界限是非常清晰的。NFT数字藏品无法通过控制有形物质载体实现真正的控制，买受者对NFT数字藏品的欣赏和利用必须仰仗于NFT数字藏品所存储的服务器的正常工作，依此而言，NFT数字藏品的上市、收藏和交易本质上依然为债的关系，而非物的关系。区块链这种技术被形象地称为分布式账本恰巧反映了它为债的关系服务的属性。另外，NFT数字藏品在交易时自动嵌入电子合约，这也将格式合同与交易高度捆绑，凭证发售者与交易各方完全可以通过合同约定明确双方权利义务关系，所以，与其研究怎么对发行权进行新的解构，不如好好设计格式合同的内容，用合同条款保障NFT数字藏品买受人的利益。所谓的NFT数字藏品"发行"问题，其实就是数字权益凭证销售合同建立及买受人的合同权利义务概括移转的问题。

于作品传播方面，NFT数字藏品除了运用了区块链技术确保复制件的唯一性，并能确保买受人享有的债权内容不受篡改外，其上市、交易与音乐在互联网上的传播没有本质区别，都是面向不特定公众的待命传播，用信息网络传播权的有关法律规定完全可以解决。

第五章 | 融媒体中的主要间接传播及法律适用

间接传播通常表现为劝诱他人进行直接传播或对直接传播行为提供帮助。在互联网平台中，劝诱行为通常表现为对他人的上传行为给予奖励或者对上传的内容进行推荐、置顶或者"加精"；帮助传播主要包括提供网络自动接入服务、提供自动传输服务、提供网络自动缓存服务、提供信息存储空间服务，以及提供搜索或者链接服务。在媒体融合发展的当下，信息聚合类服务已成为传播的要冲，[①] Web3.0 时代的信息聚合服务就是搜索引擎与"深层链接"相结合的产物。一方面，互联网普通用户如不借助搜索引擎或帮助传播者"投喂"，则很难从浩渺的网络信息中获得相对优质的内容，因此信息聚合服务又像是互联网传播的指挥站和调配室。另一方面，在互联网发展初期，内容服务提供者需要借助搜索引擎提升自身知名度，搜索引擎的种种问题或未被过多关注或被给予了宽容，但随着个人用户供给的免费优质内容资源日益减少，以及搜索技术的不断发展，尤其

---

① 参见赵鹏：《搜索引擎对信息传播的影响及其法律规制》，载《比较法研究》2018 年第 4 期。

是聚合类手机应用的出现，相关主体利益失衡的问题日益凸显，而规制"深层链接"以图矫治利益失衡并非优选方案。

第一节　媒体融合发展的要冲：搜索和聚合服务

近年来，以提供帮助传播为主要内容的网络服务发展迅猛，在媒体融合发展中扮演着越发重要的角色，自动接入服务和自动缓存服务相对较为基础，用户往往意识不到它们的存在，而且这两种服务基本上均是在技术安排下自动进行的，提供者通常也不会在明知或应知的情况下帮助侵权内容传播，所以提供这两类服务所涉法律问题及相关纠纷较少。帮助传播引发纠纷多集中于因提供存储空间服务和提供搜索或链接服务。近年来，存储空间服务提供者风险防控意识越来越强，因该服务引发的纠纷数量也逐年锐减。[①] 而提供搜索或链接服务则"一枝独秀"，从最早的搜索引擎，到"深层链接"，再到现在大行其道的信息聚合平台，一直备受公众的关注，相应的著作权法问题也始终是学界和实务界探讨的热点，这种现象与其在媒体融合发展中的重要地位是相呼应的。互联网信息所具有的海量和碎片化特点，以及智能手机通过触屏操作的特点，决定了公众访问互联网必然要依赖体验感好、便捷高效的"端口"，在手机互联网时代，提供搜索或链接服务无疑最能起到吸引和引导作用，搜索和聚合服务便自然而然地成为"导流"的利器，也必然成为关注的焦点。因为各类信息聚合平台事实上就是搜索服务与"深层链接"服务的结合，所以相应原理及牵涉到的理论问题与搜索引擎、"深层链接"无异。本节主要通过对搜索引擎问题的系统梳理并联系聚合服务，分析、阐明相关法律问题。

---

① 笔者以"提供存储空间"为检索词，以"侵害信息网络传播权"纠纷为诉由，在裁判文书网中检索，2018年、2019年、2020年、2021年全国案件数量分别为90件、71件、53件和31件，呈大幅下降趋势。

一、融合的起点：搜索引擎

在互联网的海量信息中，网络用户通过逐一输入网址，依次找寻到自己需要的信息如同大海捞针一样困难，利用搜索引擎则可轻松找到自己需要的信息，正是搜索引擎的出现才使互联网进入了普通用户的生活。在当下媒体融合发展的背景下，搜索引擎仍具有信息获得的起点的重要作用，什么主体的什么传播方式下的什么内容能被搜索到，决定了普通公众获得信息的渠道和内容，搜索与搜索引擎就是融媒体传播的重要起点。然而搜索引擎自诞生以来，便一直伴随着侵犯著作权的诟病，备受争议。搜索引擎在提供、呈现搜索结果时，获取了种种显性或隐性的商业利益，提供内容的网站却并不能从中直接获益，长此以往，提供高质量内容服务的网站必然拒绝被搜索，届时用户获得的搜索结果恐怕只是竞价排名下的广告和"野鸡网站"粗制滥造的内容。另外，搜索引擎的许多问题与著作权法原理并不兼容，这些会不利于互联网优质信息的供给，且会影响到媒体融合发展的效果，需要从新的角度对不断失衡的搜索服务提供者和内容服务提供者间的利益关系进行考量，需要提出新思路以有效解决搜索引擎侵权的隐疾。

网页文件包含的元素一般有文字、图片、音频、视频。目前被爬虫软件[①]抓取、提供的只有文字、图片及视频预览图。这些元素中，文字、图片、视频预览图均可构成作品，另外网页是文字、线条、色彩、声音的多元素结合，本身可构成汇编作品或美术作品。因此对于网页以及网页中的文字、图片或视频预览图，均存在搜索引擎的复制、提供构成侵权或不正当竞争的可能性。搜索引擎完成搜索服务需经三步：搜集、预处理、提供结果。

第一，搜集——复制。所谓搜集即指利用爬虫软件，从事先制定好的URL[②]列表中的URL开始，依据各站点相互之间的链接，自动访问各

---

① 爬虫软件指基于规则对网址中文字、图片等信息进行自动抓取的程序，通常被称作robot、spider或crawler。

② URL是uniform resource locator（统一资源定位符）的首字母缩写，中文译为"网址"，表示各种资源的互联网地址。

web 站点，并对相应 web 文档进行复制，然后回传至搜索引擎的服务器，建立数据库。从事先列出的 URL 开始，沿着各站点之间的链接路径进行递归访问被称作"爬行"，对被访问 web 站点的 web 文档进行复制并回传被称作"抓取"。由此可看出，搜索引擎的工作基础即是大量地对 web 站点的 web 文档进行复制，建立 web 文档数据库。因此，搜索引擎提供搜索服务的前提是对海量的 web 文档进行复制，这一行为符合著作权法复制权的复制行为的特征，构成复制。

第二，预处理——汇编。所谓预处理即指利用分析程序对复制来的海量 web 文档进行分析和关键信息提取，最终在人为预设的重要性因素的干预下建立索引。这一过程具体包括：分词、过滤、转换、抽取出索引项，这些技术往往与具体的语言以及系统的索引模型密切相关。在这一过程中，有一个步骤加入了搜索引擎设计者个人对预处理数据的选择、取舍、安排的自主意识，即给单索引项赋予权值，以表示该索引项对文档的区分度，同时用来计算查询结果的相关度。① 以谷歌（Google）搜索引擎为例，其采用 PageRank② 对被抓取并处理后的网页文件数据按照一定的赋值系统进行排序，最终体现在搜索结果的先后顺序及呈现给用户的搜索结果页面内容上。③ 虽然对单索引项赋予权值是通过预先设定的程序批量完成的，但这一过程仍是搜索引擎建立者自主意识的延伸，若不要求汇编行为具有较高的独创性，则预处理过程赋予权值的过程完全可被认定为汇编过程，且不同搜索引擎对相同搜索词给出的搜索结果都打着自己鲜明的个性烙印。搜索引擎为用户提供的搜索结果是经其选择、取舍、安排的结果，其预处理程序包含着一定的独创性。

第三，提供结果——信息网络传播。所谓提供结果即指网络用户向搜索引擎发送某个字段的查询请求后，搜索引擎的服务程序从经过预处理的 web 文档数据库中，以被赋予的权值为取舍依据，提取与该字段相应网页

---

① 参见章森、王伟：《搜索引擎的工作机制》，载《计算机世界》2006 年 6 月 12 日。
② PageRank，又称网页排名、谷歌左侧排名、佩奇排名，是一种由搜索引擎根据网页之间相互的超链接计算的技术，而作为网页排名的要素之一，以谷歌公司创办人拉里·佩奇（Larry Page）之姓来命名。
③ 参见应亦丰：《Web 搜索引擎原理与实现》，浙江大学硕士学位论文，2007 年，第 16 - 18 页。

的标题、网址和摘要，并按一定顺序对这些网页信息进行排列，最终将包含这些网页信息的搜索结果以 web 文档的形式传送给用户。这种提供包含两个著作权法意义上的行为：汇编结果的形成以及信息网络传播。按照预先赋予的权值进行信息抓取这一环节如同铅字印刷的挑字过程，并不包含独创性因素。通过这一过程，汇编结果最终形成，即呈现于用户面前的搜索结果页面的 web 文档。向用户提供的搜索结果分为两类：一类为包含标题、网址以及文字摘要的网页信息介绍（简称网页介绍）；一类为包含网页全部文字、缩略图的网页快照。这种提供行为完全符合信息网络传播行为的构成要件，是典型的信息网络传播行为。

搜索引擎通过对 web 文档的实时收集、整理，形成庞大的数据库。当用户对关键词进行检索时，搜索引擎调用数据库并向用户提供大量与关键词相关的网页地址，并将网页介绍呈现给用户。用户可通过阅读介绍了解网页的内容，进而判断是否需要进一步点击链接进行访问。搜索引擎的这一服务极大降低了网络用户的检索难度和强度，提高了检索的准确度，可以使用户迅速且较为全面地获取到自己需要的信息。

另外，搜索引擎的快照和图片搜索服务也具有重要的作用，快照完整地向用户提供了目标网页文本的内容，并用不同的颜色突出显示关键词，用户不仅可以获知目标网页的全貌，而且可以轻松找到关键词在文本中的位置，在目标网页被删除或修改时，用户仍可通过快照获知相应网页的内容，快照对于用户稳定获知目标网站的信息具有重要意义。此外，快照还可实现网页内容前后变化的比较功能。图片搜索可向用户同时提供大量的较目标网页图片分辨率小的缩略图，用户可以急速浏览与关键词相关的缩略图，从而找到自己需要的图片，进而访问图片所在网页。对于用户而言，快照和图片搜索服务均极大地提高了服务质量、改善了搜索体验，方便用户快速、准确地获得信息。无论是提供摘要或视频首帧画面预览的一般搜索服务，还是提供内容全貌的快照和图片搜索服务均符合促进知识快速传播的理念，对用户应用互联网和互联网本身发展均具有不可替代的作用。

二、提供搜索服务的合法依据

从搜索引擎工作过程可看出，搜索引擎提供搜索服务必然要进行复制、汇编、信息网络传播三种行为。复制即复制其他站点的 web 文档，汇编即依照人为预设规则对 web 文档进行筛选排序，信息网络传播即通过信息网络向用户提供按既定规则取舍后得出的包含其他站点网页内容或整个网页的 web 文档。搜集、预处理、提供结果事实上分别涉及未经许可的复制、汇编、信息网络传播等著作权人有权控制的特定行为，在不能排除违法性的情况下，实施这些行为即构成侵权。目前学界为了给搜索引擎创造一个宽松的发展环境，努力从多个角度提出多种观点排除搜索引擎相应行为的违法性，从而使搜索引擎摆脱侵权的痼疾和备受诟病的困境。然而，这些观点似均不能使问题得到完美解决。

（一）搜索引擎不应适用系统缓存避风港规则

我国《信息网络传播权保护条例》（简称《条例》）第 21 条规定："网络服务提供者为提高网络传输效率，自动存储从其他网络服务提供者获得的作品、表演、录音录像制品，根据技术安排自动向服务对象提供，并具备下列条件的，不承担赔偿责任：（一）未改变自动存储的作品、表演、录音录像制品；（二）不影响提供作品、表演、录音录像制品的原网络服务提供者掌握服务对象获取该作品、表演、录音录像制品的情况；（三）在原网络服务提供者修改、删除或者屏蔽该作品、表演、录音录像制品时，根据技术安排自动予以修改、删除或者屏蔽。"此即系统缓存避风港规则。因为网页介绍方式向用户提供搜索结果不满足"未改变自动存储的作品、表演、录音录像制品"这一要件，鲜有学者认为提供网页介绍这类搜索结果的行为应适用系统缓存避风港规则而免责，目前主要是对于网页快照是否应适用系统缓存避风港规则存有较大争议。

有学者认为搜索引擎的爬虫软件抓取网页文件以及以快照形式向用户提供网页文本及图案，虽然构成未经许可的复制和信息网络传播，但符合针对系统缓存的避风港规则。在我国发生的一系列涉及搜索引擎快照的案件中，也均产生了复制网页并以快照形式向用户提供是否适用系统缓存避风港规则的争论。例如,在"泛亚诉百度案"中,百度将从其他网站自动获取的歌词存放于自己的服务器中,使用户可以直接从"百度 MP3"网站下载歌词。百度主张其提供的歌词"快照"功能是对搜索结果文本信息的"自动缓存",属于《条例》第 21 条所称的"自动存储",因此应当免责。① 在美国发生的 Field v. Google 案中,原告在其网站中发表了文章,该网页被 Google 制作了"网页快照"。法院认为,Google 的行为可以根据《千禧年数字版权法》(The Digital Millenniurn Copyright Act,DMCA)中针对"系统缓存"的"避风港"免责。② 然而,系统缓存与网页快照在产生目的、形成原理、是否对目标网站产生替代效应等方面的诸多不同,决定了二者根本不是相同的事物,系统缓存避风港规则不能适用于网页快照而使其免责。

首先,系统缓存的目的是避免发生网络拥堵,提高访问速度;而网页快照的目的是提供搜索结果,使用户获知网页文件的内容。其次,系统缓存的产生以最先访问的用户的访问行为为前提条件,若没有任何一个用户访问目标网站,则不可能生成目标网站的系统缓存。就此而言,系统缓存的产生是由用户的主动行为激发的,它是用户浏览行为的延伸和结果。而网页快照所呈现的内容是由爬虫软件自动抓取回传至搜索引擎服务器的,在用户使用搜索引擎,提交关键词进行搜索之前,快照文件事实上就已存在于搜索引擎服务器上,即便没有任何用户进行相应内容的搜索,快照文件也已事先存储于搜索引擎服务器中。换言之,网页快照是搜索服务提供者主动进行复制的结果,它在用户发送搜索指令前便已存在,网页快照的产生是由搜索服务提供者的主动行为激发的。最后,系统缓存不会对目标网站产生替代效应,对于用户而言,从缓存服务器获得缓存网页文件与直接从目标网站获得网页文件的效果和体验完全相同,用户在访问过程中根本不会意识到自己是从中转网站获得的文件,系统缓存也不会影响目标网站访问量的统计。而用户使用搜索引擎浏览网页快照时,不仅明确知晓自

---

① 北京市高级人民法院民事判决书(2007)高民初字第 1201 号。转引自:王迁:《搜索引擎提供"快照"服务的著作权侵权问题研究》,载《东方法学》2010 年第 3 期。

② Blake A. Field v. Google,412 F. Supp. 2d 1106,at 1123 - 1125 (D. Nev. 2006)。转引自:王迁:《搜索引擎提供"快照"服务的著作权侵权问题研究》,载《东方法学》2010 年第 3 期。

已获得的内容来源于搜索引擎服务器，而且浏览网页快照不会让目标网站的访问量增加，因为用户在获得快照后往往不再访问目标网站，如此便可能产生网页快照替代目标网站的结果。系统缓存是单纯的技术现象，是由用户的访问行为触发的；而搜索引擎的网页介绍和网页快照均非单纯的技术现象，它是搜索服务提供者主动实施的一种有目的的服务行为，其以主动复制网页文件为前提。

（二）"默示许可"理论不宜作为搜索引擎合法性的支撑

有观点认为，在现在的互联网技术和规则下，若某网站不愿其网页文件被搜索引擎收录并提供，则完全可以依据机器人协议（Robots协议[①]）在其网站中加入robots.txt文件，表明其不愿被搜索的意思，以避免被搜索和提供。若网站没有如此安排，则可视其同意被搜索引擎抓取其网页文件并向用户提供。[②] 这种观点是难以成立的，首先，网站没有加入指令，并不代表其同意自己的网页文件被抓取和提供，这如同房间门虽然未锁甚至敞开，并不代表可以任由他人进出拿走东西一样。其次，即便网站没有加入指令可以被解读为不拒绝被抓取和提供网页文件，但仅有网站的认可，并不能使抓取和提供行为合法。作者许可此网站通过信息网络传播，并不意味着许可彼网站通过信息网络传播。若认为没有依据Robots协议在其网站中加入指令，即视为许可搜索引擎抓取并提供的观点成立，则对任何已上传互联网的作品通过信息网络再传播均可被视为经由许可的合法行为，此观点恐是为了追求实用而对专有性权利基本原理的彻底抛弃。借用"默示许可"理论对专有性权利进行限制，以解决搜索引擎侵权问题必然引发诸多难以解决的理论弊端。本书将在后面章节详细分析有关意图用"默示许可"理论解决互联网中的作品许可问题的观点。

（三）提供搜索服务可构成合理使用

在现有的解决搜索引擎侵权痼疾的观点中，认为搜索引擎的抓取提供行为可构成合理使用的观点相对科学合理。搜索引擎提供搜索结果必然经

[①] Robots协议，全称为"网络爬虫排除标准"（Robots Exclusion Protocol），是互联网上用于指导搜索引擎蜘蛛如何抓取和访问网站的一种协议。通过Robots协议，网站可以告诉搜索引擎哪些页面可以抓取，哪些页面不能抓取，从而保护敏感信息和数据，确保用户隐私不被侵犯。

[②] See Blake A. Field v. Google, 412 F. Supp. 2d 1106, at 1116 (D. Nev. 2006).

过复制和信息网络传播，按照著作权侵权行为构成的基本原理，未经许可复制并通过信息网络传播他人作品构成侵害信息网络传播权，但搜索引擎提供网页介绍构成合理使用，搜索引擎提供网页快照和缩略图可构成"转换性"合理使用。

1. 搜索引擎提供网页介绍构成合理使用

网页介绍的核心内容是网页文章的标题和简短的网页内容文字介绍，文字介绍摘自网页文章，与网页文章中的相应内容文字一致。一般认为文章标题不能单独受到著作权法的保护，而网页介绍中的部分文字篇幅甚小，目的是让用户了解网页内容。

关于搜索引擎提供网页介绍构成何种合理使用，笔者认为：首先，提供网页介绍不属于"介绍、评论"合理使用情形。根据我国《著作权法》的规定，"为介绍、评论某一作品或者说明某一问题，在作品中适当引用他人已经发表的作品"① 构成合理使用。搜索引擎提供的搜索结果不属于作品，也就是说不是在作品中引用他人作品，所以不属于"介绍、评论"合理使用情形。其次，提供网页介绍不属于"个人学习、研究或者欣赏"合理使用情形。我国《著作权法》规定，"为个人学习、研究或者欣赏，使用他人已经发表的作品"② 构成合理使用。此情形下的合理使用针对的是学习者和研究者本人，而搜索引擎提供网页介绍，是为了用户学习、研究或欣赏，因此提供网页介绍不属于此情形的合理使用。最后，提供网页介绍属于"转换性"合理使用。所谓"转换性使用"，是指对原作品的使用并非为了单纯地再现原作品本身的文学、艺术价值或者实现其内在功能或目的，而是通过增加新的美学内容、新的视角、新的理念或通过其他方式，使原作品在被使用过程中具有了新的价值、功能或性质，从而改变了其原先的功能或目的。③ 提供网页介绍并不是为了单纯地再现来源网页中的作品本身的文学、艺术价值或者实现其内在功能或目的，而是为了向用户介绍网页与被搜索的关键词之间的相关程度。通过提供网页介绍，改变了来源网页作品中相应文字的首要作用。搜索结果中网页介绍的文字的首

---

① 参见《著作权法》第24条。
② 参见《著作权法》第24条。
③ 参见王迁：《著作权法》，中国人民大学出版社2015年版，第334页。

要功能是让用户简要了解网页的内容，从而决定是否要点击链接，进而访问。被提供的网页介绍完全不会替代来源网页，用户如果需要网页的内容，必然要直接访问来源网页。网页介绍符合"转换性"合理使用的构成要件，属于合理使用。

2. 搜索引擎提供快照、缩略图可构成"转换性"合理使用

如果搜索引擎单纯再现和利用原作品的价值和美感，则很难认定为合理使用。如果搜索引擎对作品的使用导致作品的功能发生了转换，实现了新的目的或功能，则可被认定为"转换性"合理使用。① 快照的作用在于当来源网页无法正常访问时，可以用访问快照的方式替代对来源网页的访问，或者对比来源网页在一定时间段内的变化。缩略图的作用在于向用户呈现图片的大致样貌，以便于用户决定是否对来源网页进行访问。因此快照和缩略图的作用相较于原作品，其功能已经发生了转换。另外，还应当考虑搜索引擎设置和提供快照、缩略图的方式是否会对权利人的利益产生不合理的影响。

因此，对于提供快照和缩略图是否构成合理使用，无法给出一个统一、明确的答案，只能在个案中依照上述两个标准进行判断，即首先判断快照和缩略图是否具有介绍来源网页的目的和功能，其次判断快照和缩略图是否对享有相应作品信息网络传播权的来源网站产生了替代效应，影响了权利人著作权的行使。对搜索引擎提供快照、缩略图是否构成"转换性"使用的判断具有高度的主观性，因此在目前的解决框架下，搜索服务提供者无法对自己提供快照和缩略图的法律后果做出较为准确的预判，究竟是构成侵权还是合理使用，要根据具体情况在个案中判断。

3. 以开放性合理使用认定标准解决"快照"问题的现有立法突破及不足

我国合理使用制度采用的是"限制与例外"的立法模式，《著作权法》第 24 条规定了构成合理使用的先决原则性条件，以及属于合理使用的 12

---

① 参见王迁：《搜索引擎提供"快照"服务的著作权侵权问题研究》，载《东方法学》2010年第 3 期。

种具体情形。在我国现有法律规定下，提供快照、缩略图并不符合合理使用的规定。目前我国法律中并不存在一个开放性的、可以突破《著作权法》第24条所列情形认定合理使用的一般原则。但是，开放性标准对于解决立法的僵化，应对随时可能新出现的法律问题具有重要作用，应在《著作权法》中尽可能地列举各种"限制与例外"，并同时借鉴《美国版权法》第107条，专门增加一个开放性的标准，以供法院在个案中判断特定未经许可使用作品的行为是否侵权。①

经过多年理论研究和实践探索后，司法解释对采用开放性的合理使用认定标准解决"快照"侵权问题做了大胆尝试和突破，《最高人民法院关于审理侵害信息网络传播权民事纠纷案件适用法律若干问题的规定》第5条规定："网络服务提供者以提供网页快照、缩略图等方式实质替代其他网络服务提供者向公众提供相关作品的，人民法院应当认定其构成提供行为。前款规定的提供行为不影响相关作品的正常使用，且未不合理损害权利人对该作品的合法权益，网络服务提供者主张其未侵害信息网络传播权的，人民法院应予支持。"据此规定，只要不影响相关作品的正常使用，且未不合理损害权利人对该作品的合法权益，提供快照或缩略图的行为即构成合理使用。因该规定是原则性的，所以，必须要在个案中对相应提供快照或缩略图的行为是否影响相关作品的正常使用、是否不合理损害权利人对作品的合法权益做出具体判断。另外，作品的正常使用、不影响作品的正常使用、损害权利人利益、不合理损害权利人利益均是极主观的命题，行为人很难据此对自己行为的后果做出较为准确的预判。

三、提供快照、缩略图的侵权难题

在某些情况下，通过浏览快照和缩略图即可满足获取信息的需要，搜索引擎提供快照、缩略图有可能造成用户不再访问来源网站，那么快照和

---

① 参见王迁：《搜索引擎提供"快照"服务的著作权侵权问题研究》，载《东方法学》2010年第3期。

缩略图即对来源网站产生了替代效果。另外，按照著作权法的基本原理，在未经著作权人许可，且无排除行为违法性的依据时，对作品进行复制、信息网络传播即构成侵权，提供快照、缩略图必然构成复制和信息网络传播且无明显的违法性排除依据，因此，提供快照和缩略图产生了替代效果时，也就构成了著作权侵权。因此，快照、缩略图服务发展到如今，更应该被看作是为了鼓励产业发展和方便普通用户而尽力克制著作权保护的结果。但是，这种与著作权法原理不相协调的局面应被打破，搜索引擎的痼疾应予去除，如此方能使媒体融合的桥头堡——搜索引擎在合规的加持下获得新生。

（一）提供快照、缩略图可构成不正当竞争

在快照的内容为文字作品时，通过浏览快照便可欣赏文字作品，访问快照的效果和访问来源网站并无二致，当缩略图是以表意为主的漫画或者示意图时，用户通过浏览缩略图即可获知相应图片的内容，此时用户往往不会再去访问来源网站，再如，用户寻找图片只是为了知道相应图片的大致线条和色彩，并非为了从艺术的角度仔细欣赏或并不需要高分辨率的原图片，浏览缩略图完全可满足这类用户的需求，这样用户也不会再去访问来源网站。在这些情形下，提供快照、缩略图均对来源网站起到了替代效果。目前，网站主要靠发布广告获取经济收益，决定其广告发布价值的核心因素就是网站的点击量，搜索引擎提供快照、缩略图会截留本属于来源网站的点击量，使来源网站的广告发布价值受损，经济利益受损，此为典型的不正当竞争行为。

需要说明的是，若来源网站仅仅获得了著作权人信息网络传播权的非专有许可，则其不具有著作权人身份或"类著作权人"[①] 身份，搜索引擎提供快照、缩略图的行为仅对其涉及不正当竞争问题，而不存在著作权侵权问题的探讨余地，更谈不上是否为合理使用，来源网站此时仅为普通的权利行使者，不应以提供快照、缩略图的行为是否对其产生替代的效果作为评判是否构成信息网络传播的依据，更不应作为评判是否构成合理使用

---

① 获得著作权专有许可的被许可人可以排除包括著作权人在内的任何人以同样的方式使用作品，并且还可以自己的名义对著作权侵权行为提起诉讼，因此可将其称为"类著作权人"。

的依据,① 是否产生替代效果只可是不正当竞争构成与否的判断标准。只有在针对著作权人时,才存在行为人是否构成合理使用的讨论余地,若将是否构成合理使用的探讨置于是否对非权利人造成影响的框架下,则无异于缘木求鱼。

(二)提供快照、缩略图在多数情况下可对著作权人造成损害

提供快照、缩略图在多数情况下可构成对著作权的侵犯,Copiepresse v. Google 案②对此做了最好的注脚。在该案中,比利时布鲁塞尔初审法院认为谷歌快照存储文章和文件并使其可被公众所获知是一种侵权行为,谷歌不能基于法律获得任何免责。最终一审法院判决谷歌移除网页快照中的侵权内容。谷歌公司以在 Field v. Google 案中获得支持的理由即复制行为是用户所为进行抗辩,但一审法院没有支持这种抗辩,认为通过爬虫程序抓取和存储是谷歌进行的复制行为,并且谷歌还将该复制件通过快照形式向公众传播。谷歌不服一审判决上诉至布鲁塞尔上诉法院,布鲁塞尔上诉法院认为谷歌提供快照的行为不是仅仅为传播提供管道,也并非必要的技术程序,因此谷歌快照不能进入避风港。③ 谷歌最终败诉。

按照我国现行司法解释,网络服务提供者以提供网页快照、缩略图等方式向公众提供相关作品的,如果不影响相关作品的正常使用,且未不合理损害权利人对该作品的合法权益,则网络服务提供者构成合理使用。④ 但问题是,除了转换性使用满足不影响作品的正常使用及未不合理损害权

---

① 《北京市高级人民法院关于网络著作权纠纷案件若干问题的指导意见(一)(试行)》第13条规定:"网络服务提供者以提供网页'快照'的形式使用他人网站上传播的作品、表演、录音录像制品,未影响他人网站对作品、表演、录音录像制品的正常使用,亦未不合理地损害他人网站对于作品、表演、录音录像制品的合法权益,从而未实质性代替用户对他人网站的访问,并符合法律规定的其他条件的,可以认定构成合理使用。"此规定从头到尾均针对的是他人网站,以对他人网站是否造成实质性替代作为判断是否构成合理使用的标准,此不尽合理。

② Copiepresse SCRL v. Google Inc., Court of First Instance of Brussels, February 13, 2007, [2007] E. C. D. R. 5.

③ 参见张玲玲:《网页快照提供行为的著作权侵权判定——兼评〈最高人民法院关于审理侵害信息网络传播权 民事纠纷案件适用法律若干问题的规定〉第五条》,载《知识产权》2014年第4期。

④ 参见《最高人民法院关于审理侵害信息网络传播权民事纠纷案件适用法律若干问题的规定》第5条第2款。

利人的合法权益这两个条件外,其他情形几乎很难满足。"不影响相关作品的正常使用,且未不合理损害权利人对该作品的合法权益"与我国《著作权法》第 24 条中的先决原则性规定以及《著作权法实施条例》第 21 条的表述基本一致,其来源于 TRIPs 协定第 13 条规定的"三步检验法","三步检验法"列举了构成合理使用的三个条件,分别是"只能在特定的特殊情况下做出","不应与作品的正常利用冲突","不应不合理地损害版权人的合法利益"。"不影响相关作品的正常使用"与"不应与作品的正常利用冲突"意思一致,"未不合理损害权利人对该作品的合法权益"与"不应不合理地损害版权人的合法利益"效果相同。① 一般情况下,除了需要较高分辨率图片的用户在浏览缩略图之后再行访问来源网站这一情形可使提供快照和缩略图仅起到介绍作用,满足"不应与作品的正常利用冲突""不应不合理地损害版权人的合法利益"二标准之外,其他提供快照和缩略图的行为都很难满足这些条件。

  著作权人授权某网站传播其作品,并不代表其同时授权其他网站传播其作品,其他网站要传播其作品,仍然要获得著作权人的许可。而对于文字作品和大多数美术作品而言,著作权人在许可某一网站行使信息网络传播权之后,快照和缩略图的存在使著作权人对其他网站的再授权成为事实上的无意义。被许可网站纵然可以通过 robots.txt 文件防止搜索引擎提供快照或缩略图,但这要靠被许可网站的配合或许可合同的约定才能实现,著作权的专有性在此根本无法显现,著作权人无法凭己之愿实现对他人信息网络传播行为的控制。提供快照和缩略图在绝大多数情况下均产生了与著作权人通常的从行使专有性权利中获取经济价值的行为(信息网络传播权的许可行为)相竞争的效果,甚至使著作权人的获利行为无法实施,不满足"不应与作品的正常利用冲突"这一标准。

  在纸质载体的传播环境下,作者授权 A 出版社以图书的方式传播其作品后,完全可以授权 B 报社以连载的方式通过报纸传播其作品,不同的许可方式会给著作权人带来多笔许可费用,著作权人还可对擅自传播者提起诉讼,获得经济赔偿。这种专有权利人经济利益的实现模式在互联网环

---

① 参见王迁:《著作权法》,中国人民大学出版社 2015 年版,第 325 - 326 页。

境下不应有质的变化。但在允许提供快照和缩略图的情况下，只要作品被上传网络，著作权人再行对其他网站授权并获得许可费用，便困难得多，提供快照和缩略图都造成了著作权人无法获得本可获得的经济收益，使其利益受损。

（三）现有理论和思路无法解决搜索引擎侵权痼疾

依照前述分析，搜索引擎的抓取提供行为除满足"转换性"合理使用可构成合理使用外，系统缓存避风港规则、"默示许可"理论等均无法适用以排除搜索引擎抓取提供行为的违法性。现实中，提供网页介绍具有高度的"转换性"合理使用特点，可构成合理使用，而提供缩略图和快照几乎很难满足"转换性"合理使用的要求，无法构成合理使用。缩略图、快照具有较高的实用价值，对信息传播及互联网发展均具有重要作用，不应对缩略图和快照绝对禁止。

一方面，不满足"转换性"合理使用的搜索引擎的抓取提供行为海量存在，且不应禁绝；另一方面，不满足"转换性"合理使用的搜索引擎的抓取提供行为具备侵权属性且给著作权人造成了损害，这两方面的矛盾不仅严重损害了著作权法律制度的严肃性，也使著作权法理论面临逻辑不自洽的危险。假如搜索引擎抓取，并以快照、缩略图的形式提供作品不需要征得著作权人的许可，不构成侵权，那么提供内容服务的网站复制传播作品，也就不应需要征得著作权人的许可，而无论复制的来源是已经上传于网络的作品，还是传统媒体已经刊发的作品。来源不同，对复制传播行为的性质并无本质上的影响。

在实践中事实上也无法通过点对点颁发许可的方式实现搜索引擎抓取提供行为的完全合法化。首先，在用户搜索某个关键词，并由搜索引擎提供搜索结果之前，无法预见究竟会传播哪些作品，所以搜索服务提供者无法提前取得相应作品的授权。其次，也不宜要求搜索引擎抓取网页文件前应获得复制权的授权，一是因为对复制目标同样无法预知，二是因为在网络环境下，单纯的复制行为已不再对著作权人的利益造成实质影响，仅复制不传播并不会对著作权人造成实际损害。最后，搜索引擎抓取、提供的作品是海量的，要求获得每件作品著作权人的许可事实上不经济也无法实现。因此，解决搜索引擎侵权痼疾还应另辟蹊径。

第二节 设置"深层链接"行为的法律定性

2020年我国《著作权法》修改后，对设置"深层链接"行为的法律定性问题的争议仍很大。提供"深层链接"行为的法律定性问题其实就是能否将其认定为信息网络传播行为的问题，也就是信息网络传播行为的认定标准问题，而这些问题都最终归结为"深层链接"行为是否构成著作权法中的传播行为，也即是否符合前文论证得出的著作权法中传播行为的定义的问题。用归纳总结出的传播行为的定义对提供"深层链接"行为进行框定，相应问题便可迎刃而解。

对提供"深层链接"行为法律性质的判定，不仅关乎著作权法中的信息网络传播行为当如何界定这样的重大基础理论问题，而且也关系到"深层链接"这一技术及相关商业模式——信息聚合服务的命运。[①] 对"深层链接"行为法律性质的分析不仅是对著作权法中传播行为的概念、构成标准的进一步明晰，也是对前文理论成果的实际应用和检验，因而本节将主要围绕"深层链接"问题对传播行为的认定做深入阐释。

一、提供"深层链接"行为法律定性之辨

关于著作权法中传播行为的认定历史上几无出现过争议，[②] 即便在最

[①] 目下当红的新闻聚合类 App 的基本原理就是对他人网页内容设置"深层链接"，信息聚合类服务提供者自己并不编辑、上传具体内容，而仅通过设置大量的"深层链接"，实现对包括作品在内各种信息的聚合。这种商业模式在"流量为王"的互联网商业环境下，对直接产生内容的网络内容服务商（internet content provider，ICP）的冲击是巨大的，整个新闻传播行业形成了本应由"内容生产者"获得的利益，但被"内容搬运工"免费拿走的窘境。参见燕帅：《"新闻搬运工"今日头条引媒体质疑——是谁的头条？》，http://media.people.com.cn/n/2014/0606/c120837-25111642.html，访问日期：2017年2月6日。

[②] 在《伯尔尼公约》（布鲁塞尔文本）的制定过程中，代表团即对是否应将"对广播的转播"认定为新的传播，从而将其纳入著作权人的可控行为范围内产生过争论。

为复杂的传播行为——信息网络传播出现之后（也包括普通链接出现之后），学界都未曾对某个行为到底是否构成著作权法中的传播产生过严重分歧，这种"祥和"一直维持到"深层链接"的出现，"深层链接"产生的特殊效果使中外著作权法理论界和实务界对其法律定性产生了针锋相对的意见，有的学者和实务工作者认为"深层链接"根本不同于"普通链接"，设置"深层链接"的行为构成著作权法中的传播，未经著作权人许可即构成信息网络传播权的直接侵权，而有的学者和实务工作者认为"深层链接"与"普通链接"并无本质区别，设置"深层链接"的行为只是传播的帮助行为，只可能构成信息网络传播权的帮助侵权。基于两种主张，学者们提出了认定信息网络传播行为，对"深层链接"行为定性的不同标准。"深层链接"的定性问题，尤其是与破解技术措施相结合的"深层链接"的定性问题是验证前文总结的著作权法中传播行为的定义的"试金石"，也是辨别法律事实判定的主观标准和客观标准，以及理论研究是采用唯心的思维方法还是唯物辩证法的思维方法的"显影剂"。

（一）"深层链接"概述

"深层链接"的功能是使网络用户直接获得需要的作品，功能实现是从效果角度而言的，某个效果的产生往往可经由多种途径实现，要分析"深层链接"行为的法律性质，就得分析"深层链接"的原理，搞清楚其是如何实现网络用户直接获得需要的作品这一功能的，这是研究"深层链接"行为性质的基础，也是对"深层链接"有关信息网络传播法律问题的事实分析。

1."深层链接"的含义

学界探讨的"深层链接"已逐渐远离了它本初的含义，[①] 在著作权法语境下所言的"深层链接"目前已专有所指："深层链接"（deep link），又称纵深链、深度链、深度链接，是隐含链接的总称，它是指通过网站的分页地址设置链接，这种链接并不指向被链网站的主页，而是"绕过"[②]被链网站的主页直接指向其深层网页或媒体格式文件。当用户点击这个链

[①] "深层链接"本应指直接链至网站首页文件之外的内容的链接，只要链接的不是网站首页文件，无论链向站内内容，还是链向站外内容，均为"深层链接"。

[②] 双引号系笔者添加。

接后，其浏览器地址的一栏提示的仍然是设链者的地址，被链作品则自动出现在设链者的网页上。① 还有一种名为"加框链接"（frame link）的特殊链接技术，"加框"技术允许网页制作者将页面分为几个独立的区间（每个区间称为一个"框"），每个"框"可以同时呈现不同来源和不同内容的信息，并且可以单独卷动，这样，网站的制作者就可以将他人网站上的信息呈现在自己网页的某个"框"中，而其他"框"仍呈现自己的内容。② 除此之外还有一种"埋设链接"，它是指一旦用户进入设链网页，设链网页就自动依据其中的链接展示被链内容，无需用户点击任何链接。③ 三种链接的划类标准不同，在特征上也各有侧重，但相互之间有交叉关系，即可以是普通的"深层链接"，也可以是"加框的深层链接"，还可以是"埋设的深层链接"，后文不再具体区分，统一称为"深层链接"。"深层链接"的特征有二：一是链接直接链至他人网站深层页面或媒体格式文件；二是用户浏览被链内容时浏览工具界面不发生跳转。

2."深层链接"的技术原理

与"普通链接"相比，"深层链接"会带给用户完全不同的使用体验，因在点击链接时，并不发生跳转，浏览器窗口仍停留在原网页，所以用户通常会认为自己获得的作品直接来源于设链网站，而非被链接的他方网站。虽然两种链接给用户的体验迥然不同，但从网页制作技术角度看，二者并无本质区别，造成前述不同的原因在于超链接的源代码不同。"普通链接"和"深层链接"都是超链接，超链接是超文本标记语言（HTML语言）的一大特色，超链接的组织体现了一个 web 站点的页面（文件）存储的逻辑关系，在浏览器中显示出相应的层次关系。④ 为了更好地理解

---

① 参见郑之平："对音乐作品设置链接之确权"，载《人民法院报》2005年11月9日。

② 参见徐彦冰：《链接的法律问题》，http://netlawcn.org/second/content.asp?no=359，访问日期：2017年11月23日。

③ See Brian D. Wassom, Copyright Implications of "Unconventional Linking" on the World Wide Web: Framing, Deep Linking and Inlining, 49 Case W. Res. L. Rev. 181（1998—1999），p.193. 转引自：王迁：《论提供"深层链接"行为的法律定性及其规制》，载《法学》2016年第10期。

④ 参见喻钧、田喜群、唐俊勇主编：《ASP 程序设计循序渐进教程》，清华大学出版社2009年版，第30页。

"深层链接"与"普通链接"的区别本质,在此罗列超链接的语法格式:

超级链接由<A>标记定义,其语法格式为:

<a href＝URL 地址 title＝标题 target ＝ 窗口名称>链接文本</a>

其中:

(1) href 属性用来设置这个链接所指向的 URL 地址。

(2) title 属性用于指定指向链接时所显示的标题文字。

(3) target 属性用于指定链接对象的显示位置,即打开链接的目标窗口,默认是原窗口。其可取的属性值及代表的含义如下:

_parent 将链接对象显示在浏览器的父窗口中。

_blank 将链接对象显示在一个新打开的浏览器窗口中。

_self 默认值,将链接对象显示在原网页所在的浏览器窗口中。

_top 将链接对象显示在浏览器的整个窗口中,忽略任何框架。

框架名称只运用于框架中。若被设定,则链接对象将显示于该框架名称指定的框架窗口中。①

HTML 框架是在网页中划分的独立区域,框架里的内容可以是任何 HTML 文件的内容,即可以是包含超链接在内的各种内容,HTML 框架是网页设计最常用到的布局之一。通过使用框架,可以在同一个浏览器窗口显示不止一个页面。② 通过框架显示"深层链接"的被链内容,即是前述的"加框的深层链接"。如果呈现出被链接的音频或视频文件自动播放的效果,则是在源代码中加入了自动调用本地计算机或自动从互联网上获得并安装播放软件(通常是插件)并自动播放的指令,此即前文所称的"埋设的深层链接"。

从以上原理介绍可看出:第一,用户点击链接后界面是否发生跳转,仅取决于 traget 属性赋值的不同,无论是否发生跳转,用户获得的作品均来自被链网站;第二,所谓的"加框链接"并非网页技术中的概念,而更

---

① 参见喻钧、田喜群、唐俊勇主编:《ASP 程序设计循序渐进教程》,清华大学出版社 2009 年版,第 31 页。

② 来源于 W3schoo,lHTML 框架,http://www.w3school.com.cn/html/html_frames.asp,访问日期:2017 年 5 月 2 日。

多的是一种基于用户感受的描述，这种感受因在网页布局中安排框架（frame），令被链内容在框架内展示而产生；第三，网页框架中的链接或称 URL 地址可指向站内的某个文件，当然也可指向站外的某个文件，当 target 属性赋值为"_self"，且网页框架中的链接指向站外某个媒体格式文件，尤其是加入了自动调用播放程序的指令，音频或视频文件被直接播放时，即会非常容易令用户产生是设链网站提供了相应作品的印象。举以下网页界面的呈现效果及相应网页源代码实例对此问题进一步说明：

新闻报道：《首届全国公诉人与律师电视论辩大赛》，页面地址："http://www.nwupl.edu.cn/html/2011/12/12/3288.html"①，网页界面见图 5-1。

图 5-1

该网页界面呈现的是典型的既"加框"又"埋设"的"深层链接"，在该网页界面中部"开出"了一个框，页面打开后，框中的大赛视频文件就开始自动播放。图 5-2②是上述页面的源代码，其中与该大赛视频的"深层链接"有关的部分为选中部分，其中</embed>标记用来在网页界面

---

① http://www.nwupl.edu.cn/html/2011/12/12/3288.html，访问日期：2018 年 8 月 5 日。
② http://www.nwupl.edu.cn/html/2011/12/12/3288.html，访问日期：2018 年 8 月 5 日。

中"开框"嵌入大赛视频，视频文件可以是各种格式，可以来自站内，也可来自站外，从 URL 地址可以清楚看出实例中的网页视频并非来自本站，而是来自央视网服务器的深层逻辑存储位置，其地址为："http://bugu.cntv.cn/specials/C32995/classpage/video/20111204/100984.shtml&amp"。"flashvars"属性用于向 flash 中传递参数，"src"标记用来下载和调用播放器插件，可以看出相应的播放器插件是用来播放.swf 格式视频文件的，也来自央视网，URL 地址为 "http://player.cntv.cn/standard/cntvOutSidePlayer.swf?v=0.171.5.8.8.8"，视频播放的框架高度和宽度分别为 450 毫米和 600 毫米。

图 5 - 2

在该实例中，虽然大赛视频在浏览者面前直接呈现，但该视频并非来自设链网页网站的服务器，而是来自央视网，在设链网页文件源代码中指示了该视频文件的 URL 地址。相应视频能呈现于设链网站的新闻网页上，是通过"embed""flashvars""src"等指令实现的，网页代码中"AutoPlay"的值为"true"，用户计算机浏览器在加载西北政法大学相应新闻网页文件的同时，便自动向央视网服务器发出传输视频的请求，央视网服务器进而向用户计算机传输相应视频文件，用户计算机同时进行自动播放。在整个过程中，设链网站相应网页文件的作用对象是用户计算机，通过一连串指令操控用户计算机,使用户计算机向央视网服务器发送了传输相应视频文件的请求,并令用户计算机以某种具体方式(参数)显示接收到的视频文件信息。在整个过程中,对于大赛视频文件,设链网站如同一个非常热心的介绍人,不但告诉了用户大赛视频文件在哪儿,还安排用户和大赛视频文件"直接见了面"。

通过以上分析可知,在技术原理上,"深层链接"与"普通链接"并无本质区别,设链网站服务器上并没有存储用户所获得的目标文件,这也就决定了设链网站既不可能实际发送携载作品信息的传播载体,也不可能待命实际发送携载作品信息的传播载体,这些行为的实施者均为被链网站。根据前文归纳的著作权法中传播行为的概念,设置"深层链接"的行为根本与之不符。

(二) 关于"深层链接"行为法律定性的不同主张

"深层链接"会给用户造成所获作品来自设链网站的体验,在以"眼球经济"盈利模式为主的互联网行业中,这样的确会分得本应由被链网站获得的注意力,再加之有些网站以对他人网站非法传播的侵权视听作品或音乐作品设置"深层链接"为常业,①这些都客观上给著作权人和被链内容网站造成了经济利益上的较大损害。为了破解"深层链接"给版权市场相关主体造成的利益失衡难题,学界出现了解决问题的两种主要思路。其一,应当从利益失衡矫治的迫切实际需要出发,从根本上将设置"深层链接"的行为直接界定为著作权法中的信息网络传播行为,从而使之受信息网络传播权控制。其二,从信息网络传播行为的客观特征以及信息网络传播权的概念判断,设置"深层链接"的行为并不构成著作权法中的信息网络传播,其仅属于传播的帮助行为,只可追究其信息网络传播权的间接侵权责任。不同的思路反映在对信息网络传播行为的认定上,表现为各种各样的认定标准。对"深层链接"行为法律定性产生分歧的表面原因在于对信息网络传播行为的认定标准存在不同的理解和认识,而深层的根源则在于对著作权法中传播行为概念和本质特征把握得不够准确,认识上存在偏

---

① 如2013年国家版权局查处百度影音侵犯信息网络传播权一案中,百度影音播放器软件以定向链接的方式,深度链接大量非法网站内的侵权作品。参见杨勇:《深度链接的法律规制探究》,载《中国版权》2014年第2期。

差。只有以事实判断应采用的客观标准以及著作权法中传播行为应有的科学概念及构成标准为指导，才能对信息网络传播行为的判断标准做出正确的选择。

1. 用户感知标准

用户感知标准是较早被提出并被应用于审判实践的标准之一，其基本的逻辑是，网络用户认为谁传播了作品，就应当认定谁传播了作品。用户感知标准是事实判断主观标准的典型反映，仔细分析用户感知标准及其缺陷，可以为分析用户感知标准的各类变形提供支撑。

（1）用户感知标准概说。

所谓用户感知标准，是指判断信息网络传播行为，应以网络用户的感知和认识为标准，如果用户认为通过网络获得的内容系由设链者提供的，即应认定设链者实施了信息网络传播行为，[1] 简言之，用户感知标准即以用户的认识作为判断做出传播作品行为的主体的标准。如前所述，网页中的内容通常以框架（frame）的方式显示，此为制作网页的通常做法。若将被链接的处于他人服务器的深层逻辑位置的对象设置于框架中打开，相应链接即"加框的深层链接"。因为这样的特性，"加框的深层链接"通常会给用户带来较为特殊的使用体验，即用户会认为所有在框架中显示的内容均来自设链网站本身。因此有学者认为，"加框链接"[2] 不像普通链接那样仅仅给用户一个选择浏览被链接对象的途径和方法，而是用"框"将被链网站的内容直接"嵌"在自己的网页上，这样的方式下，设链网站并不将被链网站的网页呈现给用户，而是使被链网站上的作品在自己的网页上呈现，从用户体验角度看，用户会以为是设链网站在提供相应内容。这种行为在意图上具有将被链网站作品在自身网页上直接呈现的明显目的，在结果上也使用户在自己的网站上接触、获得（access）了作品，因而"加框链接"的设链者在一定程度上扮演了作品传播者的角色。[3]

在司法实践领域也多有支持用户感知标准的声音，比如自 2005 年以来，唱片公司和音乐著作权人连续以相似的事实背景对百度、雅虎和搜狐

---

[1] 参见北京知识产权法院民事审判书（2015）京知民终字第 559 号。
[2] 即"加框的深层链接"。
[3] 参见吕长军：《简析深度链接、加框链接与盗链》，载《中国版权》2016 年第 2 期。

等提供 MP3 音乐搜索与链接的网络服务提供者提起诉讼,① 在这些诉讼中,权利人均提出:百度等网站未经权利人许可对其他网站上的其享有录音制作者权或著作权的音乐文件设置"深层链接"并向用户提供,百度等被告的行为构成对其信息网络传播权的侵犯。一些法院也对这样的主张给予了支持。这些案件中,原告主张百度等被告构成信息网络传播权直接侵权的事实和理由可以归结为:第一,用户可以在百度搜索等网站上搜索到涉案音乐作品文件,在点击百度搜索等提供的链接后,可直接在搜索页面打开音乐文件进行试听和下载,而无需离开搜索页面,跳转至真正存储涉案音乐作品文件的第三方网站的网页以获得涉案音乐作品。第二,百度等被告对第三方网站设置如此的"深层链接",实际上是将第三方网站作为自己的服务器来使用,如此既可使百度等被告节省大量的硬盘空间,又可使百度等被告控制第三方网站中存储的音乐作品,实现向公众传播。② 在西安佳韵社数字娱乐发行有限公司(简称佳韵社公司)与上海道升信息技术有限公司(简称道升公司)、东方有线网络有限公司侵害作品信息网络传播权纠纷一案中,一二审法院均认为,虽然可以认为涉案视频播放器所播放的包括涉案作品在内的视频内容实际来源于第三方网站的事实的存在具有一定的可能性,但是,即使涉案作品存储在第三方网站,由于被告道升公司的网站系通过技术手段以链接方式抓取第三方网站上的视频内容后实现的在线播放,涉案视频播放器由道升公司网站提供并受其控制,播放器弹出、涉案作品播放过程、播放内容均未跳转到第三方网站,用户难以感知到系第三方网站提供了作品,故上述链接行为已经明显超出网络服务提供者通过提供搜索、设置链接等服务以帮助用户定位相关网络信息的正当范围,存储涉案作品的被链第三方网站的服务器在本案中实际已成为道升公司网站的远程服务器,上述链接行为已经构成实质性替代第三方网站直接向用户提供涉案作品。故道升公司仍构成对原告佳韵社公司信息网络传播权的直接侵权。③

(2)用户感知标准的缺陷。

前述认定信息网络传播行为标准的潜在逻辑是,因用户的主观体验认

---

① 参见王迁:《网络环境中的著作权保护研究》,法律出版社 2011 年版,第 337 页。
② 参见王迁:《网络环境中的著作权保护研究》,法律出版社 2011 年版,第 338 页。
③ 参见上海知识产权法院民事判决书(2015)沪知民终字第 456 号。

为是设链网站提供了作品,从而首先应确认是设链网站传播了作品,进而再依此结论对"提供作品"进行解释:人们的认知客观"存在",有如此"存在"即为(或称应使之)"合理"。事实上,以用户感知标准对设置"深层链接"的法律性质进行评判,既无发送传播载体的客观事实依据,又违背行为认定的客观标准。

首先,用户感知标准建立在对客观事实的认知偏差上。"深层链接"这一表述所针对的对象是在设链网页界面中展示的来自其他网站的文件,该文件通常在服务器存储逻辑结构中处于深层,且仅是逻辑结构的深层,从网页设计及文件存储的技术原理看,主页网页文件、次级网页文件、媒体格式文件均是存储于网站服务器上的文件,相互之间并无主次之分,在硬盘上也没有对应的特别物理区域或读取通道,更没有存储介质上物理位置的深浅之分。所谓"深层""浅层"仅是从索引角度而言,处于文件索引末端的即为"深层",反之则为"浅层"。之所以有"深层""浅层"的相对感受,是因为网页文件间的链接结构关系,以及用户依次序浏览的体验。通常情况下,用户首先访问的是网站主页,通过点击网站主页的链接逐次跳转至需要的文件,所以会有由浅入深的体验。在互联网普及初期,这种浏览网页"一层一层"跳跃的感觉,又被形象地称为"冲浪",但如果用户知道所需文件的 URL 地址,且所在网站没有设限的话,则完全可以直达目标文件,此如同在本地电脑中找文件一样,可以依次层层打开文件夹,也可以在文件夹地址栏中输入文件地址而直接获取。因此,"深层""浅层"的表述本就是建立在人设的计算机寻址逻辑上的,是基于用户的浏览习惯和体验而产生的使用感受而言的,无论被链作品来自站内,还是站外,其都是存储于靠信道相互连通的计算机硬盘表面上的文件,事实上并无深浅之分。

用户感知标准论者所聚焦的"加框链接"的"框"里的内容是用户本地计算机按照被链作品的 URL 地址直接调用接收的,即用户接收的设链网站网页的 HTML 文件中包含向被链作品所在网站请求传输被链作品文件(通过 URL 地址确定)的代码(指令),用户本地计算机按照代码自动向被链网站发送指令,被链网站直接向用户传输目标文件,用户本地计算机接收目标文件数据后在设链网页的界面的框架中显示出来,因此,用户感知标准论者所指"加框链接"实质上可被描述为在设链网页的框架中同时显示被链网站直接向用户传输的目标文件的现象。事实上，该现象并非在"深层链接"技术产生后才出现的，老式电视机的"画中画"① 功能展示出的效果与"深层加框链接"并无二致。笔者年幼时，同学家中的电视机的画中画功能，可以让我们在看西安电视台动画片的同时，收看屏幕上开的小视窗的体育台，这样就不会错过直播球赛的开始，这个功能着实令人羡慕。我们在享受同时看两个电视台节目的便利的同时，从未想过小视窗中的节目是大视窗显示的节目相应的电视台播放的，不会有这种用户感知就是因为大家都知道小视窗中的节目是体育台的，而且小画面上有体育台的明显的台标。如同大视窗中的节目相应的电视台没有发送或转发小视窗中节目相应的信号一样，设链网站既未直接向用户发送携载目标文件信息的传播载体，被链网站向用户传输传播载体也未"流经"设链网站，易言之，设链网站自始至终都没有将作品与传播载体结合并向公众发送传播载体。

其次，用户感知标准是以用户的主观感受定性评价另外一种主观感受，即用户感觉是从设链网站获得了本应依靠层层点击链接才能获得的内容，这种判断标准违背事实判断的客观标准，也与获得作品的客观事实不符。如不从主观感受看，仅就客观事实而论，本不应存在链接的"深层""浅层"之分，所以也就不存在所谓"绕过"主页的行为，所谓"绕过"主页，本就是一种对主观感受的描述。在运用普通链接的情形下，网站先传输给用户主页的网页文件，然后通过其中的链接给出另一个网页文件的 URL，用户点击链接后向网站发出指令，网站传输给用户被链接的网页文件，用户再点击网页文件中的链接，网站再传输给用户这一被链接的网页文件，这样依次找到带有目标文件的链接，得到下一个目标文件地址，用户就该地址文件发出传输请求，网站传输给用户目标文件。就用户浏览并获得目标文件的体验而言，目标文件就像被埋在了一层又一层的网页界面

---

① 子画面插入母画面之中的电视画面显示称为画中画，即 PIP（picture in picture）。它可以使人们在观看某一套电视节目或进行电视游戏的同时，随时在屏幕的一角监视其他频道的节目，也可以利用子画面作为录像监视器或与摄像机配合作为家庭安全监视器。参见侯正信：《"画中画"电视接收技术》，载《电视技术》1985 年第 1 期。

的下面，只有揭开了层层网页，才能得到目标文件，但是从网站的角度看，用户只是多次向其发送了传输不同 URL 地址的文件（HTML 文件或媒体格式文件）的请求，其遵照请求向用户传输了相应文件而已。"深层链接"造成的直达目标文件这一用户体验上的改变，强化了用户对目标文件提供者的误认。虽然从用户的感官体验上看，在设置"深层链接"情形下，用户依照以往的经验和认知习惯，通常都会认为是设链网页的网站提供了相应内容，但无可置疑的是，目标文件就是由被链网站直接传输给用户的，传播载体也并不经过设链网站的服务器。

用户感知标准是建立在看起来"像不像"的理解基础上的，它不能满足认定事实的客观性和确定性的要求。客观性就是事实是怎么样的，而不是看起来像不像的问题。① 用户感知标准以用户在采用通常方式浏览网页时产生的主观感受（链接的"深层"）作为立论基础，又以用户在获得目标文件时的主观感受作为判断客观事实的依据，此种思维方法和判断方式是典型的事实判断主观标准的体现，其本质是唯心主义在信息网络传播行为认定上的体现。

再次，用户感知标准会使法律的预测功能难以发挥。如前所述，对事实的判断应首先采用客观标准，如将主观标准作为判断客观事实的依据，则对事实的判断便易陷入没有统一和确定标准的混乱状态。比如，在用户感知标准下，对传播作品行为人的认定要以用户的认识为准，那么假如被链文件上有水印文字声明："本视频由 A 网站提供"，此时用户可能会有两种判断：有的会认为该视频是 A 网站制作，但由设链的 B 网站传播，有的则会认为视频由 A 网站直接传播。为了明晰该问题，必然又要用一系列的特征描述限定进行感知的主体的标准，譬如"一般用户标准"，如此便更加将信息网络传播行为的认定标准引向歧途，必将给司法实践带来一系列难题和不确定性，法律的预测功能也更加难以发挥。确定性的不稳定也因为每个用户可能对结果产生不一致的判断而产生不一致的结论，从而导致不同的案件审判结果。用户感知标准并非一个法律上的标准问题，

---

① 芮松艳法官语，参见张铮：《服务器标准的理解——对中知法官论坛芮松艳关于信息传播行为分享的整理》，http://blog.sina.com.cn/s/blog_494d3b650102wqkc.html，访问日期：2017 年 3 月 2 日。

之所以被提及可能是从权利人的角度出发产生的解释方法，其具有单边的属性，因此不能简单地把用户感知标准上升到一个可以衡量法律事实的高度。从另一个角度看，用户感知标准是在著作权保护内容、传播的问题上更多地站在保护内容角度上得出的一种诉求主张的依据。因此，简单地依靠用户感知标准来认定被告是否从事了信息传播的行为过于主观化。同时也会使法官在审理具体案件上不能有一致的认知，最终导致法律判决的不稳定性。①

又次，以"用户感知"作为认定信息网络传播行为的标准存在逻辑矛盾。在前述假设中，假如用专门的文字在目标文件中清楚声明"本文件由Ａ网站直接提供，非在Ａ网站上看到本文件的，均为其他网站设链造成"，同时以显著的音调播放该文字说明的语音，即要让用户完全消除该文件来自目前设链网站的误认。按照用户感知标准的逻辑，此时显然不能认定是设链网站传播了作品。如此便出现矛盾：对于同样来源、同样作品、同样呈现界面，未加前述声明和加上前述声明造成了对传播者认定的截然不同，这显然违背常理。此假设足以说明以"用户感知"作为认定信息网络传播行为的标准本身存在无法弥补的逻辑缺陷，无法自洽。

最后，用户感知标准暗含着以价值判断甚至道德判断代替事实判断的思维方法。认同用户感知标准的论者几无例外地认为，"深层链接"会造成设链者与被链者之间的利益失衡，且现实中已经造成了严重的利益失衡，在这种利益失衡下，用户感知标准论者必然进而明示或暗示设链者将他人资源拿来用作自己营利手段是不道德的，为了纠正这种利益失衡和不道德，只有让设链者承担直接传播的侵权责任，才是正当和正义的，所以应当将设链者认定为直接的信息网络传播者，只有这样才能让设链者与被链者处于同一竞争地位。此乃典型的为了追求价值目标或道义标准而"安排"事实的思维方法的体现。

不能因为出现了严重失衡的结果，就以结果来反推并否定不利后果之下的基础事实。事实判断与价值判断无关，更与道德评价无关，利益平衡

---

① 芮松艳法官语，参见张铮：《服务器标准的理解——对中知法官论坛芮松艳关于信息传播行为分享的整理》，http://blog.sina.com.cn/s/blog_494d3b650102wqkc.html，访问日期：2017年3月2日。

问题的解决不能依靠否定事实或空设事实来解决。否则即如同此逻辑：一个人如果罪大恶极、禽兽不如，世人皆评价其"不是人"，那么即否定其人的自然属性，认为其不构成"人"。是不是人，要依据生物学上人的概念认定，是事实判断，其做的事情好与坏是价值判断，人品的好与坏是道德判断，不能以价值判断或道德判断的结果干预事实判断，否则相应思维方法即是唯心的和目的论的。同时，也不能以法律关系的主体及法律关系的产生反推存在某种特定法律事实。有观点认为，用户之所以能看到被链内容是因为"深层链接"的设链者向用户提供了服务，而且用户也认为是设链者传播了作品，法律问题的判断与解决应围绕法律关系进行，基于设链者的服务而产生了设链者与用户之间的法律关系，对"深层链接"行为性质的认定必须放在设链者与用户的法律关系之中，正是设链者的服务才使用户获得了作品，所以应当认定设链者传播了作品。① 这一观点本质上也是用户感知标准，只是换成用法律关系推断法律事实的外壳，即从用户感知到的表象预先断定存在某一法律关系，再依此推断造成该法律关系的事实。姑且不论预先断定的法律关系是否准确，② 从法律关系推断事实的思维方法也违反了以事实为根据、以法律为准绳的法律思维基本方法，由事实可以得出当事人之间存在何种法律关系的结论，但从法律关系难以确定地判断有何事实存在于当事人之间，以行为作基础可以定性法律关系，但本末倒置地先定性法律关系，再推导法律关系的产生基础必然难以得出正确的结论。

有学者在用户感知标准的框架内又提出了提供标准（也称新用户感知标准），该标准把是否对作品实施了"提供行为"作为其认定信息网络传播行为的重点指标。至于何谓"提供行为"，提供标准论者认为，应将网络用户感知的客体理解为"作品"而非传播主体，只要令网络用户"感知"到了作品，就实施了"提供行为"③，但一个链接究竟是如何令网络

---

① 该观点系某位学者在一次研讨会上的发言中提出的，因未找到相应书面成果，所以不便明示出处。

② 事实上不仅设链网站与用户之间存在法律关系，被链网站与用户同样存在法律关系，问题的关键是究竟存在什么样的法律关系。

③ 参见刘银良：《信息网络传播权的侵权判定——从"用户感知标准"到"提供标准"》，载《法学》2017年第10期。

用户"感知"到作品的，或言网络用户是如何通过链接获得作品信息的，提供标准论者并未论及。提供标准是用户感知标准的一种变形，只不过其观察和描述的角度是设链者，并且借用了法律规范中的表述——"提供"。

2. 实质呈现标准

实质呈现标准是用户感知标准的一种变形，它本质上仍以用户的感知作为立论基础，只不过换了一个角度描述用户的感受。如果用户感知标准的阐述方式是"用户感受到……"或"用户主观上认为……"，所以设链者传播了作品，那么实质呈现标准的阐述方式则是"设链者做了……令用户主观上认为……"，所以设链者传播了作品。

（1）实质呈现标准概说。

实质呈现标准的提出者并未对实质呈现标准的概念进行较为清楚的界定，但该标准的基本主张为，建议拓展信息网络传播权，使之不仅覆盖传统的信息网络提供行为，还涵盖网页或客户端界面上的公开展示作品的行为。① 换言之，应将网页或客户端界面上的公开展示作品的行为认定为信息网络传播行为，而在网页或客户端界面上公开展示作品的典型即"加框链接"。②

实质呈现标准的主要依据和理由是：第一，加框链接使用户在浏览或播放作品的过程中将注意力停留在设链者所控制的网页和客户端上。从商业运营的角度看，加框链接所引发的传播行为与机械表演、放映、广播或信息网络传播等作品传播方式没有本质差别。第二，设链者与作品的直接利用者从作品传播过程中所获得的利益也基本相同，那些通过加框链接在搜索界面实现播放的网站正是利用这一点切走内容网站的蛋糕。第三，加框链接没有引导用户进行页面或客户端切换，导致被链接网站的能见度几乎为零。如果被链接作品本身没有承载该网站的商业利益（比如植入广告），则被链接网站将无法从作品的传播中获得直接收益，也没有间接积累商誉，反而要耗费大量的网络带宽资源，为设链者做嫁衣裳。第四，如果加框链接实质性损害了著作权人利益，而公众获益有限且并非不可或

---

① 参见崔国斌：《得形忘意的服务器标准》，载《知识产权》2016年第8期。
② 参见崔国斌：《加框链接的著作权法规制》，载《政治与法律》2014年第5期。此处的"加框链接"即为"加框的深层链接"，下同。

缺,则著作权法的干预将具有很强的正当性。加框链接事实上实质性地损害了著作权人的利益,而版权人采取自助措施消除加框链接负面影响有难度,著作权法需要主动干预加框链接行为。第五,加框链接可以用来掩盖设链者与盗版网站的串通行为,增加了著作权人维权的难度。第六,以加框链接的方式呈现作品,还可能使得作品脱离原来的背景,并让人对其来源产生误认。至于具体何谓呈现,论者认为,加框链接的设链者除提供相关作品的 URL 地址信息外,还限制了浏览器或客户端的跳转,而将用户限制在设链者的网页或客户端界面上,直到特定的作品的呈现或播放结束。在这一过程中,该网页或客户端背后的程序与被链接的站点联系,以获得该作品,然后将它呈现在用户的电脑屏幕上。① 易言之,若被链内容在用户电脑屏幕上显示于设链网页界面范围内的话,即是设链网站"实质呈现"了被链作品。

(2) 实质呈现标准的缺陷。

由以上主张及理由可以看出,实质呈现标准的立论基础是"深层链接"设链者利用被链作品进行了获利,它使原本可归于著作权人或被链网站的利益纳入设链者囊中,而且"深层链接"还为著作权侵权提供了转嫁风险的方法,使著作权人的维权变得异常困难。其论证进路是:既然"深层链接"对于著作权人如此不利,且已造成利益失衡,那么就应当予以禁止,而实现该目的最经济和有效的方法即是将"深层链接"造成的"实质呈现"界定为直接的信息网络传播行为,以将其纳入信息网络传播权控制的范围。其核心论据是:第一,著作权法律制度中的广播行为也包括不控制作品载体而实现的作品提供行为,比如对无线广播的作品进行有线转播以及通过扩音器或者其他传送符号、声音、图像的类似工具向公众传播广播的作品,所以控制作品载体并非认定直接传播的标准,"深层链接"设链者不控制作品的特点并不影响将设置"深层链接"认定为信息网络传播行为。第二,网页对内容的展示非常像商店橱窗对商品的展示,如果橱窗中的商品没有制造者或来源的标示,那么商品就应当被视为来源于商店。同理,无法从设链网页看出被链作品的来源,因此应当将设链网站视为被

---

① 参见崔国斌:《加框链接的著作权法规制》,载《政治与法律》2014 年第 5 期。

链作品的提供者，如果用户接受的相关服务的实际效果跟访问典型视频网站没有区别，就可以认定该服务是在提供版权内容。①

综合以上论点和论据可知，实质呈现标准事实上是用户感知标准的变形或称加强版，仍无法逃脱用户感知标准的局限性，② 其基本逻辑仍是以用户对电脑界面的感知作为判断事实的依据。不同的是，实质呈现标准改变了观察和描述的视角，以设链者的角度观察和描述用户所感的成因——设链者呈现了被链内容，而所谓"呈现"本质上仍是对设链网页在用户眼中展现效果的一种描述。就设链者而言，其呈现了被链内容，就用户而言，其感知到被链内容呈现于面前，这二者并无本质区别。

不可否认，从感官上讲，设链网站的确是在网页界面中向用户"呈现"被链作品的，但问题的关键是，"呈现"究竟是怎样实现的，如果没有被链网站实际发送传播载体，设链网站还能不能给用户"呈现"被链作品？"呈现"的原因是用户计算机向被链作品所在网站发送指令，由被链作品所在网站直接向用户进行了传输，所以"呈现"恐怕都不是一种行为，而只是用户显示器中内容的显示效果。如果可以把在 HTML 文件中加入指令使用户浏览器访问某 URL 地址的文件的代码看作传播该 URL 地址所对应文件本身的行为，那么所有能实现自动访问功能的软件的提供者或硬件的制造者则都可以被看作被自动访问的文件的传播者，比如电脑销售者将售出电脑的浏览器默认主页改为"2345 网址导航"搜索页面时，按照实质呈现标准的逻辑，则可以将电脑销售者认定为"2345 网址导航"网页文件的直接传播者，这一结论显然是令人匪夷所思的。

另外，实质呈现标准论者还认为设链者造成了用户对作品来源的误认，所以具有非正当性，应由设链者对这种误认负责。然而，误认的损害后果是造成识别功能障碍和不正当地利用了他人的商誉，这并非著作权法的规制范围，若要追究造成误认的责任，商标法和反不正当竞争法即可完全胜任。③ 对实质呈现标准主张的"深层链接"会造成利益失衡等理由的

---

① 参见崔国斌：《得形忘意的服务器标准》，载《知识产权》2016 年第 8 期。
② 参见刘家瑞：《为何历史选择了服务器标准——兼论聚合链接的归责原则》，载《知识产权》2017 年第 2 期。
③ See Perfect 10 v. Google, 508 F. 3d 1146, at 1160（2007）.

评述与前文对用户感知标准相应理由的评述相同，在此不再赘述。与用户感知标准一样，实质呈现标准所关注的对象实际上也只是行为产生的效果、行为造成的现象，以及行为带来的利益损害，而非行为本身。以效果、现象、损害结果反推行为，进而对行为定性既与事实认定的客观标准不符，也非科学的思维方法。

3. 实际控制标准

域名是一种标记，如同商标的使用一样，不能因为在某商品上看到某商标，就认为该商品一定是由该商标的权利人提供的，否则，即没有假冒的存在空间了。同理，不能因为某个作品出现在某域名下的网页文件的显示界面中，就认为该作品一定是该域名的持有人提供的。实际控制标准也是一种变形的用户感知标准，只不过其将考察视角放在了对域名的控制上。

（1）实际控制标准概说。

实际控制标准论者认为，信息网络传播权的主张必须是在域名控制下的可控制的传播行为，即向公众提供作品的控制范围是获得信息网络传播权授权的域名，向公众提供信息网络传播行为的对象是访问该网站的特定公众。由于无法认定未经许可的深度链接、盗链的信息网络传播行为，只能在现有法律框架下用其他变通的办法试图规制上述行为。

提出相应主张的主要原因有：第一，信息网络传播行为认定标准存在争议，加框链接严重损害了权利人的利益，但却无法对权利人给予行之有效的救济。第二，加框链接造成被许可网站所获得的普通许可之经济利益落空。第三，加框链接造成权利人维权成本激增，维权难度加大。并且从目前信息网络传播的三要素（提供作品、交互式使用方式、获得作品）的实质看，获得了域名就获得了作品，提供了域名也就提供了作品，[1] 结合传播源[2]和二次传播行为的观点，以及有关信息网络传播行为"三要素"的分析，当域名控制下的网站通过"深度链接"的方式，向公众提供他人已上传至服务器存储的作品，通过提供交互式使用方式，供用户获得作品

---

[1] 参见杨勇：《从控制角度看信息网络传播权定义的是与非》，载《知识产权》2017年第2期。

[2] 即指华东政法大学王迁教授提出的传播源理论中的"传播源"。

的行为,不仅应当被认定为一种传播行为,而且应当被认定为信息网络传播行为。①

(2)实际控制标准的缺陷。

从论者对实际控制标准的论证以及结论看,实际控制标准的核心观点是,应以对域名的实际控制为标准判断域名所对应的网页中展示的内容的提供者,网页域名的实际控制者对网页中显示的所有内容实施了信息网络传播行为。"深层链接"的被链内容来自设链网站的"用户认知"的产生原因是,在网页没有发生跳转的情况下,用户停留在设链网页并直接获得了被链内容,并且设链网页的域名是清楚可见并准确的,所以域名控制者应对域名对应网页中展示的内容负责。此外,在实际控制标准的有关论述中还大量罗列了"深层链接"对权利人利益造成的损害,以及给著作权行政执法和司法保护带来的巨大困难,用以说明实际控制标准的正确性。但是不难看出,实际控制标准的本质仍为用户感知标准,其也是一种变形的用户感知标准,其论证思路也与用户感知标准或实质呈现标准雷同。

实际控制标准从域名的归属、管理、归责角度出发,以便于行政管理和著作权人运用司法途径保护自身权益,尤其是为行政管理和执法提供了简便的具有较强操作性的解决方案。② 从论证可看出,实际控制标准论者对违法"深层链接"给权利人造成的损害及版权市场秩序的破坏深恶痛绝,也能感受到实际控制标准论者对行政执法过程中服务器标准下所实际产生的执法举证难这一困境的焦虑。但是,包括行为在内的所有事物均有其客观特征及规律,如不顾事物的客观特征和规律,仅从纯粹的目的出发,为了解决当下的难题而反过来给事物安置特征或带有目的性地给事物定性,则有削足适履之嫌。

4. 实质替代标准

实质替代标准并不是信息网络传播行为的认定标准,而是一个纠纷处

---

① 参见杨勇:《从控制角度看信息网络传播权定义的是与非》,载《知识产权》2017年第2期。

② 因为在行政处罚案件中,行政机关负有搜集证据和举证证明存在行政违法行为的义务,而行政相对人则没有"自证清白"的义务,通常较难证明涉案的网络传播的内容到底是由网站直接传播,还是仅为设链帮助传播,这给行政执法带来较大的难度。

理标准，即如果链接产生了替代被链网站的效果，那么这样的链接就应当被禁止，至于链接是否构成传播则在所不问。实质替代标准反映了功利主义的思维方法，以是否促进著作权人和社会整体财富最大化为标准，决定链接的正当性。但是，实质替代标准忽视了著作权法自身的原理，使"链接"问题脱离了著作权法的背景。

（1）实质替代标准概说。

实质替代标准是指，如果链接产生了替代被链网站的效果，则该链接是替代链接，[①] 法律应对设置替代链接予以禁止。实质替代标准论者从替代链接给著作权人和被链网站造成的经济利益损害入手，以法律经济学的效率标准（社会财富最大化）为指导，论证了对"加框的深层链接"和能够直接下载被链内容的"深层链接"应予禁止的正当性：因网络用户能直接从设链网站获得被链作品，所以设链网站设置"深层链接"的行为便将被链网站传播作品的利益移转至设链网站，设链网站不仅从直接传播被链作品获利方面替代了被链网站，而且也从用户访问方面替代了被链网站，使被链网站利用被链作品提供增值服务的机会减少，这样一来，设链网站就成了被链网站的替代者，在此损害下会进一步产生挫伤上传者积极性和作者创作积极性的不利后果，并造成互联网上传作品减少的社会成本。[②] 至于"深层链接"行为是否构成信息网络传播行为，实质替代标准论者未予以定论。

（2）实质替代标准的缺陷。

实质替代标准的核心论点似可概括为：只要是有违社会财富最大化的行为，即应为法律所禁止。产生替代效果的链接会打击上传者和作者的积极性，"深层链接"会产生替代效果，所以设置"深层链接"有违社会财富最大化，应当予以禁止。[③] 运用经济学原理对"深层链接"的弊端进行剖析并指出解决问题的宏观方向——若利益失衡，则应当得以矫治，是合理的，但不顾行为的原理、特征及其合法性问题，而以行为所造成的利益

[①] 指加框链接和能够在不发生网页跳转情况下直接下载被链文件的"深层链接"。
[②] 参见石必胜：《论链接不替代原则——以下载链接的经济分析为进路》，载《科技与法律》2008年第5期。
[③] 参见石必胜：《论链接不替代原则——以下载链接的经济分析为进路》，载《科技与法律》2008年第5期。

得失为唯一依据并以矫治利益失衡的宏观方向为目标，得出应当禁止"深层链接"的结论，则似显武断。社会财富最大化本身就存在长期和短期两个命题，个体财富和社会财富之间的关系在很多情况下更是难以厘清。笔者注意到，就有视频分享网站专门给出了对视频文件设置"深层链接"的通用代码并提供了快捷复制按钮，如此做的目的就是鼓励网络用户对自己的视频文件设置"深层链接"。① 从理性经济人角度考虑，该网站一定认为对其视频设置"深层链接"是有益的，否则不会主动向所有互联网用户提供如此的便利。

另一个关键问题是，仅以是否有违社会财富最大化，是否造成利益失衡为标准来决定某行为的法律命运，而不考虑著作权法律制度自有的机理，则恐给著作权法律制度带来摧毁性的破坏。著作权法是门科学，有着自身的原理和规律，而不是只要能实现目的即能任人揉捏的工具，利益失衡是要矫治，但是应当进行个案分析具体判断，替代性链接的弊端应当被革除，但要考虑方式和路径。片面强调替代性链接的弊端和造成的利益失衡，从而要求法律对其予以禁止，只会使事实判断的标准滑向主观主义，使判断者的思维方式转为非理性。

5. 新公众标准

新公众标准的着眼点在于合理化利益分配和防止利益损失，其出发点是不能让他人白白地利用作品获利，如果"深层链接"让被链网站预期目标之外的其他受众（新的公众）也能够获得被链网站传播的作品，那么就发生了额外的作品利用行为，这便给著作权人带来了利益损失，从而应当认定设链者构成信息网络传播。新公众标准中"新公众"的界定充满着主观因素，而且新公众标准也是一种用损害结果反推并定性损害原因的思维方法的体现。

（1）新公众标准概说。

新公众标准于2014年2月欧洲法院审理的Svensson案中被提出，该案原告斯文松（Svensson）等人撰写的文章被发布在Göteborgs-Posten公

---

① 优酷网向用户提供"分享给朋友"服务，用户可以直接复制包含视频URL地址的通用代码，方便将其编写入设链网页的代码中，以加框链接的方式播放该视频文件。

司网站上。本案被告 Retriever Sverige 公司通过自己开办的网站向用户提供链接服务，根据用户的喜好对其他网站上发布的文章设置"深层链接"，双方当事人均认可直接访问 Göteborgs-Posten 公司网站上的文章是不受限制的。斯文松等人主张被告 Retriever Sverige 公司通过对文章设置"深层链接"向公众提供涉案作品，使其用户可获得涉案作品，相应行为已构成对涉案作品专有权利的侵害。Retriever Sverige 公司则抗辩认为，对已经通过网络公开传播的作品设置链接并不涉及任何对涉案作品版权造成影响的行为，而且其也没有对任何受保护的作品进行传输，他们的行为仅限于向自己的用户指明那些用户感兴趣的作品所在。

根据这些事实，斯德哥尔摩地区法院一审驳回了原告的诉请，原告提出了上诉，二审法院提请欧洲法院就以下问题做出预先裁决：（1）如果版权人之外的其他人通过网站提供了作品的链接，该行为是否构成《2001/29 指令》①（下称《指令》）第 3（1）条所规定的向公众传播？（2）如果被链的作品是互联网上可以自由获得的，或者是受到限制无法自由获得的，不同情形下对前述问题（1）的答案是否有影响？（3）在问题（1）答案的基础上，用户点击链接后发生跳转，使其意识到是在其他网站网页上呈现作品，或者在点击链接后使用户仍认为是在同一网页上获得了作品，这二者之间的区别是否会造成实质性影响？（4）成员国是否要使"向公众传播权"涵盖比《指令》第 3（1）条所规定更大的范围，以使版权获得更大范围的保护？

欧洲法院认为，网站管理者通过链接方式进行传播的目标是所有潜在的用户，这是一个不确定而且数量相当可观的受众，能证明设链网站管理者向公众进行了传播，才可认定链接提供者的行为构成对作品专有权利的侵害。然而，根据先前的判例，《指令》第 3（1）条的向公众传播是指通过互联网向公众的初始传播，因此，在相同技术手段的情况下，这种传播应当是直接面向新的公众的。如果传播对象是版权人在做授权进行初始传播时没有考虑到的，那么这些人就是新公众。本案中提供作品的方式是设

---

① Directive 2001/29/EC of the European Parliament and of the Council of 22 May 2001 on the harmonisation of certain aspects of copyright and related rights in the information society.

置链接，并没有将涉案作品直接向新的公众传播。初始传播的对象包括了所有潜在网站的访问者，而网站又没有采取任何限制措施，因此所有的互联网用户都可以自由接触到网站上的作品。另外，即便没有那些设链网站，用户事实上也可通过直接访问的方式从初始传播的网站那里获得相应作品，设链网站的用户应当被看作初始传播潜在的受众，因此，他们应当被视作初始传播中"公众"的一部分。既然没有新公众，也就无需向版权人获得向公众传播的授权。因此，通过链接获得作品的特殊情况下，并未产生在可以通过直接访问被链网站而获得作品的公众之外的新的公众，所以该情形并没有特殊性。另外，如果链接造成了对被链作品设置的限制效果的规避，使那些无法直接从被链网站获得被限制获取的作品的用户可以通过链接直接获得作品，那么这些用户就构成了新公众，这些用户是版权人初始传播时并未考虑到的，向这些人传播需要得到版权人的许可。①

由 Svensson 案判决书的说理部分可知，欧洲法院首先认为链接可以使受众接触到作品，设链行为构成"传播"。其次认为如果通过设链网站接触到作品的受众范围包含在被链网站的预期受众范围之内，则设链网站的链接并未扩大被链网站传播的受众范围，此即未产生"新公众"，在此情况下，虽然设链行为构成传播，但是并不满足向"新公众"传播的要求，所以不构成向公众传播。最后，该标准还隐含着这样的认识：假如被链网站对受众的范围设置了限制条件，而如果设链网站突破了这种限制，使被链网站的预期范围之外的受众获得了作品，则设链网站构成信息网络传播。简言之，新公众标准以设置链接的行为是否会造成被链作品的受众范围超出被链作品所在网站原先的预期作为判断设链行为是否构成信息网络传播行为的标准。

（2）新公众标准的缺陷。

新公众标准对传播行为的解释和界定首先有违传播行为的原理。如前所述，对"使作品有被社会公众接触的可能"的解释应以可向公众发送携载作品信息的传播载体为基本依据，不能将其理解为只要带领或指引社会公众找到了作品就构成使作品被公众接触，只要具有带领或指引社会公众

---

① See Nils Svensson and Others v Retriever Sverige AB, Case C-466/12.

找到作品的可能就构成传播，这样仅从受众角度阐释传播行为不仅容易与事实判断应坚持的客观标准原则相违背，并且会造成传播的外延无限制扩大。比如，如果按照 Svensson 案中欧洲法院的认识和逻辑，电影院的工作人员私自放入没有购票的观众，因为工作人员使著作权人预计的观众范围（买票观赏电影的观众）之外的人获得了作品，工作人员即做出传播行为，构成了传播，这显然是违背基本常识的。基于此，在"深层链接"构成传播这一论断基础上，认为链接没有造成超出被链作品的上传者预期的受众范围，从而不构成"新的"向公众传播，无须征得著作权人许可的理由和结论便成了无源之水。

历史上，《伯尔尼公约》的成员国在设计广播权中的有线转播权时，确实考虑过"新公众标准"。1948 年，比利时和国际知识产权局代表在关于《伯尔尼公约》修订的布鲁塞尔会议上就如何定义有线转播权的公众时提出"新公众标准"，要求赋予作者授权向新的公众以有线同步转播或无线同步转播的方式传播作品的权利，① 即"任何新的以有线或无线方式向公众传播广播的作品的权利"②。根据备忘录的解释，上述草案条款的含义是指，任何针对新的听众群或观众群的广播，无论是通过新的无线发射还是有线传输，都应被视为一种新的广播行为，应得到作者的专门授权。然而，广播与机械乐器分委员会认为，上述标准与拟定的其他条约文本的含义不一致，没有采纳上述预案建议。③ 比利时代表提出了一项新的建议并被大会采纳：无论是否以有线方式向公众传播，只要这一传播是由原始获得授权的广播组织以外的广播组织进行的，那么这些传播行为都要受到著作权人的控制。④ 因此，尽管当时新公众标准被提出了，但并未被采

---

① A ctes de la Confé rence ré un ie á Bruxelles, du 5 au 26 juin 1948, at270 (1951). 转引自：陈绍玲：《论网络中设链行为的法律定性》，载《知识产权》2015 年第 12 期。

② 原文为：Any new communication to the public, whether by wire or not, of the broadcast of the work.

③ 1948 年布鲁塞尔外交会议《广播与机械乐器分委员会报告》。转引自：万勇：《论国际版权公约中向公众传播权的含义》，载《知识产权》2017 年第 2 期。

④ Michel M. Walter, Teledifiusion and Wired-Distribution Systems: Beme Convention and Copyright Legislation in Europe, 10 Copyright 302, 304 (1974). 转引自：陈绍玲：《论网络中设链行为的法律定性》，载《知识产权》2015 年第 12 期。

纳，最终条约文本采纳的是"新（广播）机构"标准。① 当时新公众标准的提出是为了解决这样一个问题，即以有线或无线方式对广播的作品进行转播是新的传播行为还是广播的中继行为，而无论"新的传播行为"还是"中继行为"均有一个共同特点，即发送或传输了传播载体，所以不管当初为了解决相应问题而提出的新公众标准是否正确，其探讨的对象均满足自行式传播行为的基本构成标准，即发送传播载体，此明显不同于欧洲法院"新公众标准"的适用对象——链接。

欧洲法院提出的新公众标准还与传播权不适用用尽原则相违背，造成著作权法理论的混乱。按照新公众标准，只要未向"新公众"传播某作品，只是针对原先已经发生过的传播行为的受众范围，未获授权的主体也可对该作品进行传播，无需征得权利人的许可，不构成侵权。传播权不适用用尽原则是基于保护著作权人的现实利益的考虑，一旦将用尽制度适用于传播权，即意味着只要作品一经合法传播，权利人即对相应目标受众丧失了相应传播权，做出传播行为就相当于放弃了权利，这不仅会极大损害权利人的利益，也必然会严重挫伤权利人传播作品的积极性。传播权不适用用尽原则不仅得到理论界大多数人的认可，而且也为立法所确认，《欧盟信息社会版权指令》第3条第3款便明确规定了"向公众传播权"不得用尽。②

（3）"新公众"与传播行为的关系。

①"新公众"与自行式传播。

在自行式传播方式下，受众感知作品的次数、时间、地点均赖于传播者的行为确定，只要实际发送传播载体，公众就有获得作品的可能，进而传播者就有获益的可能。发送一次传播载体，就有一次获益的可能，不同主体发送，就可使不同的主体获益，因此对于自行式传播，根本无须关注是否产生了"新公众"，只须判断是否发生了"新传播"（新的发送传播载体行为）即可。从行为的客观特征看，与之相关的中继行为也属于"传

---

① 参见万勇：《论国际版权公约中向公众传播权的含义》，载《知识产权》2017年第2期。

② See Directive 2001/29/EC, Article3, 3: the rights referred to in paragraphs 1 and 2 shall not be exhausted by any act of communication to the public or making available to the public as set out in this Article.

播",但是它的特点在于,中继行为并不将传播载体直接向受众发送,其只处于传播的起点和终点之内的中间环节,中继行为并不面向公众,所以其性质仅为提供传输通道,而非向公众传播。

如果将"新公众"放在不同传输通道对应着不同受众这一认知前提下理解,则新公众标准可以反映新传播发生后的必然效果和现象,换言之,如果对"新公众"做最宽泛的理解,则新公众标准可以用来描述新传播行为发生所造成的结果,这也正是容易误将新公众标准作为判断传播行为发生与否的原因。比如,甲卫视对作品广播,乙有线电视台对甲卫视进行转播,假如有观众同时打开两台电视,其中一台通过卫星信号接收器直接接收甲卫视节目,另一台通过乙有线电视台铺设的同轴电缆接收转播的甲卫视节目,此时受众虽同一,但甲卫视的广播与乙有线电视台对甲卫视节目的转播为完全不同的两个传播行为。如果将该观众视为既是甲卫视的用户,又是乙有线电视台的用户,则转播行为显然造成了乙有线电视台的新用户的产生。如果此理解成立,则新的传播行为一定会造成新公众的出现,但新公众出现,并不必然以新传播为条件,比如航空公司将一大批游客从C国运送至A国,对于广播范围仅在A国境的电视台来说,航空公司的运送行为增加了电视台的受众范围,产生了新公众,但显然航空公司的行为不构成传播。简言之,在足够宽泛地理解"新公众"的情况下,新的传播行为可以构成新公众产生的充分但非必要条件。

②"新公众"与应答式传播。

有这样的疑问:广播权中对广播的作品进行有线或无线的转播被规定为直接的广播行为(传播行为),而该行为具有这样的特点,即转播者不管控作品,无法实现对作品传播的绝对控制,当广播者停止广播,则转播也停止,转播不能独立于广播行为单独存在,而"深层链接"也恰恰具有这样的特点,既然广播的转播可以被认定为传播,难道不应将设置"深层链接"也认定为传播行为吗?持此疑问的学者要么进而分析认为"深层链接"构成互联网转播,① 要么认为"深层链接"构成直接的信息网络传

---

① 参见杨勇:《深度链接的法律规制探究》,载《中国版权》2014年第2期。

播。① 首先，转播与设置"深层链接"的本质区别在于，前者实际发送传播载体，后者不发送传播载体，甚至传播载体并不流经设链网站的服务器，转播是符合自行式传播行为的构成标准的，而设置加框链接并不满足这一构成标准。前文已述及，传播均是以可以实际发送传播载体为客观基础的，设置"深层链接"显然不具有这个客观基础。其次，考量能否将管控作品作为判断传播行为的标准时，要区分应答式传播和自行式传播。应答式传播须向公众待命制发传播载体，所以传播者必须要能够一定程度地管控作品，② 否则就无法保持"待命"的状态，能够管控作品是大多数应答式传播的特征。自行式传播则不同，其并不具有能使受众按需获得作品的功能，因此传播者也无须管控作品。概言之，管控作品可以是大多数应答式传播的特征之一，但不是自行式传播的特征。

6. 法律标准

《最高人民法院关于审理侵害信息网络传播权民事纠纷案件适用法律若干问题的规定》第3条对信息网络传播权的侵权行为做了界定，并以罗列的方式对"提供行为"做了说明，并指出了提供行为的共性：置于信息网络中。③ 此是我国法律中有关信息网络传播行为最直接的界定，由此产生了认定信息网络传播行为的法律标准，即对信息网络传播行为进行认定应依据法律中规定的信息网络传播权行为的含义。

对著作权法中的信息网络传播行为进行界定当然要依从法律的规定，但问题的关键是，法律规定中没有进一步明确到底何谓信息网络传播含义表述中的"提供"或"置于信息网络"，以及"通过上传到网络服务器、设置共享文件或者利用文件分享软件等方式"中的"等方式"是否包括设置"深层链接"，所以法律标准最终还是得回到对"提供"

---

① 参见崔国斌：《得形忘意的服务器标准》，载《知识产权》2016年第8期。
② 或者几个行为人的行为结合后产生这样的效果。
③ 《最高人民法院关于审理侵害信息网络传播权民事纠纷案件适用法律若干问题的规定》第3条规定："网络用户、网络服务提供者未经许可，通过信息网络提供权利人享有信息网络传播权的作品、表演、录音录像制品，除法律、行政法规另有规定外，人民法院应当认定其构成侵害信息网络传播权行为。通过上传到网络服务器、设置共享文件或者利用文件分享软件等方式，将作品、表演、录音录像制品置于信息网络中，使公众能够在个人选定的时间和地点以下载、浏览或者其他方式获得的，人民法院应当认定其实施了前款规定的提供行为。"

及"置于信息网络"应如何解释这一基本问题上。在法律标准被论及时,往往暗含着对"提供"做扩大解释的趋势,比如有些观点认为:"应将信息网络传播行为做广义的解释,以是否直接提供权利人作品的法律标准取代服务器标准来界定信息网络传播行为。"① "法律标准的逻辑可以归纳为:向公众提供行为=初始提供+'某些'信息网络服务提供行为"②。但事实上,所谓的法律标准本就是一个悬而未决的标准。在几乎所有支持法律标准的论述中,均主张通过对"提供"做扩大解释,把"深层链接"行为纳入信息网络传播行为中,但这种主张不仅欠缺依据,而且有循环论证之虞。③

用法律标准对信息网络传播行为进行认定,无法得出确定的答案,最终仍得回到信息网络传播行为的认定或者"深层链接"行为的法律定性这一事实问题上。法律标准是一种政策选择标准,是事后的调整标准,其需要通过价值取向或者导向进行决断,④ 而且法律标准与其他认定标准并非同一层级的概念,《最高人民法院关于审理侵害信息网络传播权民事纠纷案件适用法律若干问题的规定》第 3 条中将信息网络传播行为限定为"置于信息网络中"的行为,在这个意义上,其确定了信息网络传播行为认定的法律标准,但判断某一行为是否属于"置于信息网络中"的行为,则如复制、发行、表演等行为的认定一样,还得回到行为的定义和特征上,以及回到具体事实的认定上来。⑤

7. 服务器标准

服务器标准是认定信息网络传播行为的客观标准。服务器标准不但符合信息网络传播权的立法原意,而且能够最大限度地维系利益平衡,且为

---

① 最高法院就《信息网络传播权规定》答记者问。转引自:林子英、崔树磊:《视频聚合平台运行模式在著作权法规制下的司法认定》,载《知识产权》2016 年第 8 期。
② 张金平:《信息网络传播权中"向公众提供"的内涵》,载《清华法学》2018 年第 2 期。
③ 循环论证似表现为:认为法律规定通过信息网络提供作品构成信息网络传播,而提供作品应当包括设置"深层链接"(法律标准),所以适用法律标准,认定设置"深层链接"构成信息网络传播行为。
④ 参见冯刚:《涉及深度链接的侵害信息网络传播权纠纷问题研究》,载《知识产权》2016 年第 8 期。
⑤ 参见北京知识产权法院民事判决书(2016)京 73 民终 143 号。

大多数国家所认同,在我国司法实践中也多次被采用,① 虽然将信息网络传播的方式表述为上传至或以其他方式"置于"向公众开放的服务器②,容易被误解或被曲解,并招致质疑,但服务器标准是目前认定信息网络传播行为最为科学合理的认定标准。本书主张的"使传播载体待命发送"论与服务器标准本质相同,区别仅在于后者更关注行为本身和实施行为的工具的状态,前者则以行为的对象为切入点,直接以行为对象的状态作为界定信息网络传播行为的支撑点。

(1) 服务器标准概说。

服务器标准认为,只有将作品上传至或以其他方式"置于"向公众开放的服务器的行为,才是受信息网络传播权控制的"网络传播行为",也才有可能构成对信息网络传播权的直接侵权。③ 我国《著作权法》规定的信息网络传播权来源于 WCT 第 8 条后半句的规定,根据 WCT 第 8 条后半句,"提供作品"应当能够使作品可为公众在其个人选定的时间和地点获得,本书所称的使作品处于可被传播载体携载而待命向公众发送的状态即可令受众以如此效果获得作品,将作品上传至向公众开放的服务器,也就使作品处于了这种被待命传输的状态,在网络传播目前的技术条件下,唯有此才能令携载作品信息的传播载体被实际发送,网络用户才能分享到作品。

(2) 对服务器标准的典型误读。

①对"上传""服务器"理解错误。

反对服务器标准的主张通常会以在网络技术飞速发展的客观状况下,服务器标准已经落伍作为对其的整体评价,理由大多类似于服务器标准在初期能够非常清晰地判定侵权行为,但是在技术发展过程中,我们看到了 P2P 技术、云端存储技术、碎片技术,这些技术的发展都是提供行为的一

---

① 参见王迁:《网络环境中的著作权保护研究》,法律出版社 2011 年版,第 339 - 368 页;北京知识产权法院民事判决书(2015)京知民终字第 559 号;北京知识产权法院民事判决书(2016)京 73 民终 143 号。

② 参见王迁:《论"网络传播行为"的界定及其侵权认定》,载《法学》2006 年第 5 期。

③ 参见王迁:《网络环境中的著作权保护研究》,法律出版社 2011 年版,第 339 页。

种形式。从现在的技术来看,服务器标准一定有它的局限性。① 服务器标准在新技术环境下有其自身的局限性,比如深度链接、云计算环境,可能存在无法认定"提供行为"的情形,如此不能再维系利益平衡。② 事实上服务器标准中的"服务器"并非仅局限于专业的网络服务器,所有能响应用户请求,能向不特定用户发送传播载体的物理设备都可被视为服务器,包括接入互联网的手机,包括划出了共享文件夹的个人电脑,只不过这些都没有专业服务器的功能强大而已。对服务器标准不能望文生义,否则很可能导致其适用范围时而过窄时而过宽。③ 在北京易联伟达科技有限公司与深圳市腾讯计算机系统有限公司侵害作品信息网络传播权纠纷一案中,二审审理法院特别指出:"服务器"系广义概念,泛指一切可存储信息的硬件介质,既包括通常意义上的网站服务器,亦包括个人电脑、手机等现有以及将来可能出现的任何存储介质。任何上传行为均需以作品的存储为前提,未被存储的作品不可能在网络中传播,而该存储介质即为服务器标准中所称的"服务器"。④ 笔者认为,对"服务器"做如此理解方是合适的和准确的。

另外,对"上传"也不能做僵化的理解,不能仅仅把它理解为远端操作的复制行为,直接操作服务器进行本地拷贝也是一种上传,将电脑硬盘划出共享区域并在其中存储作品,然后将电脑接入互联网也是一种上传,把作品复制入已经接入互联网的电脑硬盘的共享区域还是一种上传,上传的表现林林总总,凡使作品处于可被传播载体携载而待命向公众发送的状态,即可被视为"上传"。《最高人民法院关于审理侵害信息网络传播权民事纠纷案件适用法律若干问题的规定》第3条第2款对"上传"的具体表现已做说明,但不够系统和概括,《日本著作权法》的相关规定可以作为

---

① 此为北京市朝阳区人民法院知识产权庭庭长林子英语,参见卢梦君:《网络侵权判定"服务器标准"落后了吗?北京高院调研聚合盗链》,https://www.thepaper.cn/newsDetail_forward_1517468,访问日期:2016年12月12日。
② 参见马潇:《浅谈网络版权纠纷中"服务器标准"和"实质替代标准"的适用》,https://mp.weixin.qq.com/s/NH8JtJpnS9d9LbeDWzzVEw,访问日期:2016年12月12日。
③ 参见刘家瑞:《为何历史选择了服务器标准——兼论聚合链接的归责原则》,载《知识产权》2017年第2期。
④ 参见北京知识产权法院民事判决书(2016)京73民终143号。

理解"上传至服务器"很好的注脚,《日本著作权法》在 1997 年进行修订时,便在第 2 条第 1 款第(九之五)项中对有关问题做了规定,① 根据其表述,《日本著作权法》规定的上传行为起码包括:在公开的网络储存媒介上记录信息的行为;将已经存储了信息的储存介质加载到网络服务器上并向公众开放;将已经存储了信息的储存介质转换为网络服务器;将信息上传到网络服务器上;将存储了信息的具有向公众开放功能的存储介质、网络服务器与网络传输线路相连接的行为。② 《日本著作权法》相关条款在界定信息网络传播行为时使用了"自动公众传播"和"传播可能化"的表述,其中"自动公众传播"是指应公众指令,实际发送传播载体的情形,"传播可能化"则是指尚未实际发送传播载体,但将作品上传至向公众开放的服务器的情形,《日本著作权法》第 2 条第 1 款第(九之五)项第 1、2 目的概括归纳可以作为正确理解"上传"至"服务器"的较好参考。

②对"向公众开放"这一限定视而不见。

在反对服务器标准的论述里,偶尔还能看到论者有意无意地忽略"向公众开放"这一"服务器"之前的定语,这直接导致了对服务器标准理解的偏差。服务器标准的核心要件有二:"上传"和"开放"。"上传"使作品信息处于网络的物理环境中,这是信息网络传播行为的基础,"开放"使作品信息可被传播载体携带而向公众发送,二者相较,"开放"比"上

---

① See Mihály Fiscor, The law of copyright and the Internet: the 1996 WIPO Treaties, their interpretation and implementation, Oxford University Press, 2002, p.506.

② 具体的表述为:(九之五)传播可能化。指采用下列行为之一使自动公众传播成为可能的行为:(1)在已经提供给公众使用的电信线路相连接的自动公众传播服务器(指当连接到供公众使用的电信线路上时,能够发挥自动向公众传播储存在该服务器中的供公众进行自动公开传播使用的储存媒介上的信息或者上载到该自动公众传播服务器中的信息的作用的装置。)的公开传播用储存媒介上记录信息的行为,将已经存储了信息的储存媒介作为自动公众传播服务器的公开传播用储存媒介加载到自动公众传播服务器上的行为,将储存了信息的储存媒介转换为自动公众传播服务器的公开传播用储存媒介的行为,以及在自动公众传播用服务器中上载信息的行为。(2)将储存了信息的公众传播储存媒介、或者上载了信息的自动公众传播服务器与供公众使用的电信线路进行连接(指由架设线路、启动自动公众传播服务器、启动传播或者接受用的计算机程序等一连串行为组成的行为)的行为。见《日本著作权法》第 2 条(九之四)、(九之五);第 23 条第 1 款。参见《十二国著作权法》,《十二国著作权法》翻译组译,清华大学出版社 2011 年版,第 362-363、373 页。

传"更重要。事实上，上传与向公众开放两个行为可由不同主体分别分时做出，仅上传但并没有向公众开放，则不构成向公众传播（信息网络传播），没有实施上传行为，但致使作品向公众开放，即构成向公众传播（信息网络传播）。对作品存储载体的控制仅是大多数信息网络传播的特征之一，控制存储载体即可实现信息网络传播按需获取的特性，但不能认为该特征是信息网络传播行为的本质要件。①

总之，从目前技术看，还没有出现类似于对广播的转播的对交互式传输信号进行转播的信息网络传播的转播行为，而近年来新出现的P2P技术、云端存储技术、碎片技术、服务器虚拟化技术等也并未脱离服务器标准所界定的信息网络传播行为的本质，服务器标准并未落伍。

8. 对有关认定标准的评析

前述标准中，法律标准事实上并非明确的认定标准，无法通过所谓的法律标准确切地判定出某一行为是否构成信息网络传播行为，余下的标准中，服务器标准之外的其他信息网络传播行为认定标准总体上可以分为两大类，一类以用户的认知作为认定事实的依据，包括用户感知标准、实质呈现标准和实际控制标准，一类以行为造成的"损害"结果反推行为的性质，包括新公众标准、实质替代标准。无论是以用户的认知作为事实认定的依据，还是以行为造成的"损害"结果反推行为的性质，均不符合对事实认定应首选客观标准的原则。是否构成信息网络传播行为，何人做出信息网络传播行为，这些问题均是事实判断，不能用人的主观感受对这些事实问题进行评判，也不能用行为结果反推，进而对行为进行判别，更不能用价值判断代替事实判断。对信息网络传播行为的认定，只能从行为本身着手。

服务器标准不受行为观察者的主观感受或价值评价的影响，以行为本身的客观特征作为认定信息网络传播的基本依据，是认定信息网络传播行为的客观标准，与前文论述的行为认定的客观标准相符合。在适用服务器标准时，根本无需另设一个假想主体，以其认知水平对作品是否被上传至

---

① 在将作品公开与控制存储载体分别由不同行为人做出的情况下，若从单个行为主体分别理解，公开传播作品的行为人与存储载体的实际控制者可以分离，这种情形下，传播者并不控制存储载体，但若以传播者将作品存储载体控制者作为利用工具来看，传播者是控制存储载体的。

或以其他方式"置于"向公众开放的服务器做出评价,是否被上传至或以其他方式"置于"向公众开放的服务器是客观事实,在具体纠纷处理中,可以通过技术鉴定得出确定的、明确的答案,不会因观察者的个体化差异而有所区别,因此服务器标准可以最大程度地确保著作权法相应的预测功能的实现,也能将处理个案的法官的自由裁量权限定在合理范围内。另外,服务器标准下的行为与前文总结的应答式传播的概念是完全符合的,首先,"将作品上传至或以其他方式'置于'向公众开放的服务器"必然可使作品与传播载体相结合。其次,待命向公众发送的状态即包括服务器标准的表述中所指的"将作品上传至或以其他方式'置于'向公众开放的服务器"后形成的状态,"上传"或"置于"的行为便使作品处于可被传播载体携载而待命向公众发送的状态。最后,当作品被上传至或以其他方式"置于"向公众开放的服务器后,公众发出传输的指令时,作品信息必然被传播载体携载而向公众实际发送。若行为符合服务器标准,则其一定具备可以实际发送传播载体的客观基础。

二、设置"深层链接"行为不构成著作权法中的传播

正如在前文辨析有关"深层链接"行为法律定性的各种标准时已经充分论证的理由,当作品已经处于某种公开传播行为下时,告知公众该作品的存放位置或引领公众接触该作品,并不会使已经处于待命向公众传输状态的作品再次处于待命向公众传输的状态,所以对相应作品设置"深层链接",不可能导致作品"第二次"处于能够为公众所获得的状态,设链行为只可能进一步扩大本身已经在该服务器中处于"可以为公众所获得的状态的作品"的实际传播范围,因为会有更多的人通过点击链接实际获得他们原本就可以通过直接访问该服务器获得的作品。[①]"深层链接"的设链者既未实际发送传播载体,也未使作品处于可被传播载体携载而待命向公众发送的状态,设置"深层链接"的行为并不符合本书归纳出的著作权法中传播行为的概念和构成标准,所以不构成著作权法中的传播,仅构成对

---

① 参见王迁:《网络环境中的著作权保护研究》,法律出版社2011年版,第340页。

传播行为的帮助。对于侵权传播的作品设置"深层链接"的,如果设链者有过错,即要承担帮助侵权的责任;对于合法传播的作品设置"深层链接"的,无论怎样,设链行为本身都不会构成著作权侵权。

因为WCT第6条在界定发行权时使用了与WCT第8条向公众传播权定义中相同的表述:向公众提供(the making available to the public)[①],且我国《著作权法》中信息网络传播权的定义即来源于WCT第8条,所以完全可以将发行权定义中的"提供"用来类比和理解信息网络传播权定义中的"提供"。发行行为的销售或赠与包括两种状态:一种是待命响应交易,即等待客户上门提出要购买或希望受赠的要约;一种是实际交付,即转移作品的存储载体。与此不同的是,信息网络传播中,作品信息依靠微观粒子的携载和运动传递作品信息,而发行依靠有形物载体的所有权转移传递作品信息,换言之,二者区别仅在于信息传递的原理不同,但是对于待命状态和响应请求后实际传递信息两方面而言,二者并无本质区别。

提出一种思想实验,以便于理解:假设某城建有一种自动物流系统,音像店与各住户间设有传送带,住户可通过电话向音像店下单,音像店接单后将音乐CD放入传送带,传送带将CD自动运送至住户,住户收到后用自己的设备播放CD,欣赏音乐。在此假想例中,通过自动物流系统的CD销售,除了承载信息的载体和传递信息的方式与信息网络传播不同外,其他方面并无本质区别。再进行一种思想实验:某地在市中心广场设立大型自动点唱机,市民均可依序到广场操作点唱机,播放自己心仪的音乐,后对点唱机进行技术改造升级,设置了大量线路连入点唱机,线路的另一

---

① 《世界知识产权组织版权条约》第6条规定:"(1)文学和艺术作品的作者应享有授权通过销售或其他所有权转让形式向公众提供其作品原件或复制品的专有权。(2)对于在作品的原件或复制品经作者授权被首次销售或其他所有权转让之后适用本条第(1)款中权利的用尽所依据的条件(如有此种条件),本条约的任何内容均不得影响缔约各方确定该条件的自由。"第8条规定:"在不损害《伯尔尼公约》第11条第(1)款第(ii)目、第11条之二第(1)款第(i)和(ii)目、第11条之三第(1)款第(ii)目、第14条第(1)款第(ii)目和第14条之二第(1)款的规定的情况下,文学和艺术作品的作者应享有专有权,以授权将其作品以有线或无线方式向公众传播,包括将其作品向公众提供,使公众中的成员在其个人选定的地点和时间可获得这些作品。"

端设在市民家中，并配有操作盒，市民可足不出户远程操作自动点唱机播放音乐，因点唱机声音巨大，最远的市民也可听到音乐声。在该假想例中，点唱机的待命发送传播载体（待命播放音乐）的状态，以及在市民操作后，点唱机实际发送传播载体，使市民获得音乐作品的状态，与前述假想例以及信息网络传播的两种相关状态并无二致，所不同的仅是承载信息的载体和传递方式较物流系统更先进一些、更便捷一些，但较信息网络传播原始一些、简陋一些。

　　从发行者坐店等客，有需求者必须上门购买才可获得作品，到自动物流，有需求者远程下单，然后运送有形载体，需求者获得作品，再到远程操作，控制播放系统进行播放，从而获得作品，再到需求者远程操作，向传播者的自动响应设备发送请求，自动响应设备发送传播载体，携载作品信息的载体经远程传送，被需求者获得，所有这些都有着相同的行为特征：一是待命响应需求，二是响应后实际传递信息。区别只不过是，承载信息的载体从最原始的人们最熟悉的有形物，演变为人造的声波；传递信息的方式从当面转移有形物的所有权，到运输有形物交付，再到制造传播载体，近距离传输，再到自动响应请求，发送传播载体，携载信息远程传输。将信息网络传播与前述几种方式相比即可明了：计算机和现代通信技术相结合产生了信息网络，计算机技术使"待命响应"无人值守，全自动化得以实现，现代通信技术使信息传递的远程化和即时化得以实现。如果不是在承载信息的物质方面截然不同，有形物载体的所有权转移应优先受物权规则的调整，从而造成发行权用尽，发行行为和信息网络传播行为则完全可融为一体，而恰恰是因为信息载体存在本质区别，从而发行和传播并不兼容的法律规则，无法将发行与信息网络传播合二为一。但是，发行行为和信息网络传播行为在行为特征上有着一致的表现和相同的本质，完全可以在理解信息网络传播行为时，将信息网络传播行为置换和假想为发行行为，从而更加容易地对信息网络传播认定中的疑难问题进行分析和解读。

　　按照相应思路，再对前述"深层链接"定性的有关争议进行分析：第一，甲想要买某绝版 CD，但是找不到销售该 CD 的音像店，乙告知甲在丙音像店可以买到该 CD，并告知其丙音像店的详细地址。乙的行为是否构成对该 CD 的发行？第二，甲按照乙给的地址去购买 CD，但乙其实是丙音像店的竞争对手，乙将丙音像店的门头悄悄用自己的名称、标志和装潢改换，甲看到门头，想着可能是乙搞错了，其实是乙在销售该 CD，甲进店购买了 CD。乙的行为是否构成对该 CD 的发行？第三，在上文的自动物流系统的假想例中，乙悄悄潜入甲家中，用甲的电话打给丙音像店下了订单，丙按照要求向甲投递了 CD，此时丙音像店的门头仍是被乙更换的样子，甲收到 CD 后，循着传送带用望远镜看到了被更换为乙的名称、标志、装潢等的丙音像店，遂认为是乙给自己投递了 CD。乙的行为是否构成对该 CD 的发行？显而易见，前述两种情形下，乙的行为都不构成对 CD 的发行，发行行为人是而且只是丙音像店。对于第三种情形，即便乙没有做相应行为，丙音像店也一直处于发行状态，是发行行为人，乙代甲或冒充甲向丙发出销售的请求，与发行行为无涉，根本不足以据此将乙认定为发行行为人，因为即便是乙以自己的名义直接发出购买的请求，乙的行为都不可能构成发行。将这三种情形与信息网络传播下的设置链接进行类比：第一种情形，乙的行为如同设置普通链接，此不用赘言。第二种情形，乙的行为如同设置"深层链接"，乙令甲误认为是乙销售了 CD，但甲的误认无法改变丙发行行为的相关事实。第三种情形，乙的行为如同设置了"埋设的深层链接"，乙利用甲的设备（电话）代甲向丙发出购买的指令，并同时令甲误认为是乙向其进行了销售或赠与，但事实上仍是丙在店里等客，并实际交付了 CD，做出了发行行为，这与"埋设的深层链接"的外观和原理完全相同，设链者在自己网页的代码中给出了被链内容的 URL 地址，并加入了令用户计算机自动访问被链内容的指令，一旦用户访问设链者网页，用户计算机就会按照设链者网页中的代码指令，自动向被链网站发送请求，被链网站会响应请求，发送相应内容，而且从设链网页外观呈现的效果看，用户会误认为自己获得的被链内容来自设链者网站。从以上思想实验和对假想例的类比可充分看出，无论设置何类型、何方式的"深层链接"，均不构成著作权法中的传播行为。

三、设置"深层链接"与规避技术措施

网络中有一些内容是免费向公众提供的,为了保护自己的"流量"①利益,越来越多的网站开始对这些内容施加技术措施,防止其他网站获得这些文件的真实 URL 地址,进而设置"深层链接"。网络中还有一些内容是需要付费才能获取的,对于这些内容,网站更采用了复杂的技术措施,以限制公众的自由接触。国际社会对应予保护技术措施和应予制裁规避技术措施的行为早已达成共识,WCT 第 11 条以及 WPPT 第 18 条"关于技术措施的义务"规定了各缔约国应当立法禁止规避有效技术措施的行为,我国《著作权法》及《条例》也明确规定了故意避开或者破坏技术措施的法律责任。经过近几年的技术发展,"深层链接"开始与规避技术措施的手段相结合,设链网站规避或破解技术措施后设置"深层链接",对他人网站内容进行"盗链"②,这样就使得被链网站的预期利益落空,经济收益受到严重影响,以直接提供内容为常业的 ICP 也就更加迁怒"深层链接"。规避技术措施的手段给"深层链接"罩上了一件"使公众获得"作品的外衣,这使得"深层链接"行为的法律定性问题变得更加复杂。

在继续讨论本目之前须首先澄清的是,目前对规避技术措施与"深层链接"相联系的现象的普遍提法是"具有规避技术措施功能的'深层链接'"③,但此称谓具有极大的误导性,经笔者对相关案例,尤其是相关刑事案件分析可知,设链人的行为事实上是破解或规避技术措施后再对目标文件设置"深层链接","深层链接"不会也不可能直接破解或规避技术功能。比如在北京易联伟达科技有限公司与深圳市腾讯计算机系统有限公司侵害作品信息网络传播权纠纷一案中,原告对相应事实的表述为:被告"破坏了乐视网的技术保护措施而设置链接"④;在上海市第三中级人民法

---

① 所谓"流量",是指网站的直接访问量,网络用户直接访问网站,网站上投放的广告才能被有效浏览或点击。

② "盗链"应仅指规避技术措施设置链接的行为,而非现实中将"未经许可"的"深层链接"指称为的"盗链"。设置链接这一行为并不为任何专有权利控制,所以不存在许可的问题。

③ 笔者在之前的论著中也如此称呼,公众被混淆和误导的程度,可见一斑。

④ 参见北京知识产权法院民事判决书(2016)京 73 民终 143 号。

院审理的吴某某侵犯著作权一案中，公诉机关指控被告人"采取解析播放等技术手段非法获取视频真实播放地址，再嵌入其租借的云服务器数据库内，通过上述视频网站向用户免费提供在线播放"①。因此，对技术措施的破解或规避与设置"深层链接"是两个并列的行为。

（一）两种技术措施

通常认为，技术措施根据功能的不同可被分为两类：其一是防止未经许可阅读、欣赏文学艺术作品或运行计算机软件（防止未经许可"接触"作品）的技术措施，简称"接触控制措施"。其二是防止未经许可以复制、传播等方式利用作品（阻止侵权行为）的技术措施，简称"版权保护措施"。② 按照我国现行《著作权法》的规定，技术措施包括用于防止、限制未经权利人许可浏览、欣赏作品、表演、录音录像制品的，以及通过信息网络向公众提供作品、表演、录音录像制品的两种。换言之，根据我国现行法律，技术措施包括"接触控制措施"和"信息网络传播权保护措施"两种。

公开传播背景下，"接触控制措施"仅可能针对已经处于公开传播状态的作品，尚未处于公开传播状态的作品，不存在被"接触"的可能，因而也就没有"防止接触"技术措施的存在空间。换言之，事实上存在这样一个逻辑先后：作品只有"公开"了，他人才能"接触"，才能给"接触"设置条件。这里所称的"许可"是对"接触"的许可，而非对著作权某个权利的许可。"接触控制措施"保障的是接触作品的条件能够得到满足，在网络环境中，相应条件通常表现为支付费用、注册会员登录、IP 地址不受限、留言或点赞等。对于直接拒绝"深层链接"的技术措施，其防止的是网络用户不用访问其网页文件而可以直接阅读、欣赏被链对象，因而也属于"接触控制措施"。

"版权保护措施"针对的是未处于公开传播状态的作品，其保障的是作品未公开传播的状态。对于信息网络传播而言，"版权保护措施"一旦被规避，处于存储设备中的作品便从未向公众公开转变为向公众公开，作品便处于可被传播载体携带而待命向公众发送的状态，造成这种转变的主

---

① 参见上海市第三中级人民法院刑事判决书（2019）沪 03 刑初 125 号。
② 参见王迁：《著作权法》，中国人民大学出版社 2015 年版，第 445 页。

体就实施了信息网络传播行为,所以对于信息网络传播而言,规避"版权保护措施"具有双重属性,一是规避了技术措施,二是实施了直接的信息网络传播行为。

仅考虑在信息网络传播背景下,可将前述两种技术措施类型化为:"防接触"技术措施和"防公开"技术措施。"防接触"技术措施的作用对象一定是已经公开传播的作品,对于没有公开的作品,无从"防接触";"防公开"技术措施的作用对象一定是尚未被行为主体公开的作品,一旦规避,作品也就被公开传播了。

(二)规避技术措施后设置"深层链接"的法律定性

1. 规避"防接触"技术措施后设置"深层链接"

基于前文对技术措施的分析,评价规避"防接触"技术措施后设置"深层链接"的法律性质,重点应在于技术措施,而非在于"深层链接",前文对"深层链接"问题已经探讨得非常清楚了。换言之,法律上如何定性规避"防接触"技术措施后设置"深层链接",关键要看规避的技术措施是"防接触"的还是"防公开"的。假如规避的技术措施是"防接触"的,则该"深层链接"不可能构成著作权法中的传播。许多类比均能说明此问题,比如,在有围墙的露天球场内放映电影,观看需购票入场,而球场周围楼房的业主允许他人从窗户观看电影,众人为了省钱,皆进入楼房观看电影,①此时楼房业主只是规避了围墙和检票口这类物理性的限制手段,并没有实施传播行为;又如,有人破解了卫星信号中的加密措施,制作并提供专门用于解密的"智能卡",使购买者无需付费就能欣赏收费卫星的节目,②该行为也非著作权法中的传播行为,实施传播的是节目信号的发送者;再如,某电影院的放映大厅需要从入口经过又曲又长的通道才能到达,途中还要经过两道检票口,观众应买票后经过通道并经检票进入后,才能到放映大厅观看电影,而该电影院的某工作人员为了帮自己的外甥省钱,带领他直接从放映大厅内的应急门进入观看电影,显然,这位工

---

① 该假想例是北京知识产权法院陈锦川副院长在 2016 年 7 月 15 日北京市高级人民法院举办的"'深度链接'法律问题研讨会"中提出的。参见王迁:《论提供"深层链接"行为的法律定性及其规制》,载《法学》2016 年第 10 期。

② 参见王迁:《著作权法》,中国人民大学出版社 2015 年版,第 445 页。

作人员带自己的外甥从应急门直接进入放映大厅看电影的行为也不构成放映。规避这类"防接触"技术措施既未实际发送携载作品信息的传播载体，又未使作品处于可被传播载体携载而待命向公众发送的状态，所以不构成著作权法中的传播。

2. 规避"防公开"的技术措施后设置"深层链接"

对于自行式传播，发送传播载体的行为人可与使传播载体公开的行为人相分离，即可由不同主体分别做出发送传播载体的行为和向公众公开传播载体的行为，使传播载体向公众公开的主体是传播者，仅实际发送传播载体的主体并非传播者，[①] 此时实际发送传播载体的主体对于传播行为并无意识，其仅是传播者利用的工具。[②] 包括信息网络传播在内的应答式传播也是如此，提供作品和传播设备的主体可与使作品处于被传播载体携载而待命向公众发送的状态的主体相分离，前者不是传播者，后者才是传播者，前者只是后者利用的工具。比如，假设在某卡拉 OK 厅尚未对外营业时，有人撬开了门锁将客人带入包厢使用点唱设备，其行为会使尚未处于公开传播状态的歌曲开始向公众传播，[③] 此时撬锁引客的人实施了传播行为，他使作品处于被传播载体携载而待命向公众发送的状态，卡拉 OK 厅只是传播者利用的工具，客人操作设备播放歌曲，携载作品信息的传播载体便被实际发送，客人是传播载体的实际发送者，但并不是传播行为的行为人。再比如，某黑客将网络用户个人电脑中的某个文件夹悄悄设置为网络共享文件夹，共享文件夹中的照片便从非公开状态转变为公开状态，黑客使照片处于被传播载体携载而待命向公众发送的状态，所以黑客传播了照片，是传播者，而该网络用户不是传播者，在整个传播行为中，网络用户只是黑客利用的工具。同理，假如以后"深层链接"技术有了进一步飞跃，具备了规避"防公开"技术措施的功能，那么这种"深层链接"就具有了双层属性，既是"深层链接"又是技术措施的规避手段，技术措施规

---

① 这也正是前文在尝试归纳著作权法中传播行为概念时，以"使"这一动词作为描述的骨干的原因。
② 此情形的假想例将在后文举出。
③ 参见王迁：《论提供"深层链接"行为的法律定性及其规制》，载《法学》2016 年第 10 期。

避手段使被链网站上的作品从非公开状态转变为公开状态,即使被链网站上的作品处于被传播载体携载而待命向公众发送的状态,则设置该"深层链接"的行为便构成信息网络传播,但是此情形下,构成传播的原因仍仅在于其规避技术措施的属性,而非其"深层链接"的属性。

鉴于本目论述较为抽象,试用两个思维实验做一说明,以图简要形象:

第一个思维实验,假设某同学在宿舍独自播放观赏电影,另一同学在该同学宿舍墙壁上凿开一个洞,通过该洞可从室外窥见电影画面,凿壁的同学借此招揽生意,收每人五角钱便可通过墙上的洞观看电影。

在本假想例中,在宿舍独自播放电影进行观赏的同学并未向公众放映(传播)电影作品,所以不构成著作权法中的传播,但该同学是携载作品信息的传播载体的实际发送者,是他操纵观影设备发出了传播载体,凿壁的同学使传播载体从非公开状态转变为公开状态,即其使携载电影作品信息的传播载体向公众发送,凿壁的同学是传播者,其行为构成著作权法中的传播。这里完全可以把凿壁行为类比为规避"防公开"技术措施的行为。假如与此同时,还有另外一个同学也如法炮制,那么该同学的行为也使本处于非公开状态的传播载体转变为公开,从而也构成著作权法中的传播。凿壁的两位同学的传播行为,若一个消失,不影响另一个的存在,二者是并列存在的,是各自独立的两个传播行为。

第二个思维实验,假设甲将自己的摄影作品上传至网盘并设置了用户名和密码,并使之处于保密状态。黑客乙破解了甲网盘的用户名和密码并对外销售,同时黑客丙也破解了甲网盘的用户名和密码并对外销售。

在本假想例中,甲虽将自己的摄影作品置于互联网的物理环境中,但并未使作品处于可被传播载体携载而待命向公众发送的状态,甲的作品在互联网中是非公开状态。黑客乙的行为使甲的作品从非公开状态转变为公开状态,处于可被传播载体携载而待命向公众发送的状态,所以乙的行为构成传播。在作品被上传后的非公开状态下,网盘的用户名和密码可视为"防公开"的技术措施,[①] 甲的行为及网盘服务器的管理者均不构成传播,

---

[①] 在乙破解并开始销售用户名和密码后,该用户名和密码又转变为"防接触"的技术措施。

乙的破解、销售行为，规避了该技术措施，使摄影作品处于待命响应被传播载体携带而向公众发送的公开传播状态。另外黑客丙也破解了用户名、密码并向公众销售，则黑客丙也针对甲上传的作品做出了信息网络传播行为，丙的行为也使作品处于可被传播载体携带而待命向公众发送的状态。两个破解用户名、密码并销售的公开传播行为，若一个消失，不影响另一个的存在，二者是并列存在的，即丙和乙的行为是各自独立的两个传播行为。若有用户从丙处购得用户名和密码，登录浏览甲的摄影作品，则其接收的传播载体乃因丙的公开传播从甲的网盘而来，而非从甲和乙的合力形成的公开途径而来。设置规避"防公开"技术措施的"深层链接"的作用与破解用户名、密码并销售类似，破解并销售造成了作品在网络上的公开，规避"防公开"技术措施造成了作品在网络上的公开，设置"深层链接"只是加深和扩大了这种公开的程度和范围。

借鉴刑法学的间接正犯理论，也可对前述各主体间的关系做一解释。刑法学中有组织犯、实行犯、帮助犯、教唆犯之分。所谓实行犯，是自己直接实行犯罪构成客观要件的行为，或者将他人作为工具实行犯罪行为。① 前者称为直接正犯，后者称为间接正犯。间接正犯与共同犯罪人有相似之处，即都是利用他人进行犯罪，但二者有根本的区别：前者，被利用的他人一般不构成犯罪；而后者，被利用的他人构成犯罪。② 利用有故意的工具是间接正犯的情形之一，所谓有故意的工具，是指被利用者具有责任能力且故意实施某行为，但缺乏目的犯中的必要目的（无目的有故意的工具），或缺乏身份犯中所要求的身份（无身份有故意的工具）的情况。利用无目的有故意的工具，是指利用目的犯中被利用者缺乏该种目的的行为。所谓目的犯，是以一定的目的为犯罪构成要件的犯罪，缺乏一定的目的，该种犯罪就不能成立。有此目的的利用者利用无此目的的被利用者的行为实施犯罪，构成这种目的犯的间接正犯。③ 上述两个思维实验中，给自己播放电影的同学、上传摄影作品至加密网盘的甲均可被视作无目的有故意的工具，目的指公开传播作品的目的，故意指对自己的播放（非向公

---

① 参见马克昌主编：《犯罪通论》，武汉大学出版社1999年版，第545页。
② 参见马克昌主编：《犯罪通论》，武汉大学出版社1999年版，第546页。
③ 参见马克昌主编：《犯罪通论》，武汉大学出版社1999年版，第548页。

众）和上传（非向公众）行为有故意，使传播载体公开传送或使传播载体处于待命发送状态者利用这些无目的有故意的工具实行了传播行为。对于受众接收携载作品信息的传播载体而分享到作品这一传播行为的终极结果，公开传播载体或使传播载体处于待命发送状态的行为人在主观上积极追求，且起到了决定性的作用。

（三）值得赞许的司法实践

有两起案件生动地反映了我国司法实践对"深层链接"的有关认识从犹豫、踌躇到清晰、笃定的趋势，虽然目前仍有法院将设置"深层链接"行为认定为直接的信息网络传播行为，甚至在有些刑事案件中，法院认定设置"深层链接"的行为人犯侵犯著作权罪，但优秀的司法案例越来越多，相应的裁判文书论证深入、严谨，其中折射出的审判人员客观、理性的科学思维，熠熠生辉。下文选取的两个案例是"验证"前文论及的有关"深层链接"法律属性认定标准的绝佳材料，其中第二个案例的判决书中的一二审法院的观点恰恰也是绝大多数"深层链接"有关论著的论理的典型和集中反映，简言之，第二个案例中一二审法院的说理是"深层链接"法律定性有关观点及论证的聚合。

1. 水星唱片有限公司与北京阿里巴巴信息技术有限公司著作邻接权纠纷案[①]

原告水星唱片有限公司起诉称：该公司对 Texas（德克萨斯）演唱的专辑《Red Book》和《White On Blonde》享有录音制作者权，并未授权被告或者相关第三方通过被告经营的雅虎中文网站传播或者通过链接方式传播上述录音制品，对其进行在线播放和下载。被告北京阿里巴巴信息技术有限公司（简称阿里巴巴公司）自 2006 年 4 月 10 日开始，通过其经营的雅虎中文网站，向公众提供上述两张专辑中共计 12 首歌曲的试听及下载服务。其中包括《Red Book》专辑中的歌曲《Getaway》等 11 首和《White On Blonde》专辑中的歌曲《Say What You Want》；同时，通过对涉案歌曲《GET A WAY》等信息进行人为的搜集、整理、分类和编排，按照歌曲风格、流行程度、歌手性别等标准制作诸如"歌曲排行榜""最

[①] 本条目内容来自北京市第二中级人民法院民事判决书（2007）二中民初字第 02629 号。

佳男歌手""最佳女歌手"等不同的分类链接,便于网络用户搜索;提供涉案歌曲《Getaway》和《Sleep》的音乐盒服务,存储用户的歌曲链接,并可以实现共享等功能,方便其他网络用户通过"音乐盒"直接试听和下载。原告认为被告的上述行为使网络用户无须离开被告网站网页即可实现歌曲的试听及下载,已经超出了普通搜索引擎的服务范围。被告把第三方网站的资源变成自己的资源加以控制和利用,属于直接复制并通过网络传播原告享有录音制作者权的涉案歌曲的侵权行为;即使不构成上述侵权行为,被告亦未尽到合理注意义务,构成诱使、参与、帮助他人实施侵权的行为,侵犯了其对涉案歌曲所享有的录音制作者权中的复制权、信息网络传播权以及相应的获得报酬权。国际唱片业协会曾经代表原告与被告就涉案事宜进行过协商,原告也曾于2006年7月4日向被告发出于7日内断开相关链接的通知,但是被告直到7月底仍未删除相关链接。故诉至法院,请求判令被告停止侵权;在雅虎网站、《人民日报》、《北京晚报》、《中国日报》、《中国青年报》上向原告公开赔礼道歉;赔偿原告经济损失及为诉讼支出的律师费、公证费、差旅费等合理费用共计50万元,并承担本案诉讼费用。

"音乐盒"是被告阿里巴巴公司提供的一种歌曲在线试听和下载软件,用户使用"音乐盒"可搜索并试听和下载歌曲,但是,所试听和下载的歌曲均不是来自被告的服务器,"音乐盒"只是播放器程序并在其中提供了歌曲的互联网地址,相应涉案歌曲存储于他方服务器,换言之,"音乐盒"服务事实上是一种可提供"深层链接"服务的音乐播放器。本案发生于2007年,在彼时,有关"深层链接"的认识还很模糊,本案原告的代理人策略化地选择了两个理由并提出两项并列的诉请:一是认为被告提供"音乐盒"服务即构成直接侵犯信息网络传播权;二是认为如果被告不构成直接侵权,则一定构成对侵害信息网络传播权的帮助行为,即构成帮助侵权。可以看出,原告的代理人是比较纠结的,作为原告的代理人,他一定是首先追求能将被告的行为认定为直接侵权的,但是他对当时法院如何理解和把握"深层链接"没有确定的答案,所以他做了"预备役"诉请,即在无法认定直接侵权的情况下,应当认定被告构成帮助侵权。

北京市第二中级人民法院经审理认为,网络传播是以数字化形式复制作品并在互联网上向不特定公众提供作品的行为。在被告的雅虎中文网站音乐搜索网页上,无论通过在搜索框中输入关键词的方式或者通过该网页提供的分类信息的方式对涉案歌曲进行搜索,得到的搜索结果均仅为涉案歌曲不同 URL 地址的链接,且"音乐盒"服务中所存储的亦为涉案歌曲的链接,而非涉案歌曲本身。用户点击相关链接进行试听和下载,是通过将客户端链接到第三方网站,在第三方网站实现的。涉案歌曲能够实现试听和下载的基础是被链接的第三方网站承载了涉案歌曲,通过试听和下载向互联网用户提供歌曲本身的是第三方网站,而非被告网站。

被告网站通过其音乐搜索服务,只是提供了试听和下载过程的便利,相关"音乐盒"服务,亦仅为存储相关网络链接地址提供了便利,并不能推导出其提供了涉案歌曲的内容本身;而且在涉案歌曲的下载页面上也显示了涉案歌曲的来源,不会使网络用户产生涉案歌曲来源于雅虎中文网站的误认。因此,被告的涉案行为不构成复制或者通过网络传播涉案歌曲的行为。原告主张被告经营的雅虎中文网站对涉案歌曲的试听和下载实施了控制,把其他网站的资源作为自己的资源控制和使用,属于复制或者网络传播原告享有录音制作者权的涉案歌曲,依据不足,本院不予支持。

本案中,被告阿里巴巴公司作为搜索引擎服务提供商,设置专门的音乐网页提供"雅虎音乐搜索"服务,通过在搜索框输入关键词等方式提供涉案歌曲的搜索链接;并根据歌手性别、歌曲流行程度等,制作了不同种类的分类信息;被告还提供"音乐盒"服务,为网络用户提供存储相关链接地址的网络空间。原告曾于 2006 年 4 月 10 日和 7 月 4 日分别向被告发函,告知其侵权事实的存在,提供了有关权利人录音制品信息的网址、含有涉案 12 首歌曲的音乐专辑及演唱者的名称,同时提供了《Getaway》等 8 首涉案歌曲的具体 URL 地址各一个作为示例,要求被告删除与涉案专辑有关的所有侵权链接。被告收到上述函件后,即可以获取原告享有录音制作者权的相关信息及被控侵权的相关歌曲的信息,应知其网站音乐搜索服务产生的搜索链接结果含有侵犯原告录音制作者权的内容。但被告仅删除了原告提供了具体 URL 地址的 8 个侵权搜索链接,怠于行使删除与涉案歌曲有关的其他侵权搜索链接的义务,放任涉案侵权结果的发生,其主观上具有过错,属于通过网络帮助他人实施侵权的行为,应当承担相应的侵权责任。被告阿里巴巴公司的涉案行为属于通过网络帮助他人实施侵权的行为，侵犯了原告水星唱片有限公司对涉案歌曲所享有的录音制作者权中的信息网络传播权和获得报酬权，应当承担共同侵权的法律责任。

可看出，审理法院并未受到"音乐盒"表象的迷惑，准确地判定被告仅提供链接服务，不构成直接侵权，而只构成帮助侵权，应承担共同侵权责任。本案涉及的"深层链接"没有与技术措施的破解相结合，是比较清晰的单纯的"深层链接"，只要了解清楚"深层链接"的技术原理，明晰设置"深层链接"的本质，坚持唯物辩证法，排除用户感知标准的干扰，即可得出符合客观事实的答案。

2. 深圳市腾讯计算机系统有限公司与北京易联伟达科技有限公司侵害作品信息网络传播权纠纷案[①]

原告深圳市腾讯计算机系统有限公司（简称腾讯公司）起诉称：腾讯公司依法享有《宫锁连城》的独家信息网络传播权。2014年6月4日，腾讯公司通过公证书固定证据，证明北京易联伟达科技有限公司（简称易联伟达公司）在其经营的"快看影视"手机端，通过信息网络非法向公众提供涉案作品的在线播放。易联伟达公司在快看影视中对大量影视作品进行了编辑分类，至今仍在进行播放，在播放时无显示来源，直接进入播放页面；易联伟达公司在播放涉案作品时无任何前置广告及暂停播放时的广告，未显示乐视网信息技术（北京）股份有限公司（简称乐视网）水印，显示的版本、布局与乐视App不同；乐视网上有明确声明不能盗链。故腾讯公司认为易联伟达公司进行了涉案作品的编辑，具有恶意，易联伟达公司为获取盈利直接设链播放涉案作品，未经任何权利人的同意，侵犯了腾讯公司的合法权利。故诉至法院，请求判令易联伟达公司：（1）立即停止对涉案作品的在线播放服务；（2）赔偿经济损失及合理费用共计50万元。腾讯公司表示其曾将涉案作品非独家授权乐视网使用，但播出范围仅限于在乐视自有平台播放，乐视网不得超出范围传播作品。乐视网在官网上有明确的版权声明，禁止任何第三方对其进行视频盗链，否则依法追究相关法律责任，故易联伟达公司使用涉案作品不可能有任何合法来源，其

---

① 本条目内容来自北京知识产权法院民事判决书（2016）京73民终143号。

实际上对涉案作品的链接内容进行了编辑和处理，破坏了乐视网的技术保护措施，其行为具有主观故意；同时故意引诱用户使用其应用，未支付任何版权、广告、宣传等成本，却提供涉案作品的点播和下载服务，侵犯其所享有的独家信息网络传播权。"乐视网提供其采取禁链措施的截屏，表示其已经采取了禁链措施，并提供乐视网与腾讯公司之间的授权合同书等文件，表示其并未与易联伟达公司就快看影视播放涉案电视剧达成合作关系，易联伟达公司应属盗链行为。"

易联伟达公司表示，公证书显示涉案电视剧是链接自乐视网，但其并未与乐视网签订过合作协议，而是通过技术手段抓取乐视网等视频网站的相关视频，聚合到了快看影视 App 中。乐视网虽然采取了防盗链的措施，但比较简单，该公司知晓如何通过技术手段的设置来破解乐视网的技术措施，通过可绕开禁链设置的网页搜索爬虫，抓取相关视频资源然后设链，机器进行自动匹配，获取来源于各影视网站的视频。该公司只提供链接服务，缓存是为了方便网络用户，由用户决定是否需要缓存，缓存的内容也并不在该公司服务器上，而缓存并非下载。

一审判决[①]认为，本案的关键在于，公证书显示在快看影视 App 中搜索《宫锁连城》一剧时，在快看 App 界面的网址来源一栏显示相关视频的来源是乐视网，而非直接存放于快看影视的服务器，即快看影视 App 扮演的是视频聚合平台的角色。而对视频聚合平台经营者易联伟达公司的相关行为是否构成侵犯著作权的法律判断，需要综合考虑以下因素：

第一，独家信息网络传播权人分销授权的商业逻辑。信息网络传播权不仅表现为权利人对作品在网络上进行传播而提供的抽象性权利，也表现为对作品网络传播的范围、方式、期间等的具体控制，以独占、排他、普通许可等授权方式来实现权利。就影视作品信息网络传播权的商业流转实务而言，独家信息网络传播权人先通过支付巨额授权费用获得著作权人的独家许可，再开展版权运营，而运营收入除自己获得的流量及广告收益外，大部分是通过分销、转授权等方式获得各网站的授权许可费，化整为零地收回前期获取独家授权的成本。而分销一般采用非独家许可的方式，

---

① 北京市海淀区人民法院民事判决书（2015）海民（知）初字第 40920 号。

独家信息网络传播权人与各网站分别签订许可合同，约定限于特定域名范围、特定期间的分销许可事项，依据不同的权限、许可期间约定各网站应支付授权许可费，并经常约定被链网站采取禁链措施防止盗链、未经许可不得转授权等授权条件及违约责任，以保证其对授权作品传播范围的有效控制。因此，如被授权的网站超出授权范围提供、使用作品或未获取授权的第三方网站破坏被链网站采取的技术措施，会使得作品的信息网络传播范围超出权利人所授权限定的平台、途径、方式、期间等限制，减少潜在交易机会和分销收入，导致权利人对作品的传播范围、方式失去控制，进而影响其经济利益的实现。相关网站则会从其所导致的这种权利失控中获取利益，或者减少本应负担的授权费用。这种独家网络传播权分销授权的商业运作逻辑，涉及整个互联网视频行业正常发展的权利基础和竞争秩序的维护问题，应成为法院判断影视聚合平台的相关行为是否构成侵犯著作权时，进行法律逻辑推演的重要考量因素和分析论证前提。

　　对于此项因素及说理，笔者认为其忽视了著作权权利专有性的基本原理，未能把握住专有性权利与专有性权利所对应的特定行为之间的关系，陷入了抛开行为本身而研判侵权行为的错误中，如此则将著作权法的基本原理堆叠为绝对地保护著作权人的商业利益。此认识或理念必然造成的思维方法和解决路径是，只要著作权人的商业利益落空或未能按著作权人的期望实现，则著作权侵权行为必然存在。殊不知，首先，某个利益是否应受到保护，如何才算实质公平，事实上这些问题在大多数情况下均由立场决定，① 以此作为判定侵权的理由或标准，本身就是最大的不公平。其次，著作权法有自身的原理和国际公约下应共同遵循的规则，如将著作权法的适用问题简化为在"朴素公平正义观"的衡量下，主张权利的主体的预期利益是否被"搅局"，预期利益未实现是否公平等问题，则是对著作权法的最大异化和幼稚化，如此，著作权法规则下的适用结果必然变得更加扑朔迷离，著作权法问题必然更将可左可右，待到那时，著作权法的问题，无论是理论中的还是实践中的，都只会以势强者的意见为标准答案。果如此，著作权法也即形骸化了，再对其进行研究的意义恐怕就只是经费

---

① 其实就是俗语"屁股决定脑袋"。

来源的噱头罢了。再次，确定利益是否应保护，以及突破现有法律制度原理和规定，为某类利益谋保障，并非司法者的职责，而是立法者的职权，个案中不应突破法律制度的现有规定，更不应突破法律制度的自有原理。最后，意图以权利人获利目的的落空和市场秩序的破坏之损害结果反推原因，从而论证相应损害结果是何行为造成，事实上也存在逻辑缺陷和逻辑跳跃，损害结果与确定何行为造成损害之间没有必然的一一对应关系，如将损害结果人为地与某损害行为绑定，则恐怕是价值判断架空事实判断的体现。

第二，影视聚合平台经营获利的商业逻辑。"影视聚合平台通过定向链接抓取的技术，将散布于全网或几个主流视频网站上的视频资源通过深度链接的方式，抓取、集合在自己的平台上，按照自己设计的界面、编排方式呈现给用户。这种链接通常并非被动的全网搜索链接服务，而是主动的定向深度链接，其链接一般仅指向经过选择的几个主流视频网站的优质视频资源。用户在聚合平台的客户端进行搜索、点选等操作，就可轻易获得经过选择、整理、编辑的某些视频网站中的视频搜索结果，并在不脱离原网站播放系统的情况下，在客户端实现在线播放或离线下载等功能。虽然有的聚合平台简单显示设链视频的来源网站，有的则不显示，但聚合平台的用户会产生该平台集合收录各视频网站上的电影、电视剧、综艺节目的感觉，认为只要其简单操作，就可'一站式'获得需要的影视作品，从而避免辗转各大视频网站寻找、下载相关视频的麻烦。可见，聚合影视平台的目的通常并不在于提供简单的技术中介服务，而在于通过提供搜索、选择、编辑等附加服务，让用户在其平台上简单操作就可实现'一站式'视频内容获取。其商业逻辑是通过给用户提供'一站式'影视视频搜索和提供服务，产生良好用户体验，增强用户黏性，借以获取更多流量收入、广告收益等经济利益。而影视聚合平台在提供服务过程中的具体方式，可能构成对独家信息网络传播权利人的损害。"

对于此项因素及说理，笔者认为，以设置"深层链接"获利的不正当性为由，论证设置"深层链接"构成信息网络传播，或者规避技术措施行为必然构成信息网络传播，或者规避技术措施后设置"深层链接"构成信息网络传播，皆难以成立，此三者的逻辑谬误与前述第一点相同，不同之处只不过是变换了角度而已,第一点因素及说理是关于权利人的正当利益无法实现,而此项因素及理由是关于权利人的正当利益无法实现,设链者却实现了利益。设链者获利的不正当性与其做出了何行为而获得不正当利益之间没有必然的由此及彼的决定的关系。获利的不正当性由何表象的行为引发,该表象的行为属于什么行为,这些问题均处于不同层面,无法从获利的不正当性直接得出相应行为属于什么行为的结论。而且,对某商业模式或行为不正当性的论证,事实上与道德评价异曲同工,认为获利具有不正当性,相应造成获利的行为即必然属于某种行为的思维方法,事实上是以道德评价取代事实判断的体现。

第三,影视聚合平台是否仅提供单纯链接服务。易联伟达公司辩称,其仅提供了链接服务,而被链内容是经过合法授权的乐视网相关视频,故其帮助传播的行为不构成侵权。在技术飞速发展的背景下,不能将"提供"行为仅限于"上传到网络服务器"一种行为方式,还必须合理认定技术发展所带来的其他"向公众提供作品"的行为方式,科学界定聚合平台提供服务的性质。本案中公证书显示,快看影视 App 不仅提供了深度定向链接,还进行了选择、编排、整理等工作,如制作节目列表、提供节目简介、设置播放界面和观看模式、去除视频来源的权利管理电子信息及被链网站广告、设置专题分类等,其行为已超出了单纯提供搜索、链接服务的范畴,使得用户的搜索选择或在专题中点选的行为与设链网站上具体视频之间形成了深层对应关系,用户得以在该聚合平台上直接实现对涉案作品的观看。快看影视 App 的具体服务提供方式,扩大了作品的域名渠道、可接触用户群体等网络传播范围,分流了相关获得合法授权视频网站的流量和收益,客观上发挥了在聚合平台上向用户"提供"视频内容的作用,产生了实质性替代效果,却未向权利人支付获取分销授权的成本支出。故对易联伟达公司有关仅提供链接服务不构成侵权的辩称不予采信。

对于此项因素及说理,笔者认为,其是实质呈现标准在司法实践中的典型运用,所有"选择、编排、整理等工作,如制作节目列表、提供节目简介、设置播放界面和观看模式、去除视频来源的权利管理电子信息及被链网站广告、设置专题分类等"都仅会造成设链 App 呈现被链内容的表象,其既不会造成信息向公众实际传递,也不会造成信息处于待命被携带和发送的状态，所有这些行为均与是否做出信息网络传播行为无涉。因具体理由在前文已做充分论述，此处不再赘述。

　　第四，影视聚合平台盗链行为的非法性。本案中，易联伟达公司认可对采取了禁链措施的乐视网等网站，会采取技术措施破解其禁链措施以实现链接目的，即其对乐视网上的涉案电视剧进行了盗链。盗链是指虽然被设链网站禁止他人对其网站内作品进行深度链接，但设链网站仍然通过深度链接的方式屏蔽其网站入口、网页广告等，对网站内作品进行深度盗链。前面提到，独家信息网络传播权为更好实现其投资回报，会通过分销方式进行普通许可。为防止网站之间通过合作、转授权等方式架空其权利，剥夺其潜在授权机会和经济利益，权利人常常会与普通许可人明确约定，要求其采取技术措施防止盗链等。而被授权网站基于维护自己权利的考虑，也会采取禁链措施。在合法链接的情况下，如被链网站采取了禁链措施，其他网站是无法通过链接方式在其网站上提供相关影视作品的；而在盗链的情况下，设链网站采取技术手段绕开被链网站的禁链措施，抓取被链网站中的视频资源在自己网站上向用户提供。盗链情况下，尽管相关作品仍存储在经合法授权的被链网站的服务器中，但设链网站却可通过自己的网站域名向不同的用户群体提供。可见，盗链行为实质打破了原网站、权利人对作品播出范围的控制，改变了作品的目标用户群体和传播范围，违背了权利人对作品进行控制的意志，使得被链网站中的作品突破网站自身域名、客户端等限制范围而扩散传播，导致权利人丧失了对作品网络传播渠道、入口的控制力，不合理损害了权利人对作品的合法权益。必须强调的是，盗链并非合法链接，而属于侵权行为。我国《信息网络传播权保护条例》第 4 条规定，为了保护信息网络传播权，权利人可以采取技术措施。任何组织或者个人不得故意避开或者破坏技术措施，不得故意制造、进口或者向公众提供主要用于避开或者破坏技术措施的装置或者部件，不得故意为他人避开或者破坏技术措施提供技术服务……第 18 条规定，违反本条例规定，故意避开或者破坏技术措施的，根据情况承担停止侵害、消除影响、赔礼道歉、赔偿损失等民事责任……一审法院认为，影视聚合平台采取盗链措施绕开被链网站采取的禁链措施，使得用户可在其平台上获取禁链网站上相关影视作品的播放等服务，属于商业使用作品的性质，违反了上述法律规定。

对于此项因素及说理，笔者认为，这里仍然存在对著作权法中传播行为的本质、基本原理，以及相关法律规定所针对的违法情形的混淆。破解或规避技术措施后设置"深层链接"（所谓的"盗链"）的确违反我国著作权法的规定，具有明显的违法性和极大的不正当性，但行为的违法性和不正当性与是什么行为是不同层次的问题，二者也没有相互决定的关系。本案中的故意避开或者破坏技术措施行为本身不是信息网络传播行为，不可能构成侵害信息网络传播权，而所谓的"打破了原网站、权利人对作品播出范围的控制，改变了作品的目标用户群体和传播范围，违背了权利人对作品进行控制的意志，使得被链网站中的作品突破网站自身域名、客户端等限制范围而扩散传播，导致权利人丧失了对作品网络传播渠道、入口的控制力"等论理与"新公众标准"论者所持理由如出一辙，亦不能成立，相应行为仅是扩大了本已处在信息网络传播状态中的作品的传播范围而已。另外需要说明的是，"盗链"一词本身具有极强的误导性，首先，"盗链"一词非常容易令人产生该"深层链接"本身具有破解或规避技术措施的功能，事实上"盗"和"链"是先后实现的各自相对独立的两个步骤，一旦将二者捆绑和混同，则会使讨论的对象失焦、无的放矢；其次，"盗链"一词在现实使用中已被泛化，将未经著作权人许可而对合法传播的作品设置的"深层链接"称作"盗链"的，已屡见不鲜，而事实上，对合法传播的作品设置"深层链接"根本无须征得许可，在针对合法传播的对象的情形下，没有采取规避技术措施手段的，本不存在所谓的"盗链"一说。

结合被告的过错、不属于合理使用等情形，一审法院认定易联伟达公司经营的快看影视 App 并非仅提供链接技术服务，还进行了选择、编辑、整理、专题分类等行为，且主观上存在积极破坏他人技术措施、通过盗链获取不当利益的过错。易联伟达公司的一系列行为相互结合，实现了在其聚合平台上向公众提供涉案作品播放等服务的实质性替代效果，对涉案作品超出授权渠道、范围传播具有一定控制、管理能力，导致独家信息网络传播权人本应获取的授权利益在一定范围内落空，给腾讯公司造成了损害，构成侵权，应承担相应的民事赔偿责任。

二审判决认为，本案的关键是确定信息网络传播行为应适用什么标准。对此，二审法院鲜明地表达了对服务器标准的认同，并详细分析了用户感知标准和实质呈现标准的缺陷。"信息网络传播行为是信息网络传播权所控制的行为，对该行为的认定属于事实认定范畴，服务器标准最为符合信息网络传播行为这一客观事实属性。""服务器标准与信息网络传播行为的性质最为契合。具体而言，著作权法有关信息网络传播权的规定决定了信息网络传播行为必然是一种对作品的传输行为，且该传输行为足以使用户获得该作品。在网络环境下，这一传播行为的对象是作品的数据形式。在信息网络传播过程可能涉及的各种行为中，只有初始上传行为符合上述要求，因此，信息网络传播行为应指向的是初始上传行为。因任何上传行为均需以作品的存储为前提，未被存储的作品不可能在网络中传播，而该存储介质即为服务器标准中所称'服务器'，因此，服务器标准作为信息网络传播行为的认定标准最具合理性。""从信息传播的角度看，在每一个独立的信息传播过程中，必然且仅仅需要存在唯一一个对作品的传输行为，该行为将作品的数据形式置于向公众开放的网络中，正是因为这一行为的存在才使得公众可以最终获得作品，该行为便为初始上传行为。除初始上传行为之外的其他行为虽亦会对作品的传输起到帮助作用（如链接行为提供作品的网络地址，传输服务为作品的传输提供通道等等），但却均非对作品数据形式的直接传输行为。这一情形意味着，初始上传行为是网络传播过程中一切其他行为的基础及根源，如果初始上传行为不存在，则其他行为均将成为无源之水，信息传播过程亦将不复存在。""就本案所涉链接行为而言，链接行为的本质决定了无论是普通链接，还是深层链接行为，其均不涉及对作品任何数据形式的传输，而仅仅提供了某一作品的网络地址。用户是否可以获得作品完全取决于被链接网站，如果被链接网站删除了作品，即使该链接地址仍然存在，网络用户仍不可能获得作品。但反之，如果链接提供者删除了该链接，则只要被链接网站实施了初始上传作品于信息网络的行为，且未删除该作品，则该作品仍然处于公开传播状态，用户仍然可以获得这一作品。这一情形充分说明，任何链接行为本身均不会使用户真正获得作品，无法如初始上传行为一样，满足信息网络传播权定义中有关使用户'获得作品'的要求。"

"当然,实践中亦不排除存储主体与上传主体并不一致的特殊情形。例如,行为人通过技术手段非法获取他人存储在服务器中但并未上传到网络中的内容,并将该存储内容置于互联网中。再如,行为人非法销售他人网盘的账号及密码,从而使得网络用户得以获得他人网盘中未向公众公开的内容。在上述行为中,实施存储行为的人并未将内容上网传播,但传播者通过技术手段非法获得了对该服务器内容的控制能力,并将其置于网络中传播。虽然上述情形中的存储主体与上传主体并不一致,但对该传播行为的认定仍与服务器有关。服务器标准中所称服务器是指'向公众开放'的服务器,而在上述情形下,正是上传者的行为将作品处于向公众开放的状态,因此,上传者实施了服务器标准所指将作品置于'向公众开放'的服务器中的行为,该行为亦属于信息网络传播行为。""判断某一行为是否属于置于信息网络中的行为,则如复制、发行、表演等行为的认定一样,属于事实认定问题。而服务器标准,则是对这一事实的认定标准。"

对于用户感知标准,二审判决指出:"从外在表现形式看,深层链接行为与信息网络传播行为确实难以区分,如认定深层链接行为不属于信息网络传播行为似有不合理之嫌,这亦是长期以来用户感知标准存在的主要原因。尽管如此,本院对用户感知标准作为信息网络传播行为的认定标准仍持否定态度,同时认为,行为的外在表现形式仅对举证责任分配有重要影响。""信息网络传播行为与复制、发行、表演等其他行为一样,是一种客观行为,对该行为的认定属于对客观事实的认定,应具有客观性及确定性。但用户感知标准却难以符合上述要求。该标准强调的'看起来'是,而非'实际上'是谁在实施提供行为,这一特点使得该标准天然缺乏客观性。"不仅如此,该标准以用户的认知为判断依据,但不同用户可能具有不同的网络认知程度,很可能使得即便在案件证据完全相同的情况下,针对同一事实,不同用户亦得出不同结论,由此可见,该标准不仅不具有客观性,亦无法确保客观事实认定的确定性,从而与信息网络传播行为所具有的客观事实的特性并不契合。但与用户感知标准不同,服务器标准强调的是"实际上"是谁在实施提供行为,在证据相同的情况下,不存在因网络用户认知能力的不同而产生不同认定结论的情形,因此,该标准符合著作权权利性质,也更能准确反映事实的客观性及确定性。

对于实质性替代标准,① 二审判决指出,无论是对信息网络传播行为的认定,还是对链接行为以及破坏、避开技术措施的认定,均属于对客观事实的认定,而非对行为合法性的认定。上述行为之间相互独立,无论上诉人是否实施了选择、编排、整理以及破坏技术措施等行为,均不会使得链接行为成为或者不再成为链接行为。一审判决所作上述认定未将各行为进行区分,这一做法使得本案在认定基础上便存在偏差。一审判决有关实质性替代观点的核心在于将获益或损害因素作为判断"深层链接"行为是否构成信息网络传播行为的必要条件。也就是说,被诉行为构成信息网络传播行为的根本原因在于被诉行为使得著作权人利益受到了损害,而链接行为人却因此而获益。可见,一审判决认为损失及获益因素与信息网络传播行为的认定之间具有因果关系。其中,获益或损害是"因",信息网络传播行为是"果"。但本院则认为,这一因果关系的认定有违实际。通常情况下,只可能基于某一行为的发生使行为人获益或他人受损,而绝不可能反过来因为存在获益或受损的情形,从而使得某一行为得以发生。二审撤销了一审判决,驳回了腾讯公司全部诉讼请求。

本案二审判决可谓司法实践领域有关信息网络传播行为认定问题的集大成者,不仅指出了服务器标准的科学性和正确理解服务器标准应把握的要点,而且还全面剖析了用户感知标准、实质呈现标准的谬误,相应判决书逻辑清晰严密,论证深入透彻,令人信服和佩服。

---

① 其实就是实质呈现标准。

第六章 融媒体中侵权传播的著作权法规制

媒体融合背景下侵权传播主要指侵害广播权和信息网络传播权的行为，媒体融合背景下的侵权传播问题既有知识产权侵权的共性，又有其特殊性。共性的问题主要是侵权行为的构成要件、侵权责任的构成要件和归责原则，特殊性的问题主要是帮助传播侵权的认定及规制，网络环境中对作品利用的特殊制度安排。网络中的直接传播行为虽表象单一，但知识产权侵权归责原则的有关理论在逻辑上似不自洽，所以有必要在本章对相应侵权行为的构成要件和侵权责任的归责原则做一探讨。对于帮助传播，唯信息网络传播的帮助行为的形态表现多样，对帮助传播行为的侵权问题进行明晰，有助于相关行业的规范发展。

第一节 传播侵权的构成要件及传播侵权的责任

侵权行为的构成要件与侵权责任的构成要件应是不同的，对民事侵权责任的追究并非要惩罚行为人的主观恶性，而是为了填平受损的利益，所以侵权行为的逻辑起点应当是权益受到损害且没有合法因由，因此在认定侵权行为时，可不用考虑主观上是否具有过错。侵权行为的两个要素，一是利益受损，二是做出行为，均为客观命题。在确定侵权行为的法律责任时，笼统地谈归责原则没有意义，只会让整个归责原则理论体系越发混乱，对于停止侵害责任，根本没必要探讨归责原则，存在侵权行为，当然要停止侵害，而根本无须考量行为人是否有过错，对于赔偿损失责任的适用，才有考虑行为人过错的必要，只有在具有过错的情形下，方可令行为人承担赔偿损失的责任。与直接侵权不同，间接侵权行为以过错作为必备的构成要件之一，互联网中，形态最为多样的间接侵权行为类型是帮助侵权，司法实践中的疑难点也往往出现在判断行为人是否具有主观过错方面。

一、直接的侵权传播行为

司法实践中，直接侵权行为的构成要件较少受到关注，在判决书中的说理部分，有关被告过错的论述往往也一笔带过。行为人是否有过错，以及过错与侵权行为之间的关系并非裁判者关心的内容，或者只要行为人违法损害了他人利益，就会被认定为具有过错。侵权行为的过错要件事实上被虚置了。目前学界较为流行的理论均认为，侵权行为的构成要件中当有过错。然而，这样的构成要件理论与司法实践当中对过错问题的态度、归责原则理论之间并不协调，所以有必要对侵权行为的过错要件进行深入的探讨。

（一）直接传播侵权行为的构成要件

侵权行为是一种客观事实，只要行为人做出的行为客观上侵害到他人的合法权利，使他人利益受损，并且无相应的法律依据，即构成侵权行为，而无需考虑行为人的主观心理状态。刑法中，构成犯罪必然要求行为人具备故意或者过失的主观心理状态，只有具备二者其一，行为人才有罪过，其才具有社会危害性和刑事可罚性，主观心理状态如何，直接决定了行为人是否构成犯罪，即有"罪"才应"罚"。而追究民事责任的目的并非惩罚,而是为了填平损失以及防止损失的发生或扩大。如果从受到侵权行为损害的主体角度看,完全没有必要考虑侵权行为人是否具有过错,以过错作为侵权行为的构成要件,事实上是一种从侵权行为人角度审视和评价行为的结果,没有从损失填平这个目的出发,带有强烈的责罚色彩。损失是否发生是客观事实,造成损失的行为是否发生或存在也是客观事实,侵权行为当属事实行为,所以判定侵权行为是否构成根本无须考虑行为人是否具有过错,据此,直接的侵权传播行为有如下几个构成要件即可:

第一,传播行为具有违法性。根据"以受控行为定义专有权利"原理,未经权利人许可,又无法律依据的情况下,行为人针对权利客体做出专有权利控制的特定行为的,即构成侵权。因此,针对客体做出专有权利所控制的特定行为,要么构成侵权,要么不构成侵权,不存在二者的中间状态,不构成侵权的,或系权利人自身做出,或经权利人授权后所为,或有法律依据,三者符合其一即可排除未经许可针对客体做出相应特定行为的违法性。著作权法中,可排除未经权利人许可而针对客体做出可控特定行为的违法性的法律依据有:合理使用、法定许可、强制许可,在这三种情形下,行为人所实施的行为本应征得著作权人的许可,未经许可即应被认定为侵权,但因这些行为符合促进作品广泛传播以及实现作品公共职能的目的,著作权法排除了相应行为的违法性,① 将这些行为规定为合法行为。

第二,传播行为对著作权人造成客观损害。他人未经许可擅自传播作品,必然会给著作权人造成客观损害,此损害为财产损失。财产损失是指一切财产上的不利变动,既包括财产的积极减少,也包括消极的不增加。未经许可擅自传播他人作品的行为造成的财产损失一般表现为消极的不增加,即未经许可的擅自传播行为使权利人本可获得的收益落空。基于鼓励和奖励创作作品,以繁荣文学艺术,并使公众能够广泛获得的文化产品供给的目的,著作权法赋予作品创作者和特定的传播者权利,并对权利予以保护,侵权行为人未经许可传播作品,会使权利人本可以通过颁发许可而得到的许可费无法获得,此便构成消极的不增加。另外,未经许可擅自传

---

① 参见王迁:《著作权法》,中国人民大学出版社 2015 年版,第 319 页。

播他人作品还会使正常的授权传播机制受到严重影响，未经许可的传播会侵夺合法传播途径的受众，使合法传播者丧失既存或潜在的利益，同时还会对潜在的希望获得许可的对象造成示范效应，即不拿许可也可传播，从而大幅减少权利人的财产收益。

第三，传播行为与损害事实间有因果关系。若行为人未经著作权人许可而传播，导致著作权人财产的消极不增加或积极的减少，即满足行为与损害事实间有因果关系要件。因果关系要件事实上是对损害行为和损害结果二要件的再次验证，表明是特定的损害行为造成相应的损害结果。因果关系的顺序不能倒置，以行为为前提条件，可以推导出结果，但是从结果出发并不能倒推出行为。

（二）传播侵权责任的构成要件及归责原则

"无过错不赔"当为确定无需承担赔偿责任的通常标准，易言之，只有侵权行为人在具有过错时才应当承担赔偿责任，过错当为承担赔偿责任的要件。《法国民法典》第1382条规定：人的任何行为给他人造成损害时，因其过错致该行为发生之人有义务赔偿损害。① 《德国民法典》第823条"损害赔偿义务"规定：（1）故意或有过失地不法侵害他人的生命、身体、健康、自由、所有权或其他权利的人，有义务向他人赔偿因此而发生的损害。（2）违反以保护他人为目的的法律的人，担负同样的义务。依法律的内容，无过错也可能违反法律的，仅在有过错的情形下，才发生赔偿义务。② 可见，赔偿损失责任的承担，以行为人具有过错为前提条件，过错也只是承担赔偿责任的要件。对于停止侵害、排除妨碍、消除危险、恢复原状等责任形式，过错不是构成要件，将过错笼统地作为侵权责任的构成要件存在较大的理论疏漏。③ 停止侵害、排除妨碍、消除危险、恢复原状等责任形式对应的权源类似物上请求权、人身权请求权之类绝对权的请求权，在知识产权领域，相应则可称为知识产权请求权。④ 赔偿损失对应

---

① 参见《法国民法典》，罗结珍译，北京大学出版社2010年版，第354页。
② 参见《德国民法典》，陈卫佐译，法律出版社2015年版，第317页。
③ 参见郑成思：《侵权责任、损害赔偿责任与知识产权保护》，载《环球法律评论》2003年第4期，第461页。
④ 参见孙山：《知识产权侵权行为归责原则的还原与发展》，载《知识产权》2014年第3期，第30-36页。

债权请求权这一相对权请求权，只有行为具有过错，而非因不可抗力或意外事件，将本属于行为人的财产转移至被侵权人始具有正当性。对于物上请求权、人身权请求权、知识产权请求权，只要物权、人身权、知识产权处于被"侵""夺"之状态，物权、人身权、知识产权便天然产生回复圆满状态之"张力"，权利人即可向"侵""夺"之人主张停止侵害、排除妨碍、消除危险、恢复原状等，而无须考量侵权行为人是否具有过错。

笼统地要求侵权责任以过错作为构成要件在实践中会产生无法解决的难题：其一，所有仅主张停止侵害、排除妨碍、消除危险、恢复原状的权利人均需证明侵权行为人具有过错，否则即便不法"侵""夺"之状态客观存在，也无法获得支持；其二，假定无法证明侵权行为人具有过错，则不法"侵""夺"之状态即可永远存在。① 如此，不仅有悖于基本常识，而且徒增权利人的举证负担。因此，侵权责任的构成要件不能一概而论，对于赔偿损失的责任形式，过错当为其构成要件，对于停止侵害、返还财产、消除影响的责任形式，② 则不以过错为其构成要件。此也可进一步反证前述之结论，既然某些侵权责任可不以过错为构成要件，侵权行为更没必要以过错为构成要件。

归责原则，是指在行为人的行为或物件致他人损害的情况下，根据何种标准和原则确定行为人的侵权民事责任。③ 在我国民法中，存在三种归责原则：过错责任原则、无过错责任原则以及公平责任原则。除赔偿损失之外的其他责任形式并不牵涉主观过错之因素，所以归责原则事实上仅针对赔偿损失责任而言，过错责任原则是赔偿损失责任适用的归责原则之常态，无过错责任原则及公平责任原则只有在法律有明确规定时才适用，适用无过错责任原则及公平责任原则时，侵权行为人即便没有过错，也应承担或部分承担赔偿责任。

传播行为的侵权问题甚至整个知识产权法在侵权责任及归责原则上，都没有特殊性。过错并非构成"直接侵权"和承担停止侵权责任的条件，

---

① 比如在侵权诉讼中，原告无法证明被告存在过错，而且被告失联无法取得联系，不能将其行为已构成对原告利益损害之事实告知的情况。

② 在此仅论及与知识产权侵权有关的责任形式，且未探讨赔礼道歉责任形式的构成要件。

③ 参见王利明、杨立新：《侵权行为法》，法律出版社1996年版，第27页。

权利人只需要证明自己是相关作品的权利人,以及被控侵权行为人未经许可实施了受著作权控制的相关行为。如果权利人还要求对方承担赔偿责任,则被控侵权还应具有主观过错。① 一般而言,两个主体几乎不可能各自独立创作出完全相同的作品,创作出非常相似的作品的概率也较低,与专利权和商标权的产生不同,作品无需登记和公示即可自动产生著作权,专利权和商标权的产生均以公示权利客体为条件,所以在侵害专利权和商标权纠纷中,被告具有过错是当然的,权利客体的公示必然意味着未经许可的实施或使用行为人具有明知或应知的主观心理状态,所以未经许可的生产侵权必然引发赔偿责任,权利人无须专门证明侵权行为人的主观过错。侵害著作权的侵权行为的认定和赔偿责任的适用与此不同,著作权的产生不需要登记和公示,且著作权法不禁止不约而同地创作相同或近似作品,所以在认定侵权行为时,要排除两个主体各自独立创作的可能性,在适用赔偿责任时,要确定被控侵权行为人具有过错。

对于改编侵权,主张权利受到侵害的权利人应根据情况,证明被控侵权行为人具有接触作品的可能,若权利人能证明被控侵权人可能接触了作品,即初步证明了被控侵权人具有过错,除非其能反证实际并未接触过作品,被控侵权作品系其独立创作的,对可能接触的证明,就是考察行为人是否存在主观过错的一种方法,出现表达上的相似虽属罕见,但也并非完全不存在,证明有接触被侵权作品的事实,是为了认定这种相似并非创作上的巧合。② 对于复制侵权,权利人无须证明被控侵权行为人具有接触作品的可能,因为在没有接触过权利人的作品的情况下,被控侵权行为人恰巧创作出与权利人作品相同的作品的可能性几乎为零,此时即推定被控侵权行为人接触过权利人的作品,推定其有过错,除非被控侵权行为人能够证明自己没有接触过,完全是凭己之力进行了创作。

在作品利用环节,若作品利用者能够反证发行、出租的对象作品有合法来源,且自己对其发行或出租的对象欠缺合法性要件,没有认知上的过错的,则不承担赔偿责任。我国《著作权法》第 59 条规定:"复制品的出

---

① 王迁:《著作权法》,中国人民大学出版社 2015 年版,第 418 页。
② 参见熊琦:《"接触+实质性相似"是版权侵权认定的"神器"吗?》,载《知识产权报》2017 年 7 月 14 日。

版者、制作者不能证明其出版、制作有合法授权的，复制品的发行者或者视听作品、计算机软件、录音录像制品的复制品的出租者不能证明其发行、出租的复制品有合法来源的，应当承担法律责任。"《最高人民法院关于审理著作权民事纠纷案件适用法律若干问题的解释》第19条对此亦有类似规定："……，发行者、出租者应当对其发行或者出租的复制品有合法来源承担举证责任。举证不能的，依据著作权法第四十六条、第四十七条的相应规定承担法律责任。"此两项规定通常被称为著作权侵权的合法来源抗辩。

（三）infringement 与 tort

在著作权法领域论及侵权行为、侵权责任的构成要件以及归责原则时，可联系一对近义词 infringement 与 tort。infringement 与 tort 均有侵权之意。有学者考证，tort 一词来源于拉丁语 tortus，原义是扭曲和弯曲，它也用于将某人的手臂或腿砍掉的情形，此种含义现在仍然能从德语（jemanden einen Tort antum，Tortur）和法语（aviordu tort，faire du tortous）中找到，以后该词逐渐演化为错误（wrong）的意思。① 在法语中，tortum 和 tort 都来源于拉丁语 delictum，其原义是"过错""罪过"。拉丁语名词 delictum 派生于动词 delinqere（意为偏离正确的道路），意思是一个违法、一个失误或者一个错误。② 郑成思教授认为，infringement 泛指一切民事侵害行为，与之相应的民事责任，应当是我国《民法通则》第134条的全部，再加上"其他"。③ 而 tort 则含有"错误""过失"的意思，其仅仅或主要包含需要负财产损害赔偿责任的侵害行为，只有错误或过失存在，tort 才可能产生。④ 有过错的侵权行为被称作 tort，对于 tort，行为人必然承担赔偿责任。tort 与其他无须承担赔偿责任的侵权行为共同称为 infringement。在英美法系国家的法院中，认定 infringement（侵权），

---

① Andre Tunc，International Encyclopedia of Comparative Law Torts Introduction，J. C. B. Mohr (Paul Siebeck) Tubingen，1974，p. 7. 转引自：王利明：《侵权行为概念之研究》，载《法学家》2003年第3期。

② 参见王利明：《侵权行为概念之研究》，载《法学家》2003年第3期。

③ 对应《民法典》第179条。

④ 参见郑成思：《侵权责任、损害赔偿责任与知识产权保护》，载《环球法律评论》2003年第4期。

从来不需要去找"过错""实际损失"这类"要件",只要有侵权事实即可。英国的《牛津法律大词典》在 infringement 词条中,专门注了一句"这个'侵权'术语,较多地用在侵害专利权、商标权、版权"等知识产权。而美国的《布莱克法律词典》更简洁地直接指出:infringement 尤指侵害知识产权,即侵害了专利、商标、版权的排他权。① tort 似应专指应承担赔偿责任的侵权行为,这种侵权行为的行为人具有过错,谈及 tort 时,即是以赔偿责任和过错为基调的,它就是"故意或有过失地不法侵害"他人权利的行为,而 infringement 的含义更广,包含了 tort,泛指损害他人权利的行为,对应物上请求权、债权请求权。

二、间接的侵权传播行为

互联网领域的间接侵权主要表现为帮助侵权,认定帮助侵权的难点在于对提供帮助的行为人的主观心理状态的辨明,从早期的移植和转化避风港规则、红旗标准等原则性的判定方法,到近些年不断细化的裁判经验的总结,对帮助行为人过错的认定已经形成了一套可操作性较强的评判标准。

（一）间接的侵权传播的表现及构成要件

间接侵权即指没有实施受知识产权"专有权利"控制的行为（没有实施知识产权"直接侵权"）,但故意引诱他人实施"直接侵权",或在明知或应知他人即将或正在实施"直接侵权"时为其提供实质性的帮助,以及特定情况下"直接侵权"的准备和扩大其侵权后果的行为。② 著作权法中间接侵权的类型有：教唆、引诱或帮助他人实施直接的著作权侵权；"直接侵权"的预备行为和扩大侵权后果的行为；许可侵权。③ 间接侵权的构成以过错为必备要件,只有行为人具有过错,才具有被法律否定评价的基

---

① 参见郑成思：《侵权责任、损害赔偿责任与知识产权保护》,载《环球法律评论》2003 年第 4 期。
② 参见王迁、王凌红：《知识产权间接侵权研究》,中国人民大学出版社 2008 年版,第 3 页。
③ 参见王迁、王凌红：《知识产权间接侵权研究》,中国人民大学出版社 2008 年版,第 14 页。

础。有学者指出，所有间接侵权行为均不是权利人专有权利所能直接控制的行为，将教唆、引诱、帮助、预备、扩大侵权后果、无权许可等行为界定为侵权主要是基于两方面的考虑：第一，间接侵权行为促使了直接侵权行为的发生，或者扩大了直接侵权行为的损害后果，具有可罚性；第二，间接侵权的行为表现本身就内含了过错这一主观心理状态，具有可责备性。对于教唆、引诱、帮助而言，如果行为人无过错，则无所谓教唆、引诱、帮助，这些行为的内在构成本身就包含过错，过错要件是其内在规定性使然。预备从事直接侵权行为、扩大直接侵权行为的后果、对他人做出无权许可等行为同样如此。间接侵权行为的构成要件有二：其一，直接侵权行为成立；其二，行为人有过错。直接侵权行为的构成不包含过错要件，只要行为人未经许可做出了专有权利人可控的特定行为，即构成侵权，而间接侵权行为则以过错为构成要件，这样的区别是由其内在规定性造成，并有其内在原理。构成"间接侵权"的各种行为都不在"专有权利"的控制范围之内。法律规定"间接侵权"是出于适当加强知识产权保护的需要。这一立法目标必须与维持社会公众的自由这一基本原则相协调。因此，要将不受"专有权利"控制的行为定为侵犯知识产权的行为，则该行为必须具有可责备性，即行为人具有主观过错。①

　　主观要件方面的区别也会在现实纠纷中带来举证责任上的差异。直接侵权行为的认定无须证明行为人具有过错，权利人只要证明行为人未经许可实施了专有权利控制的特定行为即可；主张行为人构成间接侵权，则应由权利人举证证明行为人具有主观过错。这一因内在原理不同而造成的举证责任上的差异，虽不会给权利人和被控侵权行为人带来实际权利义务关系及法律后果上的区别，但对有效防止制裁间接侵权行为被类专有权利化具有较大的意义。以帮助侵权为例，在实际的针对帮助侵权的诉讼中，原告应当举证证明在诉讼程序启动（被告收到起诉状副本）之前被告即知道或应当知道自己的行为构成帮助侵权，如不能举证证明，则无法获得赔偿。但对于停止帮助侵权（比如断开链接）的诉请，能否证明被告在收到起诉状副本前便知道或应当知道自己的行为构成帮助侵权则对诉请是否成

---

① 参见王迁、王凌红：《知识产权间接侵权研究》，中国人民大学出版社2008年版，第5页。

立并无实质性影响,因为即便被告在收到起诉状之前无过错,在收到起诉状之后便必然对存在帮助侵权之情形已然知道或应当知道。

(二)网络环境中对间接传播侵权过错认定的规则:避风港规则与红旗标准

1. 对避风港规则的理解

在互联网发展初期,是否可将网络服务商的服务行为认定为直接侵权,存在较大争议。在 1993 年判决的 Playboy Enterprises v. George Frena 案中,美国佛罗里达中区联邦地区法院认为:只要能够认定被告接触过原告的作品,同时涉案作品又与原告的作品存在实质性相似,就可以认定被告使用了原告的作品,而无论网络服务商提供的是何种服务。该案中,"接触"和"实质性相似"这两个要件都满足,因此被告 Frena 公司直接侵犯了原告的发行权和展示权,① 虽然 Frena 公司提供的只是电子公告板(bulletin board system,BBS)② 服务。按照该判决的逻辑,认定侵权时无须区分网络服务的形式,无论是直接提供内容,还是只对信息网络传播提供帮助和便利,只要用户上传了侵权内容,链接指向侵权内容,即要让网络服务商承担侵权责任。此规则一旦确立,便事实上宣告了提供存储空间、信息定位等信息网络服务产业的"死刑",因为这种服务的法律风险成本太高,根本难以维持。在另一起版权法史上具有重要影响力的案件 Religious Technology Center v. Netcom Online Communication Services 案中,法院认定被告 Netcom 公司经营的 BBS 只是被第三方用于制作复制件,被告没有直接侵犯复制权、发行权和展示权,同时 BBS 经营者是否在收到通知后删除侵权内容与直接侵权无关,只与帮助侵权有关,因为只有帮助侵权的构成要件是知晓侵权,也即具有主观过错。③ 该案后来对美国 1998 年 DMCA 的诞生起到了积极的促进作用,DMCA 创立了避风港规则,明确了网络服务提供者在满足特定条件下不承担赔偿责任的"免责"条件,明

---

① See Playboy Enterprises v. George Frena, 839 F. Supp. 1552, at 1554(M. D. Fla. 1993),转引自:王迁:《网络环境中的著作权保护研究》,法律出版社 2011 年版,第 210 页。

② 即大家所说的网络论坛。

③ See Religious Technology Center v. Netcom Online Communication Services, 907 F. Supp. 1361, at 1371-1372(N. D. Ca. 1995),转引自:王迁:《网络环境中的著作权保护研究》,法律出版社 2011 年版,第 215 页。

确排除了不加区分地追究网络服务提供者直接侵权责任的可能。回看该规则，我们如今可能认为如此安排乃理所当然，但是，在互联网流行初期，对网络这一新鲜事物的陌生，以及整个社会版权强保护意识的大背景下，对相应问题踟躇、犹豫是自然而然的反应，确立该规则是一种创举，它为互联网产业的飞速发展扫清了重大制度障碍。

包括我国在内的许多国家仿照 DMCA 制定了各自具体的法律规则，用以明确网络服务提供者在何种情形下不承担责任。我国《信息网络传播权保护条例》的第 20 至 23 条是在移植 DMCA 避风港规则基础上的进一步本土化改造的成果。对于相应条款的解读以及与 DMCA 避风港规则间的关系，有学者已经做了全面深入的分析和论证，[1] 在此不做赘述。需要强调的是，按照通常理解，只有在行为构成侵权时，才存在"免责"之需求和可能，若行为本身不构成侵权，则无从谈及"免责"，此为大陆法系国家通行的"免责"逻辑。如果网络服务提供者的行为皆满足《信息网络传播权保护条例》中所规定的避风港规则的相应条件，则网络服务提供者根本不构成侵权，也就谈不上"免责"。梳理《信息网络传播权保护条例》的避风港规则可以发现，我国法律规定中避风港规则可以看作对网络服务提供者的行为指引，只要其满足《信息网络传播权保护条例》规定的条件，则必然不会构成侵权，进而必然不会承担赔偿责任，假如未能全部满足，也不必然承担赔偿责任，未满足的具体条件不同，相应法律后果也不同。

DMCA 的"避风港"是名副其实的，其存在的前提是美国法院的普遍逻辑：从事网络服务的服务商是否应承担直接侵权责任这一问题难以定论，DMCA 的避风港规则可明确地排除网络服务提供者因提供帮助传播服务而一概被认定为侵权的可能。与此不同，我国的立法、司法实践均一致沿袭大陆法系国家的做法，将过错作为帮助、教唆的共同侵权的构成要件，所以在我国将相应规则称为"避风港"名不副实。我国的"避风港"规则事实上是判断"风浪"是否形成（是否构成侵权）的标准，而非在产生"风浪"后，可以进行躲避的"港湾"（免责）。

---

[1] 参见王迁：《网络环境中的著作权保护研究》，法律出版社 2011 年版，第 208-296 页。

2. 避风港规则中的"通知—删除"规则

针对信息存储空间服务和信息定位服务,《信息网络传播权保护条例》借鉴 DMCA,也规定了"通知—删除"规则。对于信息存储空间服务提供者,在接到权利人的通知书后,删除权利人认为侵权的作品、表演、录音录像制品,且满足其他条件时,不承担赔偿责任。对于信息定位服务提供者,《信息网络传播权保护条例》规定在接到权利人的通知书后,根据《信息网络传播权保护条例》规定断开与侵权的作品、表演、录音录像制品的链接的,不承担赔偿责任。在收到通知后,删除涉嫌侵权的内容是信息存储空间服务提供者和信息定位服务提供者不承担帮助侵权赔偿责任的必要不充分条件。无论是信息存储空间服务,还是信息定位服务,"通知—删除"规则均要受限于"不知道也没有合理的理由应当知道"其帮助传播的对象构成侵权这一规定,换言之,假如这两种服务提供者知道或应当知道其帮助传播的对象构成侵权,那么即便进行了"通知—删除"操作,仍不能免于承担赔偿责任。现实中,很多网络服务提供者认为,只要在收到通知后对侵权内容或指向侵权内容的链接及时进行了删除,就必然不承担赔偿责任,甚至有的帮助传播者还怪罪权利人没有向其发"通知",而直接选择了诉讼,这显然是对"通知—删除"规则的误解。

笔者认为,"通知—删除"规则最主要的作用在于强化过错责任原则的适用效果:在权利人发出"通知"后,存储空间服务提供者和信息定位服务提供者从原先的不知或不应知帮助传播的内容构成侵权的状态,或是否明知或应知的相应情况不明的状态,转变为"已知"的状态,此时服务提供者对帮助侵权便确定地从主观无过错或过错不明转变为主观有过错,若仍不删除侵权内容则应承担侵权赔偿责任。另外对权利人而言,"通知—删除"规则是防止作品的侵权传播范围被进一步扩大的有效手段。在权利人发出"通知"后,服务提供者为了避免诉累,通常都会立刻删除侵权内容或断开链接。因此,"通知—删除"规则既是进一步判明帮助传播者主观状态的标尺,又是减小权利人损失的有效手段,还是自力维权、减轻诉累的重要途径,对互联网领域纠纷的解决有着非常重要的作用。

3. 红旗标准的具体体现

所谓红旗标准是指:如果有关他人实施侵权行为的事实和情况已经像

一面红旗在网络服务商面前公然地飘扬，以至于网络服务商能够明显发现他人侵权行为的存在，则可以认定网络服务商"知晓"。[1] 红旗标准这一提法源自美国参议院关于 DMCA 的报告：当网络服务提供者意识到了从被传播内容中能够明显发现侵权行为的"红旗"之后，如果不采取措施，就会丧失享受责任限制的资格。[2] 我国法律中与红旗标准相对应的是对"明知"和"应知"，以及"知道"和"没有合理的理由应当知道"的相关规定。"明知"或"知道"是客观状态，以相应证据对该事实予以证明即可，而"应知"或"没有合理的理由应当知道"则是主观推断的结果，那么在判定该问题时，首先得设定一个主观推断的认知水平标准，即以何人的认知水平进行推断，并以这个假想的理性人的注意力程度对其服务对象的行为进行判断，以得出网络服务提供者是否应当知道其服务对象构成侵权的结论。

有学者进一步将红旗标准具体区分为实际知悉（actual knowledge）和意识（awareness）两种情形，并结合国外学者对美国参议院 DMCA 报告的解读，将对"意识到"的判断进一步归纳为"红旗测试"，并提出了测试方法：第一步是判断网络服务提供商主观上是否意识到存在侵权内容或者活动，如网络服务提供商提供信息存储空间服务时对用户上传的内容进行了整理、在提供信息定位工具时列出了链接的目录或者榜单等，都可以判定其主观上对侵权的事实或者活动有所了解，但不确定这是不是明显的侵权活动；第二步是从客观上判断这一侵权事实或者活动是否像红旗一样明显，以至于网络服务提供商必须立即删除内容或者断开链接。[3] 对"应知"的判断应从网络服务提供者的服务内容、方式以及服务对象所传播的具体内容两方面做精细化的综合判断。

---

[1] Melvile B. Nimmer & David Nimmer, Nimmer on Copyright, Matthew Bender & Company, Inc, Chapter 12B. 04 [A] [1] (2003). 转引自：王迁：《论"信息定位服务提供者"间接侵权的认定》，载《知识产权》2006 年第 1 期，第 16 页。

[2] Senate Report on the Digitial Millenium Copyright Act of 1998, Report 105 – 190.105th Congress, 2d Session, p.44. 转引自：王迁：《网络环境中的著作权保护研究》，法律出版社 2011 年版，第 319 页。

[3] 参见江波、张金平：《网络服务提供商的知道标准判断问题研究——重新认识"红旗标准"》，载《法律适用》2009 年第 12 期，第 53、54 页。

红旗标准与避风港规则可以看作一枚硬币的两面，二者的核心目的都在于探明网络服务提供者对服务对象所从事的帮助行为的主观心理状态。在按照避风港规则的指引约束自己的行为时，必然不会出现"红旗"，而如果网络服务提供者避免了"红旗"的出现，则间接侵权的风暴也必然不会刮起。

4. 我国现行法律制度中对互联网中间接侵权过错认定的具体规则

过错不仅是间接侵权的成立要件，也是侵权人承担赔偿责任的前提条件，所以在司法实践中，对间接传播行为人的主观状态的认定必然成为纠纷处理的重点和难点。我国现行法律制度对网络环境中帮助侵权行为人过错的认定规定得较为原则。2013年开始施行的《最高人民法院关于审理侵害信息网络传播权民事纠纷案件适用法律若干问题的规定》在总结长期的司法实践的基础上，对现实中常见的教唆、引诱、帮助侵权的表现形式做了梳理：其一，以言语、推介技术支持、奖励积分等方式诱导、鼓励；其二，对热播影视作品等以设置榜单、目录、索引、描述性段落、内容简介等方式进行推荐，且公众可以在其网页上直接以下载、浏览或者其他方式获得的；其三，将热播影视作品等置于首页或者其他主要页面等能够为网络服务提供者明显感知的位置的；其四，对热播影视作品等的主题、内容主动进行选择、编辑、整理、推荐，或者为其设立专门的排行榜的。① 在这些具体表现形式中，有三种仅针对影视作品，然而在现实中通过信息网络传播的作品不仅限于影视作品，并且网络服务的新的商业模式层出不穷，不同的新商业模式所表现出的帮助、劝诱的具体形式也必然不同，通过立法的方式很难及时对复杂的、变化多端的、层出不穷的间接传播侵权做出迅速的反应，问题的解决仍要由法官以避风港规则和红旗标准为基本依据，依靠行为的客观表现和自由心证对网络服务提供者的主观心理状态做出认定。

值得一提的是，我国部分省级法院总结自身审判经验，在充分论证的基础上对网络服务提供者的过错评判标准做了更为细致的归纳，这些审判

---

① 参见《最高人民法院关于审理侵害信息网络传播权民事纠纷案件适用法律若干问题的规定》第7、10、12条等。

指引更具有针对性，操作性更强，对正确认定纠纷中网络服务提供者的过错具有一定的积极意义。比如，《北京市高级人民法院审理涉及网络环境下著作权纠纷案件若干问题的指导意见（一）（试行）》《山东省高级人民法院关于审理网络著作权侵权纠纷案件的指导意见（试行）》《浙江省高级人民法院民事审判第三庭关于审理网络著作权侵权纠纷案件的若干解答意见》《湖南省高级人民法院关于审理涉及网络的著作权侵权案件若干问题的指导意见》均不同程度地详细列举了提供信息存储空间服务的网络服务提供者应被认定为应当知道也能够知道被诉作品、表演、录音录像制品侵权的情形，以及提供搜索、链接、P2P（点对点）等服务的网络服务提供者应被认定为具有过错的情形。[①] 这些指导意见或解答意见虽不具有法律效力，但因制定程序相对简单，可以对层出不穷的互联网商业模式做出快速反应，为相应案件的审判提供及时的指引，这种做法应继续探索和坚持。

第二节 "南辕北辙"：默示许可理论解决网络许可的难题

按照著作权法的基本原理，对已上传于网络的作品进行再传播的行为应征得著作权人的许可，否则便构成信息网络传播权的侵权。网络信息量的巨大、利用的频繁，以及较高的沟通成本造成了现实中大量的再传播很难寻求获得许可。很多学者主张适用默示许可理论解决这一问题，视自愿上传其作品于网络为同时以默示的方式许可他人在互联网进行再传播，视未声明拒绝被搜索引擎通过快照方式或缩略图方式提供为以默示的方式做

---

① 参见《北京市高级人民法院审理涉及网络环境下著作权纠纷案件若干问题的指导意见（一）（试行）》第19、20条；《山东省高级人民法院关于审理网络著作权侵权纠纷案件的指导意见（试行）》第37～40条；《浙江省高级人民法院民事审判第三庭关于审理网络著作权侵权纠纷案件的若干解答意见》第27、28、29条；《湖南省高级人民法院关于审理涉及网络的著作权侵权案件若干问题的指导意见》第18条。

出了许可。然而,用默示许可理论解决互联网环境下的海量授权及搜索引擎快照和缩略图等服务授权等问题有着诸多难以解决的理论弊端,其与著作权法的基本原理存在严重冲突。

一、运用默示许可理论的缘起和依据

默示许可理论源自民法理论中的默示意思表示。有学者认为,标志着默示许可已经可以脱离合同背景而独立运用于解决版权侵权问题的标志性事件为 Effects Associates Inc. v. Cohen 案,该案被视为美国版权法中最早的关于默示许可的判例。在该案中,原告是一个恐怖电影特效镜头的创作者,指控被告电影制片人侵犯其版权,而电影制片人主张自己没有侵权,理由是得到了原告的默示许可。法院最后支持了被告的主张,认为原告虽然没有明示许可给被告电影制作人使用他创作的电影特效镜头,但是原告在合作的过程中已经默示地许可了电影制作人这一权利,因为如果原告不许可给被告的话,一旦电影投入发行,被告就会侵犯原告的版权,而这是原告所明知的。如果原告没有授权给被告的话,那么两者之间的这场合作就将毫无价值。这一判决为上诉法院所确认,成为美国版权法中最早的关于默示许可的判例。[①] 默示许可理论为我国版权界重视、论证和援引始自 Blake A. Field v. Google 案,在该案中内华达联邦地区法院法官认为,在现在的互联网技术和规则下,若某网站不愿其网页文件被搜索引擎收录并向用户提供,则完全可以依据 Robots 协议在其网站中加入 robots.txt 文件,表明不愿被搜索的意思,以避免被搜索和提供。若网站没有如此安排,则可视其同意被搜索引擎抓取其网页文件并向用户提供。[②] 默示许可理论被应用于我国著作权司法实践的典型是北大方正诉宝洁案,法院认为如果购买者基于购买行为而对该知识产权客体的特定的权利行使方式产生合理期待,如不实施这一合理期待的行为,将会导致这一购买行为对于购买者不具有任何价值或不具有实质价值,则此种情况下,对该载体的购买

[①] 参见张今、陈倩婷:《论著作权默示许可使用的立法实践》,载《法学杂志》2012 年第 2 期。

[②] See Blake A. Field v. Google, 412 F. Supp. 2d 1106, at 1116 (D. Nev. 2006).

行为即可视为购买者同时取得了以合理期待的方式行使该知识产权的默示许可，购买者不需在购买行为之外另行获得许可。① 还有学者认为，我国著作权立法中已经有关于默示许可的具体规定。比如我国《信息网络传播权保护条例》第 9 条规定，著作权人没有提异议的，即视为对以扶贫为目的的通过信息网络传播其作品的默示许可。②

二、对默示许可理论的典型误读

被视为"默示许可被引入版权法"的标志的 Effects Associates Inc. v. Cohen 案恰恰是合同纠纷，本案的原告、被告为合作关系，虽然双方在协议中并没有表明原告许可被告使用被告创作的特效镜头，但从合同目的解释的角度，该意思已经包含在双方的协议中，否则便不能实现被告的交易目的。我国法律中有类似的明文规定：委托人与受托人在委托创作合同中没有约定著作权归属的，委托作品的著作权归受托人，委托人在约定的使用范围内享有使用作品的权利；双方没有约定使用作品范围的，委托人可以在委托创作的特定目的范围内免费使用该作品。③ 所谓的默示许可理论在 Effects Associates Inc. v. Cohen 案中的应用完全可以被看作对合同当事人真实意思的解释。

而 Blake A. Field v. Google 案中法院的逻辑是难以成立的。首先，网站没有加入指令，并不代表其同意自己的网页文件被抓取和提供。这如同房间里的画作旁虽未标示不许拍照，但并不代表可任由他人拍摄一样。其次，即便网站没有加入指令可以被解读为不拒绝被抓取及提供网页文件，但仅有网站的意思，并不能使抓取和提供行为合法，网页文件所包含的作品作者许可此网站通过信息网络传播，并不意味着许可彼网站通过信息网

---

① 参见北京市第一中级人民法院民事判决书（2011）一中民终字第 5969 号。
② 参见郭威：《版权默示许可制度研究》，中国法制出版社 2014 年版，第 139 页；梅术文：《信息网络传播权默示许可制度的不足与完善》，载《法学》2009 年第 6 期；李明德：《〈信息网络传播权保护条例〉评析》，载《中国版权》2007 年第 3 期；张今、陈倩婷：《论著作权默示许可使用的立法实践》，载《法学杂志》2012 年第 2 期。
③ 参见《著作权法》第 17 条和《最高人民法院关于审理著作权民事纠纷案件适用法律若干问题的解释》第 12 条。

络传播。法院将未加入指令认定为许可不特定的人对网站文件进行复制传播恐无充分的依据。

在北大方正诉宝洁案中，虽然二审法院在判决书说理部分明确提出了"默示许可"，但本案双方当事人的基础关系乃合同关系，买受人如何利用自己购买的合同标的物，有约定的从约定，没有约定的从交易习惯，没有交易习惯或者其他法律规定的，法院可以运用多种解释方法确定合同双方真实的意思表示。此处的"默示许可"仍处在合同这一基础关系中，它是对一方当事人真实意思的解释和描述。北大方正诉宝洁案并未脱离合同关系基础，所以不能视为对著作权法定的突破。

三、我国现有著作权立法中并无默示许可的立法例

首先，对是否属于默示许可有关立法的讨论应排除被法律直接规定或变相规定为许可的情形。若将现行法律规定的法定许可解读为默示许可理论的体现则不仅无实际的制度创新意义，而且还会造成理论体系的混乱。

其次，被广泛认为是默示许可理论在我国著作权法中的体现的典型——《信息网络传播权保护条例》第9条事实上是一种变相的法定许可。该条规定："为扶助贫困，通过信息网络向农村地区的公众免费提供中国公民、法人或者其他组织已经发表的种植养殖、防病治病、防灾减灾等与扶助贫困有关的作品和适应基本文化需求的作品，网络服务提供者应当在提供前公告拟提供的作品及其作者、拟支付报酬的标准。……自公告之日起满30日，著作权人没有异议的，网络服务提供者可以提供其作品……"许可的逻辑是，使用者向特定权利人提出希望获得许可的意思，由权利人向特定使用者做出同意或拒绝的明确意思表示，意思表示的方式既可是明示的，也可是默示的。而《信息网络传播权保护条例》第9条规定，网络服务提供者并不向特定的权利人专门地提出希望获得许可的意思，甚至不向某权利人定向地发出通知，仅以公告的形式表明其拟提供的作品及其作者、拟支付报酬的标准等信息的情形下，权利人很有可能根本就没有看到相应公告，如此也就根本无法对网络服务提供者的提供行为心生意思，进而也就谈不上许可，更谈不上许可的形式是明示还是默示，这完全不符合

许可的逻辑。

我国《立法法》第 11 条规定民事基本制度只能制定法律，而我国现行著作权法并未针对网络服务提供者规定相应的法定许可类型，所以不能在《信息网络传播权保护条例》中直接按照法定许可的一般模式对网络服务提供者规定法定许可，否则便有越级立法之嫌。在现行的著作权法框架下，既要实现方便借助网络和数字技术向农村地区传播文化，促进农村经济、文化发展的目的，① 又不能突破著作权法法定许可的现有框架，就只能采用变通的方式。我国《民事诉讼法》规定法院可以采用公告送达的方式向当事人告知诉讼的主要信息，公告送达与《信息网络传播权保护条例》第 9 条的公告原理非常类似。但从实际效果看，通过公告使目标主体实际知悉公告内容的比例是非常小的，据统计，通过公告送达使受送达人得知公告的内容并在有效期间内参加案件审理的比率不足 10%。② 而社会公众对某个扶贫网站的关注度显然不会高，绝大多数情况下著作权人并不会知晓扶贫网站拟使用其作品，所以可以预见通过扶贫网站向著作权人公告拟使用作品的信息这一方式的实际效果。网络服务提供者发布公告，著作权人须在规定的时间内提异议，否则即可提供作品，这种制度设计从实际效果上限制了著作权的行使，产生了法定许可的效果，所以《信息网络传播权保护条例》第 9 条是一种变形的法定许可，或者是一种"事实上的法定许可"。其是在法定许可的原理和目的下，对基于扶助贫困这一公益目的而利用作品所给予的特殊倾斜和照顾，是在充分考虑我国国情的情况下所做的大胆变通。③

最后，如将已由法律规定的不为某种行为必然会产生相应法律结果这种情形界定为默示许可，则有明确法律结果的法律规定均可被称作默示许

---

① 参见张建华主编：《信息网络传播权保护条例释义》，中国法制出版社 2006 年版，第 39 页。

② 参见廖永安、胡军辉：《试论我国民事公告送达制度的改革与完善》，载《太平洋学报》2007 年第 11 期。

③ 时任国务院法制办教科文卫司教育科技处处长的金武卫通知在其参编的《信息网络传播权保护条例释义》一书中也指出："在条例草案报请国务院审议的时候，对条例的说明把这种制度归为条例设定的法定许可制度。""本条规定的制度不同于传统的法定许可制度，而是为方便向农村提供作品设定的特别的法定许可制度，可以说是著作权制度上的一种创新。"（张建华主编：《信息网络传播权保护条例释义》，中国法制出版社 2006 年版，第 40－41 页）

可的法律依据。比如，有学者认为发行权一次用尽制度的理论基础也是默示许可理论，版权人出让作品是为了获得作品价值的对价，而受让人获得作品的目的即是合理、充分地享有作品的价值，那么受让人自然在取得作品的同时从版权人那里获得了合理使用作品的默示许可。① 这种观点是值得商榷的，不允许著作权人控制售出的作品载体是因为不能允许著作权人利用著作权干涉买受人对所有权的行使，买受人自由行使所有权是物权法规定的基本权利，容不得以默示或明示的方式许可或者不许可。如认为发行权用尽制度是默示许可的体现的话，那若权利人明示不允许买受人转售，则应产生买受人不能转售的结果，这显然是不能成立的。默示许可隐含的逻辑是，应当允许权利人通过明示的方式不许可，若法律不允许权利人通过明示的方式不许可，则对应的根本谈不上"默示许可"。

四、默示许可理论与著作权法原理并不融洽

默示许可理论事实上只是一种合同的解释方法，或者称为对解释方法及解释结果的一种描述，它仍属于合同法律制度的范畴，是现有合同法理论及知识体系的一部分，其应遵从民法中意思表示的基本理论。民法基本理论认为，对权利的处分必须应有意思表示作为依据，而意思表示绝大多数情况下须为明示。默示的方式也可做出意思表示，但默示所包含的意思，他人不能直接把握，要通过推理才能理解。因此，默示形式只有在有法律规定或交易习惯允许时才被使用。例如租赁合同届满，承租人继续交付租金并为出租人接受，便可推知其表示要延展租赁期间。与默示意思表示不同，应予以区别的是沉默。沉默，是指单纯的不作为，即当事人既未明示其意思，也不能借他项事实，推知其意思。沉默原则上不具有意思表示的价值，其例外得作为意思表示的情形有二：（1）当事人约定，以沉默作为意思表示的方法；（2）法律于特定情形中对于沉默，拟制其为意思表示，或为不同意，或为同意。② 比如，我国《民法典》第 145 条第 2 款规

---

① 参见郭威：《默示许可在版权法中的演进与趋势》，载《东方法学》2012 年第 3 期，第 79、80 页。
② 参见王泽鉴：《民法概要》，中国政法大学出版社 2003 年版，第 105 页。

定，与限制民事行为能力人签订合同的相对人可以催告法定代理人自收到通知之日起 30 日内予以追认。法定代理人未做表示的，视为拒绝追认。《民法典》第 1124 条第 2 款规定，受遗赠人应当在知道受遗赠后 60 日内，做出接受或者放弃受遗赠的表示；到期没有表示的，视为放弃受遗赠。

著作权是专有性权利，具有绝对性、对世性的鲜明特点，行使他人著作权的条件中，许可是核心。只有在法律明确规定或当事人有约定的情况下，才可限制许可这一权能，否则专有性权利将丧失存在和受保护的基础。若在个案中对许可权能进行缩限，则需以权利人明确的意思表示为依据，若将权利人的某不作为认定为对不特定人的许可，将极大地减损专有性权利的权能，破坏著作权法的理论体系。我国作为大陆法系国家，整个法律制度建立在逻辑体系严密的法学理论之上，恐不能完全照搬英美法系国家实用主义指导下产生的个案处理方法。

目前主张著作权法应引入默示许可理论的主要原因是认为其可解决诸如以复制为基础的转发、转载和搜索引擎快照、缩略图服务的授权与侵权困境等网络环境下的著作权新问题。虽然现行法律制度难以解决这些新问题，且从实际效果讲，默示许可理论的引入可消除这些新问题，但这是以阉割著作权权能为前提的，网络环境并没有产生可进行如此理论创新的正当性的土壤。著作权法引入默示许可弊大于利，解决网络环境中的海量授权及搜索引擎的快照、缩略图服务、搜索＋提供"深层链接"等新问题恐怕还需借助"自愿法定许可"理论或另辟蹊径。

第三节　融媒体中信息聚合服务的法律规制

如前所述，移动互联网的发展势头早已盖过个人计算机（personal computer，PC），互联网生态正发生着深刻的变化，人们的上网习惯已逐渐从依靠搜索引擎网站进行关键词检索进而浏览信息，转变为依靠手机应用直接获得内容。社交类、聚合类以及二者相结合的手机应用大行其道，发展迅猛，大有一骑绝尘之势，社交类手机应用的核心功能是向用户提供存储空间，用户依靠它发布内容，实现社交功能。聚合类手机应用依靠数据和算法，分析测算用户的喜好，对用户"画像"，运用搜索技术和"深层链接"，向用户集中提供相应信息的获取渠道，并在应用界面集中显示，无论是提供存储空间，还是搜索引擎或"深层链接"，都是典型的帮助传播，在当下及可以预见的很长一段时间里，聚合类应用所聚合的内容，以及社交类应用用户发布的内容，仍将有很大比例是未经著作权人许可擅自在互联网上传播的侵权内容。这种侵权数量巨大且行为人所处分散，根本不可能通过对实施直接传播的行为人或用户主张权利、追究责任，唯有抓住帮助传播者这个关键，以规制帮助传播为出发点，才可能使互联网环境中的著作权保护真正实现。

一、对单纯的设置"深层链接"的规制

对侵权传播的作品设置的"深层链接"，以及规避技术措施的"深层链接"，的确会造成权利人经济利益的损害，导致相关主体利益失衡。许多学者在其有关"深层链接"的著述里都对此有着详细的描述，在此不再赘言。既然利益损害和利益失衡客观存在，那么对这类"深层链接"进行规制自然具有正当性，但在着手规制前，必须注意区分"深层链接"的具体情况，避免将所有"深层链接"都贴上"不正当"的标签，全面予以"绞杀"，对于帮助侵权以及规避技术措施的不正当的"深层链接"也要选择与法理相合的措施进行规制。

（一）不应由权利人控制"深层链接"行为

"深层链接"行为不构成直接传播，设置"深层链接"不属于信息网络传播权的控制范围，将"深层链接"行为界定为直接传播既无事实基础，也无法律依据。此外，也不应将设置"深层链接"的行为硬性规定为信息网络传播，帮助合法传播的内容扩大传播范围本就是互联网互联互通、信息共享特性的体现，若将设置"深层链接"规定为直接的信息网路传播，则意味着所有设置"深层链接"的行为都要征得著作权人的许可，否则就构成侵权，这必然造成互联网信息共享特性的弱化。一旦将设置"深层链接"规定为直接的信息网路传播，不仅"未经许可"的"聚合"

服务，而且几乎所有基于"深层链接"的行为和商业模式都将被认定为侵害信息网络传播权，① 这无异于宣告了所有以"深层链接"为基本工作方式的网络服务或软件的"死刑"。事实上，微博、QQ 空间、微信朋友圈等的"一键转发"或"分享"功能均是通过设置"深层链接"实现的，② 如果将"深层链接"规定为直接的信息网络传播，那么所有的未经许可的转发即构成侵权，微博、QQ 空间、微信朋友圈等的"一键转发"或"分享"功能也就没有存在的法律空间了。③ 将设置"深层链接"的行为规定为信息网络传播行为并不符合互联网产业各方的长远利益，也会给著作权法理论体系带来隐患。

（二）对侵权传播的作品设置"深层链接"的规制

对侵权传播的作品设置"深层链接"，会扩大侵权传播的范围，加重对权利人的损害，有过错的设链行为构成间接侵权，行为人应承担删除链接、赔偿损失的民事责任。在相关的民事诉讼中，判明被告的行为构成直接侵权还是间接侵权通常比较困难，由设链者承担举证责任是个案追求实体正义的有益思路。至于能否对构成帮助侵权的"深层链接"以侵犯著作权罪予以刑事处罚，仍需深入研究。

1. 加重设链者的举证责任

要判定帮助侵权成立并令侵权行为人承担侵权责任，即要证明被帮助的行为构成直接侵权，且实施帮助的行为人具有过错，在侵害信息网络传播权纠纷的司法实践中，通常较难查明直接侵权行为人的主体身份及权利状态，对帮助者过错的认定也较为复杂和困难，因此许多被告便以其仅设置了"深层链接"，只是帮助传播进行抗辩，以避免承担赔偿责任。因"深层链接"造成的表象与直接传播非常相似，所以很难从对网页界面的观察得出网站的行为是直接传播还是帮助传播的结论。如果被告的网页界面上没有标注侵权内容的来源信息以及 URL 地址，或虽标注但经验证无

---

① 参见王迁：《论提供"深层链接"行为的法律定性及其规制》，载《法学》2016 年第 10 期。

② 这个结论笔者曾向业内人士求证，而且当被转发的内容被发布者删除后，转发界面便不再显示被转发的内容，这一现象也充分说明"一键转发""分享"等功能事实上就是设置了"深层链接"。

③ 也有观点认为，对微博等社交软件中的转发可适用"默示许可"，以排除未经许可设置"深层链接"行为的违法性，而如此认识和策略恐为错上加错。

法通过标注的 URL 地址访问相应内容，便无法排除被告直接提供了相应侵权内容的可能，① 此时便可推定被告对侵权内容实施了直接传播行为，被告若要推翻该推定，即要证明其仅对侵权内容设置了链接。

将举证责任合理分配，并通过司法解释的形式固定下来，可给个案审判提供明确的法律依据，可通过举证责任的安排彰显个案的实质正义。《最高人民法院关于审理侵害信息网络传播权民事纠纷案件适用法律若干问题的规定》第 6 条即做了相应规定。② 在侵害信息网络传播权纠纷的诉讼中，网络服务提供者应证明自己仅提供网络服务，并且对帮助传播无过错，否则即应被认定为侵权，相应证明被控行为法律性质的举证责任在网络服务提供者，而不在权利人。另外，《北京市高级人民法院审理涉及网络环境下著作权纠纷案件若干问题的指导意见（一）（试行）》第 8 条对这一问题也有更细致的阐述，③ 可资其他法院借鉴。

2. 设链者的刑事责任问题

设链者不可能独自构成侵犯著作权罪，理论上可与信息网络传播的行为人构成侵犯著作权罪的共犯。通常认为，共同犯罪中的共同犯罪人必须要有共同的犯罪故意。④ 所谓共同的犯罪故意，指各共同犯罪人认识他们的共同犯罪行为和行为会发生的危害结果，并希望或者放任这种结果发生的心理态度。为了成立共同犯罪，共同犯罪人之间必须存在意思联络（或称意思疏通）。⑤ 依此而言，只有在行为人间有通谋的情况下，"深层链接"的设链者才有可能与信息网络传播的行为人成立侵犯著作权罪的共同

---

① 参见芮松艳：《网络实时转播行为的法律属性以及深层链接行为的举证要求——评央视网诉百度公司案》，载《中国版权》2014 年第 2 期。

② 《最高人民法院关于审理侵害信息网络传播权民事纠纷案件适用法律若干问题的规定》第 6 条规定："原告有初步证据证明网络服务提供者提供了相关作品、表演、录音录像制品，但网络服务提供者能够证明其仅提供网络服务，且无过错的，人民法院不应认定为构成侵权。"

③ 《北京市高级人民法院审理涉及网络环境下著作权纠纷案件若干问题的指导意见（一）（试行）》第 8 条规定："网络服务提供者主张其仅为被诉侵权的作品、表演、录音录像制品提供了信息存储空间、搜索、链接、P2P（点对点）等服务的，应举证证明。网络服务提供者不能提供证据证明被诉侵权的作品、表演、录音录像制品系由他人提供并置于向公众开放的网络服务器中的，可以推定该服务提供者实施了信息网络传播行为。"

④ 《刑法》第 25 条：共同犯罪是指二人以上共同故意犯罪。

⑤ 参见高铭暄、马克昌主编：《刑法学》，北京大学出版社 2005 年版，第 176 页。

犯罪，而在现实中，设链者与信息网络传播的行为人往往并没有通谋，若严格拘泥于"意思联络"，则不能将"深层链接"的设链者认定为侵犯著作权罪的共同犯罪人。

但是，刑法理论界有许多学者赞同片面共犯理论，认为没有意思联络也可成立共犯。① 所谓片面共犯，是指共同行为人的一方有与他人共同实施犯罪的意思，并协力于他人的犯罪行为，但他人却不知其给予协力，因而缺乏共同故意的情况。② 现实中，片面帮助他人的情况客观存在，虽被帮助者对自己获得帮助并不知情，但帮助者对他人实施的行为有着清楚的认识，帮助者将他人行为纳入自己行为之中，将他人的故意纳入自己的主观意识之中，帮助者主观上有单方的与行为人的共同故意，客观上促成了被帮助的行为或加重了被帮助行为造成的后果，应以共同犯罪的从犯论。基于此，有学者认为，故意对他人侵权上传的作品设置"深层链接"帮助其传播的，在被帮助的行为构成侵犯著作权罪时，理论上可以该罪的片面共犯对设链者定罪处罚。③ 然而也有学者指出，在实际操作层面，将设置"深层链接"认定为片面共犯存在诸多障碍。首先，片面共犯的成立要以被帮助的对象成立共同犯罪的实行犯为条件，而在个案中直接的信息网络传播往往存在主体不特定等诸多不确定因素，实行行为较难认定；其次，设链者的帮助故意较难证明，片面帮助犯的帮助故意当指对帮助他人实施犯罪行为具有明知和追求的主观心理状态，但是现实中设链者其实根本不在乎直接传播者的行为是否合法，其只关注自己是否能够营利，易言之，设链者的故意并不在于"帮助"，而在于自己营利。基于这两点原因，再加之刑法应具有谦抑性，以片面共犯理论为依据对侵权的"深层链接"给予刑事制裁应当谨慎。④

（三）对合法传播的作品设置"深层链接"的规制

对合法传播的作品设置"深层链接"本就不存在侵犯信息网络传播权

---

① 参见刘涛：《片面共同正犯的成立及其范围》，载《政治与法律》2014年第11期。
② 参见马克昌主编：《犯罪通论》，武汉大学出版社1999年版，第514页。
③ 参见王冠：《深度链接行为入罪化问题的最终解决》，载《法学》2013年第9期；巩志俊：《视频网站加框链接侵害著作权的刑事入罪研究》，载《南海法学》2018年第1期。
④ 参见林清红、周舟：《深度链接行为入罪应保持克制》，载《法学》2013年第9期。

的问题,所以对于针对合法传播的作品单纯设置"深层链接"并不存在规制的问题。对于破解他人技术措施后设置"深层链接",规制的对象也应在于破解技术措施,而非"深层链接"。

1. 对规避技术措施后设置"深层链接"的规制

规避技术措施的行为为我国《著作权法》所禁止,违反相应规定的,应承担法律责任。现实中值得关注的一个问题是,对规避技术措施的行为人,有权提起诉讼的主体范围是什么?按照我国《著作权法》第53条第6项的规定,"未经著作权人或者与著作权有关的权利人许可",故意避开或者破坏技术措施的,应承担停止侵害、赔偿损失的责任。据该规定,有权向规避技术措施的行为人主张法律责任的主体,似应仅限于著作权人和与著作权有关的权利人,其中,与著作权有关的权利人乃指邻接权人和出版者权利人,① 从法律规定表面上看,信息网络传播权的被许可人似无权对规避技术措施的行为人提起诉讼,但事实上不应如此。②

技术措施本身不是财产,它并不等同于有形物之上的锁,技术措施之上也不存在任何专有权利,所以规避技术措施的行为不是一种对财产之上的专有权利的侵权。技术措施是对著作权法上正当利益的自力保护手段,规避技术措施的非正当性的根源在于技术措施所保护利益的正当性,规避技术措施行为是一种侵害法益的违法行为。③ 所以,只要享有著作权法上的正当利益,即可令保护这种利益的技术措施享受到法律提供的保障,包括普通许可、专有许可在内的信息网络传播权的被许可人通过著作权人的授权获得传播作品的利益,因为该利益源自合法授权,具有正当性,信息网络传播权的被许可人均可就规避其设置的技术措施的行为直接提起诉讼,以维护自身合法权益。

上述结论与域外一些国家的立法也是相契合的,英国《版权法》规定,对于提供解密工具、设备和服务等规避手段者,以下四种主体可以起

---

① 与著作权有关的权益包括图书报刊出版者、表演者、录音录像制作者、广播电台、电视台因传播作品而产生的权利。胡康生:《中华人民共和国著作权法释义》,http://www.npc.gov.cn/npc/flsyywd/minshang/2002-07/15/content_297585.htm,访问日期:2016年10月22日。
② 参见王小夏:《破坏设链行为技术措施的法律问题研究》,载《中国出版》2018年第5期。
③ 参见王迁:《"技术措施"概念四辨》,载《华东政法大学学报》2015年第2期;王迁:《版权法保护技术措施的正当性》,载《法学研究》2011年第4期。

诉：（1）向公众散发作品复制件的人；（2）向公众传播作品的人；（3）版权人及其专有被许可人；（4）技术措施自身知识产权的权利人或专有被许可人。对于规避技术措施行为的实施者，上述四种主体中，前三种可以起诉，①"向公众传播作品的人"即包括信息网络传播权的被许可人。DMCA规定，任何因他人违反第1201条而受损害的人，都可以在适合的美国联邦地区法院就该违法行为提起民事诉讼。而第1201条就是保护技术措施的条款。该条对有资格起诉的主体做了广泛的规定——"任何……受损害的人"，其中当然包括"非专有被许可人"。②

需要说明的是，现实中所谓的"深层链接"造成利益失衡问题大量集中于搜索引擎服务提供商、内容聚合类软件提供商与内容提供商之间，许多内容提供商既希望自己的网页文件被搜索引擎搜索到，以扩大自己的浏览量增加经济收益，又不愿被搜索引擎设置"深层链接"或被聚合类软件"聚合"，而兼顾二者似乎并不容易，要从技术上和人力、物力上进行较大投入，有学者指出：反盗链技术③不利于网站的推广，搜索引擎在索引页面时也会用到爬虫技术，由于反盗链技术的采用，搜索引擎的爬虫技术也会被拒之门外，这样就减少了网站被索引的页面，同时也会减少网站的外部链接，客户了解这个网站的渠道会愈来愈少，这和网站推广的原则背道而驰。合理地采用搜索引擎优化技术，可以把这方面的损失降到最小。④

既想要被搜索引擎搜到，又不愿被"聚合"，既想获得用户的注意力，又不愿在防止"深层链接"的技术措施方面加大投入，⑤ 在这样的愿景下，推动将设置"深层链接"的行为界定为直接的信息网络传播似乎是最"经济"、最有利、最有商业前景的布局。如果设置"深层链接"的行为被

---

① UK Copyright, Designs and Patents Act, Section 296 (2), 296ZA (3), 296ZD (2). 转引自：王迁：《"技术措施"概念四辨》，载《华东政法大学学报》2015年第2期。
② 参见王迁：《"技术措施"概念四辨》，载《华东政法大学学报》2015年第2期。
③ "深层链接"有被污名化的倾向，很多学者（尤其是计算机和网络技术领域的学者）在撰写文章时不具体区分"深层链接"与破坏技术措施的关系，而笼统地将"未经被链网站许可"的"深层链接"称为"盗链"。此处的"反盗链技术"应为"反深层链接技术"。
④ 参见郑绍辉、周明天：《反盗链技术研究》，载《计算机时代》2008年第1期。
⑤ 有的互联网内容提供商并不情愿承担设置技术措施的成本。参见曹建峰、孙那：《界定聚合盗链侵权 该不该放弃"服务器标准"》，载《中国新闻出版广电报》2016年9月29日。

界定为直接的信息网络传播,则被链网站不仅可禁止对其不利的"深层链接",更可对"深层链接"颁发许可,获得许可费收益,如此产生的利益将是非常可观的。但是,"深层链接"所造成的相关主体利益失衡归根结底是技术博弈问题,在技术的"矛"与"盾"的较量中,"盾"暂时处于了下风。技术的问题完全可以且最好用技术去解决,法律对技术措施的保护也只应是最后一道屏障,"深层链接"所造成的相关主体利益失衡也须回归技术这一着眼点解决。

2.《反不正当竞争法》的规制

主张"深层链接"行为构成不正当竞争的理由通常为:第一,"深层链接"会使公众对被链内容的来源产生误认或混淆,导致被链网站的"能见度"和用户"黏度"降低,进而造成被链网站用户难以增加的后果;第二,设链网站利用被链网站的内容,占用被链网站的资源推广了自己的广告,却使被链网站的广告无法展示,"深层链接"有损被链网站的经济利益。① 这样的理由和结论看似合理,却难经推敲。

《反不正当竞争法》禁止能够造成混淆、误认的行为的原因是,混淆、误认会令行为人搭他人"便车",不正当地利用他人商誉,②《反不正当竞争法》中混淆、误认的应有逻辑是将自己的商品与他人商品混淆,令公众将自己的商品误认成他人的商品。而在"深层链接"的情况下,即便发生混淆,也是用户误将被链网站的内容认作设链网站的内容,这样的误认无从论及搭被链网站的便车,或利用被链网站的商誉,"深层链接"下的混淆、误认的逻辑与《反不正当竞争法》中的混淆、误认完全不符。

互联网就是靠各种各样的链接搭建起来的,允许自由链接应当是互联

---

① 参见李擎:《网络垂直搜索服务所涉法律问题研究——以图片垂直搜索服务为例》,载《科技与法律》2018 年第 3 期;方晓霞:《网络不正当竞争行为的类型化分析》,载《知识产权》2011 年第 8 期;王学先、杨异:《论网络链接中的不正当竞争》,载《学术界》2009 年第 4 期;马剑锋:《超文本链接可能引发的反不正当竞争法律问题》,载《法学》2006 年第 5 期;郭毅:《论超文本链接中不正当竞争行为的法律规制——兼评〈反不正当竞争法〉第 2 条和第 9 条对超链接的适用》,载《知识经济》2008 年第 4 期;杨道波:《超级链接中不正当竞争的判断因素》,载《理论探索》2003 年第 6 期。

② 参见孔祥俊:《商标与不正当竞争法原理和判例》,法律出版社 2009 年版,第 693、694 页。

网的"天性",对某类链接的正当性进行评价时,不仅要考虑各种网站经营者,还要考虑互联网自身的特性及互联网用户。不可否认的是,以"深层链接"为基础的垂直搜索、信息聚合服务等给用户提供了相当的便利,而且在具体的商业运营中,断定运用某个技术或工具一定会给一方利益造成损害也显得武断。目前就有很多被链网站在自己的图片或音频、视频文件中添加自己的域名或网站名称的水印,或者直接插入广告,对这样的文件设置"深层链接",不仅不会损害被链网站的利益,反而会提高被链网站的知名度或其广告的推广度。但是,如果某网站以行业公认的方式[①]表明自己不愿被设置"深层链接",那么违背行业惯例或商业规则,不顾该网站的意愿,仍对其内容设置"深层链接"的,则可依据《反不正当竞争法》制裁强行设链的行为人。此正如将美物置于公地的人,没有权利要求前去观赏的人必须循着透迤小路到达美物之处,而不得经由高速公路直接抵达,除非他与前往观赏的人有约定,或者公地所在处有观赏美物须从小路而来的乡规民约。

二、对"搜索+提供"的规制

前文已述及,搜索引擎不应适用系统缓存避风港规则,"默示许可"理论也无法作为搜索引擎抓取并提供信息的合法性依据。在现有的解决搜索引擎侵权痼疾的观点中,认为搜索引擎的抓取提供行为可构成合理使用相对科学合理。搜索引擎提供搜索结果必然经过复制和信息网络传播,按照合理使用制度的原理,搜索引擎提供网页介绍构成"转换性使用",搜索引擎提供网页快照和缩略图也可构成"转换性使用",但"转换性使用"规则具有预测功能较差的弊端,且以设置"深层链接"为目的的复制亦不符合"转换性使用"规则。"自愿法定许可"虽是我国特有的制度,但"自愿"+"法定许可"的模式既未排除市场机制的适用,又可让著作权人选择适用法定许可,实现统一定价的效率,还可为社会公众提供相对准确的行为结果预测依据。用"自愿法定许可"解决包括快照、缩略图、网

---

① 类似的方式如在 robots.txt 文件中加入指令,表明不愿被设置"深层链接"。

页转码、搜索并提供"深层链接"在内的网络环境下的作品海量使用以及著作权人、搜索服务提供者与内容服务提供者间的利益失衡等难题均是可供探讨的思路。

（一）合理使用制度力有不逮

1. 以设置"深层链接"为目的的复制不构成合理使用

合理使用制度本身的逻辑是，被评判的行为从原理上本应构成侵害著作权的行为，但因公共政策的原因，而将其法定为合法行为。因设置"深层链接"并不属于著作权法规定的著作权权项控制的行为，所以设置"深层链接"不构成直接的侵害著作权行为，进而也就没有探讨该行为是否构成合理使用的空间。但是，信息聚合服务提供"深层链接"的前提是复制，虽然单纯的复制没有实质性损害到著作权人的利益，但其后续的目的行为——设置"深层链接"却对被链内容产生了替代效果，其效果恰恰完整地再现了来源网页中的作品本身的文学、艺术价值或者完整地实现其内在功能或目的，此时不应将复制和设置"深层链接"完全割裂地进行评价，设置"深层链接"行为的特点和效果应影响到对信息聚合服务下的复制行为是否构成合理使用的判定。换言之，在信息聚合服务下，因目的行为与基础行为的高度牵连，"复制＋设置'深层链接'"从总体上并不符合"转换性使用"规则，此情形下，搜索引擎的复制行为的合法性难以确立。

2. "转换性使用"规则的预测功能乏力

搜索引擎提供快照的作用在于，当来源网页无法正常访问时，可以用访问快照的方式替代对来源网页的访问，或者对比来源网页在一定时间段内的变化。缩略图的作用在于向用户呈现图片的大致样貌，以便用户决定是否对来源网页进行访问。因此在一些情况下，相较于原作品，快照和缩略图的作用、功能已经发生了转换，对应提供行为构成合理使用，但如果快照和缩略图对来源网站起到了替代作用或者对作者的利益产生了实质性的影响，则不构成合理使用。因此，对于提供快照和缩略图是否构成"转换性使用"，无法给出一个统一、明确的答案，只能在个案中进行判断。考虑到"转换性使用"规则的基础是开放性合理使用的认定标准，但是开放性合理使用的认定标准与我国现行法律规定并不相符，我国著作权法中合理使用制度采用的是总条件下的"限制与例外"的立法模式，提供快照、缩略图并不符合构成合理使用的相关法律规定。即便突破法定的合理使用情形，准用"转换性使用"规则，但因其高度抽象的判定标准和高度主观的判定方法，"转换性使用"规则也难以给公众和搜索服务提供者以相对确定的行为指引，即公众和搜索服务提供者很难据此对行为后果做出较为准确的预判。

(二)"自愿法定许可"制度的新应用

1. 报刊转载法定许可的原理和价值

法定许可是指法律明确规定实施某种原本受专有权利控制的行为无须经过著作权人许可，但应向著作权人支付报酬。[1] 法定许可是对著作权的限制，具有将专有权利降格为获酬权的效果。在适用法定许可的情况下，使用人与著作权人间产生特殊的法定之债，债的实现依靠使用人的给付行为完成。我国1990年《著作权法》中即有法定许可的规定，其渊源是《伯尔尼公约》的相关规定，即各成员国可以对著作权的行使规定限制性条件。目前我国著作权法中的法定许可主要包括报刊转载的法定许可、制作录音制品的法定许可、播放作品的法定许可、编写特定教科书的法定许可、网络教育的法定许可以及以扶助贫困为目的的通过信息网络传播作品的法定许可。

搜索引擎抓取并设置"深层链接"、快照、缩略图、网页转码等所涉及作品的类型与报刊转载涉及的作品类型完全一致，即文字作品和美术作品。按照参与立法者的解释，规定报刊转载法定许可是为了公众利益，它可以使有价值的作品迅速进入不同的读者层，满足公众的文化需要。规定报刊转载法定许可的理由是报刊出版周期短，具有较强的时效性，允许其他报刊将已经刊发的作品作为文摘、资料转载不会影响被转载报刊的销售，也不会妨碍下一期报刊的发行。对于著作权人而言，报刊的转载只要支付了合理报酬，应该说并不悖于作者的合法利益，因为作品业已发表，以新的形式进一步传播一般并不违背作者的意志。[2] 有学者也指出，我国

---

[1] 参见王迁：《著作权法》，中国人民大学出版社2015年版，第370页。

[2] 参见胡康生：《中华人民共和国著作权法释义》，http://www.npc.gov.cn/zgrdw/npc/flsyywd/minshang/2002-07/15/content_297585.htm，访问日期：2022年1月19日。

在经济改革开放之初不得不应对外来压力建立知识产权法律制度，而国内普遍缺乏知识产权保护意识，尤其是在著作权领域，新闻出版等大量使用他人作品的机构并非产业化的市场竞争者，而更多的是承担了文化传播和国家意识形态管制重要事业的单位，因此保护个体私权以激励创作的制度价值并不如方便传播者的利用重要。① 可以看出，报刊转载的立法目的除了满足公共利益外，还有方便报刊出版单位利用，或者最起码产生了这样的效果。二者何谓手段何谓目的，在当时的社会背景下，很难分得清楚。

在我国，保护公共利益往往是立法所要实现的终极目标，而公共利益究竟是何利益，具体涉及哪些客体或主体，却难以定论。依我国著作权法中报刊转载法定许可的立法理由，出于满足公众的文化需求的目的，就可以对著作权人的权利进行限制，从公众角度看，公众从中受益，而从著作权人角度看，著作权人的利益却受到了不恰当的剥夺。在交易中，只要丧失了是否交易的决定权，则必然会实际损害相对弱势一方的经济利益，没有交易决定权，就没有参与定价的可能。我国在施行法定许可多年后才出台了法定许可的付酬标准并且付酬标准明显低于市场价格的现象充分说明了这一点。

另一种思路是以著作权人个体为本，以保护私益为原则，只通过税收政策和反垄断制度干预市场，引导私益间公平博弈，最终由市场规律决定交易方式和交易结果，而公益则交由财政和慈善负担。美国法定许可制度就是私益博弈和反垄断在制度层面的产物。② 类似我国以公共利益和方便报刊出版单位利用为目的对著作权进行限制的立法例在世界范围内并不多见，③ 更加特殊的是，我国著作权法又同时规定了允许著作权人以事先声明的方式免除转载法定许可的适用，这不能不说是我国著作权法的特色。④

经过多年的实践，我国报刊转载法定许可制度暴露出了很多缺陷，已

---

① 参见管育鹰：《我国著作权法定许可制度的反思与重构》，载《华东政法大学学报》2015年第2期。
② 参见熊琦：《著作权法定许可制度溯源与移植反思》，载《法学》2015年第5期；王迁：《论"制作录音制品法定许可"及在我国〈著作权法〉中的重构》，载《东方法学》2011年第6期。
③ 参见丛立先：《转载摘编法定许可的困境与出路》，载《法学》2010年第1期。
④ 郑成思先生将此特色称为"自愿法定许可"。参见郑成思：《中国知识产权法：特点、优点与缺点》，载《中国社会科学院研究生院学报》1994年第1期。

有多位学者对其合理性提出了质疑。比如有学者指出报刊转载法定许可面临三个困境：制度设计缺乏依据，与国际公约存在冲突，原有立法基础不复存在。① 在网络时代到来后，因制度惯性，将报刊转载法定许可延伸至网络环境成为想当然的主张，但因我国报刊转载法定许可本身的先天不足以及网络传播的特殊性，相应主张引发了很大的争论。如因循原有的立法目的和理由，则必然无法给网络环境下适用法定许可提供充分的正当性。虽然我国的报刊转载法定许可特立独行，但不可否认的是，这种"自愿法定许可"的制度设计却在客观上具有弹性解决实际问题的价值，其体现在三个方面：第一，允许著作权人对是否适用法定许可自决。著作权人可选择依据市场规律自由协商或直接套用法定许可下的固定价格。第二，提高了作品的利用率，节约了交易成本。若著作权人未声明禁止转载摘编，则必然省去与转载者的协商环节，如此可大大节约交易成本，提高作品的利用率。第三，在1990年规定报刊转载法定许可制度之时，相较于之前的制度缺位，转载、摘编无法可依的状况而言，报刊转载法定许可制度最起码明确了作者的获酬权，使作者经济利益获得补偿成为可能。②

转载法定许可虽有定价脱离市场、不符合国际普遍做法的缺陷，但不可否认的是，该制度具有大幅节约交易成本、加速作品利用的特性。搜索引擎的快照、缩略图、转码网页服务等海量复制和提供作品，用现有理论难以完美解决其侵权痼疾，信息聚合服务造成的利益失衡，也无法通过现有法律制度予以妥善调和，这些因素使我们不得不重新检视我国的转载法定许可制度，以求应对不断出现的争议和纠纷，以及不断失衡的内容服务提供者和信息定位服务提供者之间的利益格局。我国报刊转载法定许可制度所具有的自愿性特点和节约交易成本的特性对于解决前述问题具有较大的特殊价值，而且近年来数据库、区块链等技术不断成熟和推广应用，对

---

① 参见丛立先：《转载摘编法定许可的困境与出路》，载《法学》2010年第1期。
② 1984年颁发的《图书、期刊版权保护试行条例》第9条第3款规定，作品的文摘、选编或汇编本，版权归文摘、选编或汇编者所有，但他人仍可对同一作品进行上述工作并获得版权；文摘、选编或汇编者与原版权所有者之间的版权关系，由他们自行协商解决。也就是说，对于转载、摘编引发的争议只能通过著作权人与转载、摘编者自行协商解决，而转载、摘编是否应当付费，应如何付费均无明确规定，而且对于协商无果的，是否有救济途径，也无依据。

作者的法定许可意愿进行权威化记载并公示成为可能,应在遵循市场规律的基础上灵活调整,将报刊转载法定许可适用于搜索引擎抓取并设置"深层链接"、提供快照、缩略图服务等,以期实现"旧瓶装新酒""老树发新枝"之效。

2. 报刊转载法定许可应用于网络环境的尝试

(1) 司法解释的尝试及取消网络转载法定许可的原因分析。

2000 年出台的《最高人民法院关于审理涉及计算机网络著作权纠纷案件适用法律若干问题的解释》第 3 条规定:"已在报刊上刊登或者网络上传播的作品,除著作权人声明或者上载该作品的网络服务提供者受著作权人的委托声明不得转载、摘编的以外,网站予以转载、摘编并按有关规定支付报酬、注明出处的,不构成侵权。但网站转载、摘编作品超过有关报刊转载作品范围的,应当认定为侵权。"此即为网络转载法定许可。2004 年最高人民法院对该条进行了修改,规定:"已在报刊上刊登或者网络上传播的作品,除著作权人声明或者报社、期刊社、网络服务提供者受著作权人委托声明不得转载、摘编的以外,在网络进行转载、摘编并按有关规定支付报酬、注明出处的,不构成侵权。但转载、摘编作品超过有关报刊转载作品范围的,应当认定为侵权。"2004 年的修改明确了申明不得转载、摘编主体的资格,使具体规定更加严谨。到 2006 年,最高人民法院彻底删去了该条规定。[①]

对于司法解释开始规定但后来又取消网络转载法定许可的原因,很多学者做了分析,有的认为一开始传统媒体为了借网络媒体扩大知名度,很乐意网络媒体转载其刊发的文章,[②] 最高人民法院顺应这种需求和传播趋势,在 2000 年出台的文件中同时规定了从传统媒体到网络媒体转载的法定许可,但是后来网络转载之风愈演愈烈,盗版猖獗,严重威胁到了传统媒体的利益,为了抵御网络媒体带来的挑战,传统媒体极力呼吁取消网络转载法定许可的规定,以平衡两大传播媒介之间的利益,所以才有了后续

---

① 参见《最高人民法院关于修改〈最高人民法院关于审理涉及计算机网络著作权纠纷案件适用法律若干问题的解释〉的决定(二)》。

② 参见董天策、卢锦霞:《报业如何应对网络媒体的挑战——关于报界呼吁"捍卫知识产权,提高网络转载门槛"的思考》,载《新闻实践》2006 年第 6 期。

立法中否定网络转载法定许可合法性的规定。① 另有学者认为，司法解释最终删去网络转载的有关规定的原因有二：一是司法解释中网络转载法定许可制度与 2006 年 5 月公布的《信息网络传播权保护条例》相冲突。我国《信息网络传播权保护条例》中规定的法定许可制度中并不包含网络转载法定许可，司法解释做相应规定无合理依据。二是我国对网络著作权的规定应当与国际接轨。依据我国加入的有关国际公约，网络转载法定许可并不能适用于外国主体，这种差异使得外国主体在我国享有了超国民待遇。②

笔者认为，取消网络转载法定许可的规定应有以下原因：第一，网络转载法定许可的司法解释没有法律依据。我国著作权法中并没有规定网络转载法定许可制度，仅规定了传统媒体的报刊与报刊之间转载的法定许可。最高人民法院仅可对法院审判工作中具体应用法律、法令的问题进行解释，报刊这一概念范围边界清楚，其与网络传媒间的区别泾渭分明。在没有法律依据的情况下，司法解释将转载法定许可延伸应用于网络转载，已经超出了对如何应用法律、法令的问题进行解释的范围，有越权造法之嫌。第二，传统媒体的呼吁和施压。据慧聪媒体研究中心的监测数据，2005 年 3 月是中国报业的分水岭：我国报业广告的月增长率从此开始同比增速呈现下滑趋势，6 月份的同比增幅已不到 3%；2005 年上半年全国报刊广告额平均增长仅 7.08%；而此前十几年，国内报刊的广告收入平均增速高达 30% 以上。与此同时，投资银行摩根士丹利的一份分析报告显示，2004 年中国互联网在线广告收入已经达到 2.2 亿美元，2005 年预计达到 4 亿美元左右，并且以每年 78% 的速度增长。③ 此组数据统计于网络转载法定许可被取消的前夕，依此可窥见传统媒体在面对网络媒体时所承受的压力，也可想见传统媒体对网络转载的"嫌厌"。一方面网络转载法定许可本身没有法律依据，另一方面传统媒体又强力施压，废除网络转

---

① 参见余筱兰、周俊强：《我国网络"转载"立法评述及完善》，载《电子知识产权》2016 年第 4 期。

② 参见彭桂兵：《网络转载立法的历史变迁及动因》，载《中国出版》2015 年第 23 期。

③ 参见董天策、卢锦霞：《报业如何应对网络媒体的挑战——关于报界呼吁"捍卫知识产权，提高网络转载门槛"的思考》，载《新闻实践》2006 年第 6 期。

载法定许可便在《信息网络传播权保护条例》出台后成为最高人民法院的必然选择。

(2) 网络转载法定许可立法尝试的启示。

著作权法的产生和每一次发展皆因为新传播技术的产生打破了原有利益主体间的利益平衡。为了平衡利益,解决新出现的矛盾,著作权法产生了进行调整或者制度创新的驱动力。就这点而言,著作权法律制度的工具意义异常明显,它是划分著作权人、各传播者之间利益的工具,是经济利益驱动发展的结果,从著作权法的诞生到每一项新的具体制度的出现无不表现如此。世界上第一部现代意义上的版权法《安妮法》即被视为各方妥协的产物,汇集着各种盘根错节的利益算计,因此许多学者认为它是一个矛盾的综合体。① 《美国版权法》也将利益纠葛表现得淋漓尽致,如果回溯20世纪初美国法定许可制度的立法定位,可以发现其既不是为了增进公共利益,也不是为了鼓励传播,而是为了调和新旧两类产业主体之间的利益分配,以及抑制著作权市场的垄断。② 因此,在探讨一项著作权法具体制度的存废或适用时,应将着眼点置于利益相关主体间的利益状态,分析其是否失衡,相应制度是否可以矫正失衡的利益状态。

3. 运用市场思维和"自愿法定许可"的合理性

(1) 搜索服务提供者与内容服务提供者间利益分配面临失衡。

虽然目前搜索服务是免费的,但搜索服务提供商利用种种排名手段获取了大量商业利润,这些商业利润的源泉是内容服务提供者制作的丰富多样的网页文件以及作品本身。快照、缩略图搜索功能以及提供转码网页对于提升用户搜索体验,增加用户获取信息途径,保证用户信息获取成功率具有重要作用,它大幅提升了搜索引擎的服务质量,对吸引用户、培养用户的忠诚度起到了较为重要的作用,依此而言,内容聚合、快照、缩略图、网页转码提高了服务提供者的获利程度。内容服务提供者承担成本获得授权将作品置于网络传播,而搜索服务提供者却几乎无成本地拿来获利,互联网生态圈中的这两类主体利益分配面临严重失衡。

---

① 参见易健雄:《技术发展与版权扩张》,法律出版社2009年版,第45页。
② 参见熊琦:《著作权法定许可制度溯源与移植反思》,载《法学》2015年第5期。

（2）法定许可可替代自由协商的市场机制，实现相关主体的利益平衡。

对于著作权人而言，许可来源网站传播其作品并不代表其许可他人通过信息网络传播其作品；从行为的客观方面看，提供快照、缩略图，以及转码网页大多完全符合信息网络传播行为的特征，理应获得许可，否则即应被认定为侵权。但是，互联网信息的海量决定了点对点获得授权的成本过高，而且爬虫软件的抓取行为具有随机性，不可能事先知晓哪些网站的哪些内容会被抓取回传，所以搜索服务提供者不可能事先逐一获得授权，自由协商的市场机制根本无法发挥作用。在美国，法定许可被视为一种临时性的制度工具，在市场无法解决的特殊情况下可适用。如延续目前的随意提供快照、缩略图、转码网页的方式，则既面临着相关主体利益失衡的局面，又无法与现有法律制度兼容，在自由协商的市场机制无法解决的情况下，应用法定许可制度替代。

（3）将"自愿法定许可"适用于提供快照、缩略图等不违背市场规律。

市场经济下作品即商品，虽然作品承担着文化传承、宣传等特殊公共职能，但不能以此为由不区分目的地任意为著作权人设立负担，将普通的法定许可适用于提供快照、缩略图、聚合服务中的复制等，不能将方便公众获取信息的成本硬生生转嫁于著作权人身上，靠牺牲著作权人这一群体的利益来满足其他群体的需求。"自愿法定许可"模式下，是否适用法定许可由著作权人或内容服务提供者自决，法定许可只是为了解决难以协商定价的难题。在声明不愿通过快照、缩略图或聚合服务等被提供的情况下，权利人仍可通过自由协商的方式实现自己的利益，是否需要花费成本进行点对点协商，由其自行判断。另外，也不用担心将法定许可适用于快照、缩略图、聚合服务中的复制等会限制公众对信息的获取。首先，著作权人本身就享有禁止被搜索并提供快照和缩略图的权利，其完全可要求被授权网站设置 robots.txt 文件排除搜索引擎的抓取；其次，希望被搜索引擎提供快照或缩略图的著作权人完全可以放弃使用费的主张，究竟是否实际支付报酬，最终会由市场决定，需要搜索引擎帮助其扩大影响的，自然会放弃报酬，认为自己的作品足够好，应当为自己带来收益的，就可声明拒绝法定许可。

（4）"自愿法定许可"与"三步检验法"相契合。

"自愿法定许可"严格来讲并不是对著作权人权利的限制，其并未剥夺著作权人禁止他人使用作品的权利，它只是为了实现更高效利用作品的目的，而在保留作者许可权的基础上，对作品利用和付费方式所做的一种特殊安排。因此，用"三步检验法"考量"自愿法定许可"并不合适。若仅考虑在"自愿"的基础上适用了"法定许可"，则首先，权利人未做出禁止快照和缩略图的声明，再加之仅用于快照和缩略图，这二者共同构成的前提条件本身就可以视为一种特殊情况；其次，将"自愿法定许可"适用于提供快照和缩略图相较于目前无法可适的状况，对于著作权人而言，只会增加其合法收益，不会不合理地减少其合法收益；最后，在"自愿"的情况下，快照、缩略图的使用方式当然不会与作品的正常利用发生冲突。将"自愿法定许可"适用于抓取、提供快照和缩略图符合"三步检验法"。

（5）适用"自愿法定许可"具有可操作性。

用户搜索的随意性决定了搜索结果的随机性，不可能预先确定哪些作品会被抓取，通过快照、缩略图的方式向公众提供，如同报刊转载法定许可，只有实际转载刊发了相应作品，才应向著作权人付酬一样，也只有实际抓取某作品并设置"深层链接"或提供了某作品的快照、缩略图，才应向著作权人付酬。而哪些作品最终被抓取并设置"深层链接"或以快照、缩略图的方式提供给了用户是可以利用技术手段统计出来的，因此法定许可的先使用后付费模式也非常适用于抓取并设置"深层链接"或提供快照和缩略图。

4. 对有关具体制度的设想

因信息聚合、提供缩略图或快照极有可能对来源网站产生替代效果，对来源网站构成不正当竞争，所以网站有权拒绝搜索引擎对其网页内容以信息聚合、缩略图或快照的方式提供。根据我国互联网行业的自律性文件《互联网搜索引擎服务自律公约》第 7 条的规定，搜索服务提供者应当遵循国际通行的行业惯例与商业规则，遵守 Robots 协议。违背网站设置的 robots.txt 文件中的指令进行抓取被视为违反行业惯例和商业规则的行为，该行为是用他人的劳动成果不正当增加自身商誉的不正当竞争行为。对于著作权人而言，其既可在作品上传时直接表明不愿被信息聚合、通过缩略图或快照等方式帮助传播的意思，也可通过其许可的网站设置 robots.txt 文件以表明相应意思，但显然 robots.txt 文件能更好地起到防止被抓取、传播的效果，上传作品时进行的声明尚无法被爬虫软件有效识别。此时的 robots.txt 文件既是来源网站不愿被搜索引擎抓取聚合、以缩略图或快照等形式帮助传播的单方意思表示，又是著作权人所做的拒绝适用法定许可的单方声明，它既可产生排除不正当竞争的效果，又可使著作权人保留点对点协商的权利。应将在 robots.txt 文件中加入相应指令规定为法定的排除法定许可适用的方式。

在实际通过缩略图或快照向用户提供作品后，信息聚合或搜索服务提供者应当按照一定的价格向著作权人支付报酬，相应收费工作可由著作权人授权集体管理组织后，由集体管理组织完成。具体的收费标准应考虑作品类型、实际提供的次数、信息聚合或搜索引擎的访问量等因素综合确定。

参考文献

一、著作类

1. 吴汉东：《知识产权法》，法律出版社 2021 年版。
2. 王迁：《网络著作权专有权利研究》，中国人民大学出版社 2022 年版。
3. 张善恭：《行为法学》，上海人民出版社 2015 年版。
4. 张今：《版权法中私人复制问题研究：从印刷机到互联网》，中国政法大学出版社 2009 年版。
5. 林喆：《行为法学导论》，北京大学出版社 2014 年版。
6. 胡震、韩秀桃：《行为主义法学》，法律出版社 2008 年版。
7. 张海鹰：《网络传播概论新编》，复旦大学出版社 2008 年版。
8. 王迁：《著作权法》，中国人民大学出版社 2015 年版。
9. 段鹏：《传播学基础：历史、框架与外延》，中国传媒大学出版社 2013 年版。
10. 王迁：《网络环境中的著作权保护研究》，法律出版社 2011 年版。

11. 王利明、杨立新：《侵权行为法》，法律出版社 1996 年版。
12. 王迁：《知识产权法教程》，中国人民大学出版社 2021 年版。
13. 郑成思：《知识产权论》，法律出版社 2007 年版。
14. 万勇：《论向公众传播权》，法律出版社 2014 年版。
15. 易健雄：《技术发展与版权扩张》，法律出版社 2009 年版。
16. 吴汉东、胡开忠、董炳和、张今：《知识产权基本问题研究（分论）》，中国人民大学出版社 2009 年版。
17. 王泽鉴：《侵权行为》，北京大学出版社 2016 年版。
18. 张明楷：《刑法学》，法律出版社 2003 年版。
19. 陈兴良：《共同犯罪论》，中国人民大学出版社 2006 年版。
20. 梁慧星：《裁判的方法》，法律出版社 2003 年版。
21. 卢昌海：《太阳的故事》，清华大学出版社 2011 年版。
22. 梅术文：《著作权法上的传播权研究》，法律出版社 2012 年版。
23. 郑成思：《知识产权法》，法律出版社 2004 年版。
24. 郭庆光：《传播学教程》，中国人民大学出版社 2011 年版。
25. 郑成思：《版权法（上、下）》，中国人民大学出版社 2009 年版。
26. 吴功宜：《计算机网络与互联网技术研究、应用和产业发展》，清华大学出版社 2008 年版。
27. 鲍健强：《科学思维与科学方法》，贵州科技出版社 2002 年版。
28. 李明德、闫文军、黄晖、郃中林：《欧盟知识产权法》，法律出版社 2010 年版。
29. 李明德、许超：《著作权法》，法律出版社 2009 年版。
30. 何敏：《知识产权法总论》，上海人民出版社 2011 年版。
31. 王迁：《网络版权法》，中国人民大学出版社 2008 年版。
32. 梁志文：《数字著作权论——以〈信息网络传播权保护条例〉为中心》，知识产权出版社 2007 年版。
33. 宋海燕：《中国版权新问题——网络侵权责任、Google 图书馆案、比赛转播权》，商务印书馆 2011 年版。
34. 丛立先：《网络版权问题研究》，武汉大学出版社 2007 年版。
35. 孔祥俊：《商标与不正当竞争法原理和判例》，法律出版社 2009 年版。

36. 王迁、王凌红：《知识产权间接侵权研究》，中国人民大学出版社 2008 年版。

37. 王永霞：《共同侵权行为制度新论》，法律出版社 2014 年版。

38. 张铁薇：《共同侵权制度研究》，人民法院出版社 2013 年版。

39. ［美］维纳：《人有人的用处——控制论和社会》，陈步译，商务印书馆 2017 年版。

40. ［美］博登海默：《法理学——法律哲学与法律方法》，邓正来译，中国政法大学出版社 1999 年版。

41. ［美］迈克尔·A. 艾因霍恩：《媒体·技术和版权：经济与法律的融合》，赵启杉译，北京大学出版社 2012 年版。

42. ［美］威尔伯·施拉姆、［美］威廉·波特：《传播学概论》，何道宽译，中国人民大学出版社 2010 年版。

43. ［丹］克劳斯·布鲁恩·延森：《媒介融合：网络传播、大众传播和人际传播的三重维度》，刘君译，复旦大学出版社 2012 年版。

44. ［加］哈罗德·伊尼斯：《帝国与传播》，何道宽译，中国传媒大学出版社 2013 年版。

45. ［美］詹姆斯·格雷克：《信息简史》，高博译，人民邮电出版社 2013 年版。

46. ［美］沃纳·赛佛林：《传播理论：起源·方法与应用》，郭镇之译，中国传媒大学出版社 2006 年版。

47. ［匈］米哈尔·菲彻尔：《版权法与因特网》，郭寿康、万勇、相靖译，中国大百科全书出版社 2009 年版。

48. ［德］曼弗里特·雷炳德：《著作权法》，张恩民译，法律出版社 2005 年版。

49. 《十二国著作权法》，《十二国著作权法》翻译组译，清华大学出版社 2011 年版。

50. 联合国教科文组织：《版权法导论》，张雨泽译，知识产权出版社 2000 年版。

51. 联合国教科文组织：《版权基本知识》，中国对外翻译出版公司 1984 年版。

二、编著类

1. 马克昌主编：《犯罪通论》，武汉大学出版社1999年版。
2. 马伯钧、余新民主编：《政治经济学》，中南大学出版社2013年版。
3. 彭万林主编：《民法学》，中国政法大学出版社1998年版。
4. 高铭暄、马克昌主编：《刑法学》，北京大学出版社2005年版。
5. 赵秉志主编：《刑法总论》，中国人民大学出版社2007年版。
6. 杨波、周亚宁编：《大话通信——通信基础知识读本》，人民邮电出版社2009年版。
7. 杨巧主编：《知识产权法学》，中国政法大学出版社2016年版。
8. 张凯主编：《信号与系统》，西北工业大学出版社2007年版。
9. 闫青、付晨主编：《信号与系统》，山东科学技术出版社2008年版。
10. 魏春英、高晓玲主编：《信号与系统》，北京邮电大学出版社2017年版。
11. 张玉敏主编：《知识产权法学》，法律出版社2017年版。
12. 刘春田主编：《知识产权法》，高等教育出版社2000年版。
13. 喻钧、田喜群、唐俊勇主编：《ASP程序设计循序渐进教程》，清华大学出版社2009年版。
14. 教育部考试中心编：《全国计算机等级考试三级教程——网络技术》，高等教育出版社2010年版。

三、杂志类

1. 章戎、刘文丽：《西方法理学对中国行为法学研究的启迪》，载《上海政法学院学报》2012年第6期。
2. 郑冬渝：《关于我国行为法学的研究》，载《上海政法学院学报》2012年第6期。
3. 谢邦宇：《论法学的行为科学性》，载《云南法学》2000年第3期。
4. 何鹏：《知识产权传播论——寻找权利的束点》，载《知识产权》

2009 年第 1 期。

5. 卢海君：《传播权的猜想与证明》，载《电子知识产权》2007 年第 1 期。

6. 郭庆光：《传播学的研究对象和基本问题（上）》，载《国际新闻界》1998 年第 2 期。

7. 吕凌锐：《深度链接行为民事责任的思考》，载《中国版权》2015 年第 1 期。

8. 张汉国、田小军：《数字音乐深层链接行为的侵权认定与规制问题研究》，载《中国版权》2015 年第 1 期。

9. 陈加胜：《信息网络传播权与链接的关系》，载《电子知识产权》2010 年第 2 期。

10. 易健雄、蒲奕：《版权的未来》，载《电子知识产权》2009 年第 1 期。

11. 程红：《刑罚与损害赔偿之关系新探》，载《法学》2005 年第 3 期。

12. 王利明：《惩罚性赔偿研究》，载《中国社会科学》2000 年第 4 期。

13. 张莉：《论侵权责任法的惩罚性赔偿制度的适用》，载《东南学术》2011 年第 1 期。

14. 周华：《知识产权制度的经济分析》，载《山东社会科学》2003 年第 3 期。

15. 金雅：《论文学功能系统与特质》，载《河南师范大学学报（哲学社会科学版）》2002 年第 6 期。

16. 杨守森：《文学艺术与人类生活》，载《山东社会科学》2012 年第 10 期。

17. 龚莉萍：《从"动漫外交"看日本文化粉出战略对我国的启示》，载《中华文化论坛》2016 年第 7 期。

18. 张敬威、付晶、崔文：《文化的跨国界传播对国际贸易的影响——思维映照下的需求转变》，载《长春教育学院学报》2013 年第 11 期。

19. 李博雅、岳敏静：《文化输出的功能与发展探索——以博物馆为阵地》，载《文博》2015 年第 1 期。

20. 郑成思：《信息传播与版权历史》，载《韶关学院学报（社会科学版）》2003 年第 2 期。

21. 冯晓青、胡梦云：《技术变革与著作权法之间的关系——以法律史为基础的理论思考》，载《武陵学刊》2011年第4期。

22. 高航：《美国加入伯尔尼公约》，载《出版工作》1989年第2期。

23. 张楚、张军强、阎博：《知识产权文化内涵——以财产权劳动理论为视角》，载《首都经济贸易大学学报》2011年第6期。

24. 温世扬：《财产支配权论要》，载《中国法学》2005年第5期。

25. 吴清旺、贺丹青：《物的概念与财产权立法构造》，载《现代法学》2003年第6期。

26. 何敏：《知识产权客体新论》，载《中国法学》2014年第6期。

27. 冯晓青：《著作权法的利益平衡理论研究》，载《湖南大学学报（社会科学版）》2008年第6期。

28. 刘铁光：《论著作权权项配置中兜底条款的废除——以著作权与传播技术发展的时间规律为中心》，载《政治与法律》2012年第8期。

29. 曹新明：《知识产权制度伦理性初探》，载《江西社会科学》2005年第7期。

30. 黄汇：《版权法上公共领域的衰落与兴起》，载《现代法学》2010年第4期。

31. 李勇军：《论著作权法的理念》，载《社会科学研究》2015年第2期。

32. 王迁：《论著作权法中的权利限制条款对外国作品的适用——兼论播放作品法定许可条款的修改》，载《比较法研究》2015年第4期。

33. 陈杭平：《论"事实问题"与"法律问题"的区分》，载《中外法学》2011年第2期。

34. 孙海龙、姚建军：《知识产权民事审判中事实问题与法律问题辨析》，载《电子知识产权》2007年第11期。

35. 杨红军：《理性人标准在知识产权法中的规范性适用》，载《法律科学》2017年第3期。

36. 孔祥俊：《知识产权审判践行司法公正》，载《人民司法》2013年第15期。

37. 钱兆华、姜华：《关于科学与宗教之间关系的几点思考》，载《江苏大学学报（社会科学版）》2006年第1期。

38. 王迁：《论网络环境中的"首次销售原则"》，载《法学杂志》2006年第3期。

39. 陈绍玲：《论著作权法中的公开传播权》，载《华东政法大学学报》2015年第2期。

40. 张立伟：《四步竞争纸媒止跌回升》，载《新闻与写作》2015年第3期。

41. 刘海龙：《中国语境下"传播"概念的演变及意义》，载《新闻传播与研究》2014年第8期。

42. 王迁：《论提供"深层链接"行为的法律定性及其规制》，载《法学》2016年第10期。

43. 吴汉东：《财产权的类型化、体系化与法典化——以〈民法典（草案）〉为研究对象》，载《现代法学》2017年第3期。

44. 张玉敏、易健雄：《主观与客观之间——知识产权"信息说"的重新审视》，载《现代法学》2009年第1期。

45. 郑成思、朱谢群：《信息与知识产权》，载《西南科技大学学报（哲学社会科学版）》2006年第1期。

46. 冯晓青：《信息产权理论与知识产权制度之正当性》，载《法律科学》2005年第4期。

47. 向波：《知识、信息与知识产权的对象》，载《知识产权》2011年第1期。

48. 陈一壮：《信息的哲学定义和信息功能的历史演变》，载《河北学刊》2006年第1期。

49. 李国武：《邬焜信息哲学是信息时代的科学的世界观》，载《重庆邮电大学学报（社会科学版）》2014年第1期。

50. 冯亮：《信息的本质及表现形态》，载《江西社会科学》2016年第10期。

51. 吴伯田：《从哲学看信息的本质》，载《浙江师范学院学报（社会科学版）》1983年第2期。

52. 苗东升：《论信息载体》，载《重庆教育学院学报》2006年第1期。

53. 郭自力：《死亡标准的法律与伦理问题》，载《政法论坛》2001年第3期。

54. 周德新：《论死亡本质及其社会性》，载《社会科学辑刊》2010年第3期。

55. 童振华、徐嗣荪：《就毒品概念的界定与〈毒品学〉作者商榷》，载《中国药物滥用防治杂志》2003年第1期。

56. 姚贝、王拓：《法益保护前置化问题研究》，载《中国刑事法杂志》2012年第1期。

57. 王永茜：《论现代刑法扩张的新手段——法益保护的提前化和刑事处罚的前置化》，载《法学杂志》2013年第6期。

58. 侯正信：《"画中画"电视接收技术》，载《电视技术》1985年第1期。

59. 崔国斌：《得形忘意的服务器标准》，载《知识产权》2016年第8期。

60. 崔国斌：《加框链接的著作权法规制》，载《政治与法律》2014年第5期。

61. 刘银良：《信息网络传播权的侵权判定——从"用户感知标准"到"提供标准"》，载《法学》2017年第10期。

62. 刘家瑞：《为何历史选择了服务器标准——兼论聚合链接的归责原则》，载《知识产权》2017年第2期。

63. 杨勇：《从控制角度看信息网络传播权定义的是与非》，载《知识产权》2017年第2期。

64. 石必胜：《论链接不替代原则——以下载链接的经济分析为进路》，载《科技与法律》2008年第5期。

65. 吕长军：《简析深度链接、加框链接与盗链》，载《中国版权》2016年第2期。

66. 曹伟、王艾苹：《深度链接侵犯信息网络传播权标准探究》，载《中国版权》2015年第4期。

67. 冯刚：《涉及深度链接的侵害信息网络传播权纠纷问题研究》，载《知识产权》2016年第8期。

68. 刘银良：《信息网络传播权框架下深层链接的法律性质探究》，载《环球法律评论》2017 年第 6 期。

69. 杨明：《聚合链接行为定性研究》，载《知识产权》2017 年第 4 期。

70. 张今：《再论信息网络传播行为》，载《出版发行研究》2017 年第 2 期。

71. 王艳芳：《论侵害信息网络传播权行为的认定标准》，载《中外法学》2017 年第 2 期。

72. 林承铎、万善德：《视频网站盗链行为的著作权侵权分析》，载《电子知识产权》2017 年第 7 期。

73. 李颖：《破坏技术措施进行盗链的行为是否构成侵犯信息网络传播权——以腾讯公司诉易联伟达公司侵犯信息网络传播权案为例》，载《法律适用》2017 年第 22 期。

74. 林子英、崔树磊：《视频聚合平台运行模式在著作权法规制下的司法认定》，载《知识产权》2016 年第 8 期。

75. 陈绍玲：《论网络中设链行为的法律定性》，载《知识产权》2015 年第 12 期。

76. 万勇：《论国际版权公约中向公众传播权的含义》，载《知识产权》2017 年第 2 期。

77. 张金平：《信息网络传播权中"向公众提供"的内涵》，载《清华法学》2018 年第 2 期。

78. 芮松艳：《网络实时转播行为的法律属性以及深层链接行为的举证要求——评央视网诉百度公司案》，载《中国版权》2014 年第 2 期。

79. 刘涛：《片面共同正犯的成立及其范围》，载《政治与法律》2014 年第 11 期。

80. 王冠：《深度链接行为入罪化问题的最终解决》，载《法学》2013 年第 9 期。

81. 巩志俊：《视频网站加框链接侵害著作权的刑事入罪研究》，载《南海法学》2018 年第 1 期。

82. 林清红、周舟：《深度链接行为入罪应保持克制》，载《法学》

2013年第9期。

83. 王小夏：《破坏设链行为技术措施的法律问题研究》，载《中国出版》2018年第5期。

84. 王迁：《"技术措施"概念四辨》，载《华东政法大学学报》2015年第2期。

85. 王迁：《版权法保护技术措施的正当性》，载《法学研究》2011年第4期。

86. 郑绍辉、周明天：《反盗链技术研究》，载《计算机时代》2008年第1期。

87. 李擎：《网络垂直搜索服务所涉法律问题研究——以图片垂直搜索服务为例》，载《科技与法律》2018年第3期。

88. 方晓霞：《网络不正当竞争行为的类型化分析》，载《知识产权》2011年第8期。

89. 王学先、杨异：《论网络链接中的不正当竞争》，载《学术界》2009年第4期。

90. 马剑锋：《超文本链接可能引发的反不正当竞争法律问题》，载《法学》2006年第5期。

91. 郭毅：《论超文本链接中不正当竞争行为的法律规制——兼评〈反不正当竞争法〉第2条和第9条对超链接的适用》，载《知识经济》2008年第4期。

92. 杨道波：《超级链接中不正当竞争的判断因素》，载《理论探索》2003年第6期。

四、学位论文类

1. 陈绍玲：《公开传播权研究》，华东政法大学博士学位论文，2012年。

2. 刘彦辉：《民事责任与刑事责任比较研究》，黑龙江大学博士学位论文，2010年。

3. 刘霜：《刑法中的行为概念研究》，西南政法大学博士学位论文，2006年。

4. 王洪友：《版权制度异化研究》，西南政法大学博士学位论文，2015年。
5. 张亚：《著作财产权之重构》，西南政法大学硕士学位论文，2015年。

五、报纸类

1. 郑之平：《对音乐作品设置链接之确权》，载《人民法院报》2005年11月9日。
2. 曹建峰、孙那：《界定聚合盗链侵权 该不该放弃"服务器标准"》，载《中国新闻出版广电报》2016年9月29日。

六、辞书类

1. 中国社会科学院语言研究所词典编辑室编：《现代汉语词典》，商务印书馆2016年版。
2. 《初中生实用辞典·物理》，江苏少儿出版社1997年版。
3. 徐龙道编：《物理学词典》，科学出版社2004年版。

七、中文案例类

1. 北京市第一中级人民法院民事判决书（2004）一中民初字第400号。
2. 北京市高级人民法院民事判决书（2004）高民终字第714号。
3. 北京市高级人民法院民事判决书（2004）高民终字第713号。
4. 北京市高级人民法院民事判决书（2004）高民终字第1303号。
5. 北京市第一中级人民法院民事判决书（2005）一中民初字第7978号。
6. 北京市第二中级人民法院民事判决书（2007）二中民初字第02629号。
7. 最高人民法院民事判决书（2009）民提字第17号。
8. 上海知识产权法院民事判决书（2015）沪知民终字第276号。
9. 北京知识产权法院民事判决书（2016）京73民终143号。
10. 北京市高级人民法院民事判决书（2012）高民终字第3452号。
11. 北京市第二中级人民法院民事判决书（2012）二中民初字第611号。

12. 上海市浦东区人民法院民事判决书（2008）浦民三（知）初字第459号。

13. 北京市高级人民法院民事判决书（2009）高民终字第3034号。

14. 北京市朝阳区人民法院民事判决书（2014）朝民（知）初字第40334号。

15. 上海知识产权法院民事判决书（2015）沪知民终字第456号。

16. 北京知识产权法院民事判决书（2015）京知民终字第559号。

17. 北京知识产权法院民事判决书（2016）京73民终143号。

八、中文网站类

1. 柳斌杰：《2009年我国数字出版产值超过传统出版业》，http://www.gov.cn/jrzg/2010-04/27/content_1593897.htm，访问日期：2017年12月3日。

2. 胡康生：《中华人民共和国著作权法释义》，http://www.npc.gov.cn/npc/flsyywd/minshang/2002-07/15/content_297587.htm，访问日期：2016年10月22日。

3. 燕帅：《"新闻搬运工"今日头条引媒体质疑——是谁的头条？》，http://media.people.com.cn/n/2014/0606/c120837-25111642.html，访问日期：2017年2月6日。

4. 徐彦冰：《链接的法律问题》，http://netlawcn.org/second/content.asp?no=359，访问日期：2017年11月23日。

5. 卢梦君：《网络侵权判定"服务器标准"落后了吗？北京高院调研聚合盗链》，https://www.thepaper.cn/newsDetail_forward_1517468，访问日期：2016年12月12日。

6. 马潇：《浅谈网络版权纠纷中"服务器标准"和"实质替代标准"的适用》，https://mp.weixin.qq.com/s/NH8JtJpnS9d9LbeDWzzVEw，访问日期：2016年12月12日。

九、外文案例类

1. Kelly v. Arriba Soft Corp., 280 F. 3d 934 (9th Cir. 2002).

2. Perfect 10 v. Google, 416 F. Supp. 2d 828, at 843 – 844 (2006).

3. Perfect 10 v. Google, 2007 U. S. App. LEXIS 11420 (2007).

4. Nils Svensson, Sten Sjögren, Madelaine Sahlman and Pia Gadd v. Retriever Sverige AB, Case C – 466/12.

5. GS Media BV v. Sanoma Media Netherlands BV, Playboy Enterprises International Inc., Britt Geertruida Dekker. Case C – 160/15.

6. Feist Publications Inc. v. Rural Telephone Service Co. Inc. 499 U. S. at 349 – 350 (SC 1991).

7. Sony Corp. of Am. v. Universal City Studios, Inc., 464 U. S. 417, at 433 (1984).

8. A&M Records, Inc. v. Napster, Inc., 239 F. 3d 1004, at 1021 (9th Cir, 2001).

9. Playboy Enterprises v. George Frena, 839 F. Supp. 1552, (M. D. Fa, 1993).

10. A&M Records, Inc. v. Napster, Inc., 114 F. Supp. 2d 896 (N. D. Cal, 2000).

11. Bobbs-Merrill Co. v. Straus, 210 U. S. 339, 28 S. Ct. 722, 52 L. Ed. 1086 (1908).

12. Jerome H. Remick & Co. v. Am. Auto. Accessories Co., 5 F. 2d 411, 411 (6th Cir. 1925).

十、外文论著类

1. J. A. L. Sterling, World Copyright Law: Protecion of Author's Works, Performances, Phonograms, Films, Video, Broadcasts and Published Editions in National, International and Regional Law, Sweet &

Maxwell, 2003.

2. Paul Goldstein, Copyright's Highway: From Gutenberg to the Celestial Jukebox, Hill & Wang, 1994.

3. Sam Rickeston and Jane C. Ginburg, The Berne Convention for the Protection of Literary and Artistic Works: 1886—1986, Queen Mary College, Centre for Commercial Law Studies, 1987.

4. Melvile B. Nimmer and David Nimmer, Nimmer on Copyright, Matthew Bender & Company, Inc, 2003.

5. Paul Goldstein, Goldstein on Copyright, Wolters Kluwer Law & Business, 2008.

6. Mihály Fiscor, The Law of Copyright and the Internet: the 1996 WIPO Treaties, Their interpretation and Implementation, Oxford University Press, 2002.

7. Paul Goldstein, Copyright (2nd Edition), Aspen Law & Business, 2002.

8. Claude Masouyé, Guide to the Berne Convention for the Protection Literary and Artistic Works (Paris Act 1971), The World Intellectual Property Organization, 1978.

十一、外文论文类

1. Zohar Efroni, A Momentary Lapse of Reason: Digital Copyright, The Dmca and a Dose of Common Sense, Columbia Journal of Law & the Arts. 28 CLMJLA 249, 2005.

2. Alfred C. Yen and Sony, Tort Doctrines, and the Puzzle of Peer-To-Peer, Case Western Reserve Law Review. 55 CWRLR 815, 2005.

3. Catherine Bate, What a Tangled World Wide Web We Weave: an Analysis of Linking Under Canadian Copyright Law, University of Toronto Faculty of Law Review, 2002.

4. Gregory R. Hagen and Nyall Engfield, Canadian Copyright Reform:

P2P Sharing, Making Available and the Three-Step Test, University of Ottawa Law & Technology Journal, 3 UOTTLTJ 477, 2006.

5. Kimberlianne Podlas, Linking to Liability: When Linking to Leaked Movies, Scripts, and Television Shows Is Copyright Infringement, Harvard Journal of Sports & Entertainment Law Winter, 2015.

6. Louise Longdin, Hyperlinking and Copyright Infringement, New Zealand Business Law Quarterly, 2007.

7. Daniel J. Gervais, Transmissions of Music on the Internet: an Analysis of the Copyright Laws of Canada, France, Germany, Japan, The United Kingdom, and the United States, Vanderbilt Journal of Transnational Law, 34 VNJTL 1363, 2001.

8. Ryan Keller, Moving Toward a Balanced "Making Available Right" in Canada, Intellectual Property Journal, 27 I. P. J. 213, 2015.

9. Jonah M. Knobler, Performance Anxiety: the Internet and Copyright's Vanishing Performance/Distribution Distinction, Cardozo Arts and Entertainment Law Journal, 2007.

10. Yong Wan, A Modest Proposal to Amend the Chinese Copyright Law: Introducing a Concept of Right of Communication to the Public, Journal of the Copyright Society of the U. S. A., 55 JCPS 603, 2008.

11. Ng-Loy Wee Loon, The "Whom's" in Online Dissemination of Copyright Works: to Whom and by Whom Is the Communication Made?, Singapore Journal of Legal Studies, 2011 SINGJLS 373, 2011.

12. Craig A. Grossman, From Sony to Grokster, the Failure of the Copyright Doctrines of Contributory Infringement and Vicarious Liability to Resolve the War Between Content and Destructive Technologies, Buffalo Law Review, Winter, 2005.

13. Jeanne C. Fromer, an Information Theory of Copyright Law, Emory Law Journal, 2014.

14. Guido Westkamp, Transient Copying and Public Communications: the Creeping Evolution of Use and Access Rights in European Copyright Law,

George Washington International Law Review, 36 Geo. Wash. Int'l L. Rev. 1057, 2004.

15. Cheryl Foong, Making Copyright Content Available in the Cloud vs the Making of Copies: Revisiting Optus TV and Aereo, 41 Monash U. L. Rev. 583, 2015.

16. Mira Burri, Permission to Link: Making Available via Hyperlinks in the European Union after Svensson, 5 J. Intell. Prop. Info. Tech. & Elec. Com. L. 245, 2014.

17. Gemma Minero, Are Hyperlinks Covered by the Right to Communicate Works to the Public: the Svensson Case, 4 Queen Mary J. Intell. Prop. 322, 2014.

18. Dawn Leung, What's All the Hype about Hyperlinking: Connections in Copyright, 7 Am. U. Intell. Prop. Brief 59, 2015.

19. Kimberlianne Podlas, Linking to Liability: When Linking to Leaked Movies, Scripts, and Television Shows Is Copyright Infringement, 6 Harv. J. Sports & Ent. L. 41, 2015.

十二、外文网站类

1. Jane C. Ginsburg, From Having Copies to Experiencing Works: the Development of an Access Right in U. S. Copyright Law, http://papers.ssrn.com/paper.taf?abstract_id=222493, Jun. 7, 2017.

2. Mihály J. Ficsor, Svensson: Honest Attempt at Establishing Due Balance Concerning the Use of Hyperlinks-Spoiled by the Erroneous "New Public" Theory, http://nuokui.com/doc/W7XJkCNrRyfI.html, Jun. 7, 2017.

后　记

　　本书以笔者在华东政法大学读博期间的毕业论文为基础，运用毕业论文中对著作权法中传播行为本质的分析和提炼，以及所提出的著作权法中传播行为的定义等研究成果，针对近年来理论界和实务界热议的话题，尝试做了一些粗浅的运用研究。几年过去，在利用毕业论文的有关研究成果，剖析媒体融合发展背景下我国互联网传播呈现出的越发多样和复杂的表象时，它们依然"趁手"和"锋利"。这一切都要感谢我的恩师——华东政法大学的王迁教授！没有王迁教授的传道、授业和解惑，我连这点微不足道的成果都不会有。

　　像很多人一样，我和恩师的结缘也赖于他的《知识产权法教程》，十三年前，因为备课的需要，我很偶然地开始阅读王老师的《知识产权法教程（第二版）》，我立刻被它吸引住并被它强烈震撼到了，随后我对恩师产生了强烈的好奇，开始如饥似渴地阅读他的论文、专著、教材、博客，甚至有关他的访谈，学问居然可以做得如此与实际应用紧密联系，理论研究居然可以如此贴近司法实践。通过多年学习王老师的著作，跟随王老师进行知识产权法学，尤其是著作权法的研习，我真切获得了几点感悟并将其深植于心：第一，做学术研究必须坚持辩证唯物论，一旦背离，则必然走上歧途，进而得出错误的结论。尤其要防止不经意间背离辩证唯物论。第二，要真正理解"以事实为根据，以法律为准绳"，坚定运用"以事实为根据，以法律为准绳"，而不能以感受为根据，以得失为准绳。第三，法律是科学，它和自然科学的研究方法没有本质区别，客观和理性是法律思维的根基。第四，对于知识产权而言，专有性权利的要义在于对他人特定行为的控制，把握住了特定行为的特征，就把握住了专有性权利本身。

本书对著作权法中传播行为的探讨起因于实务界和学界对设置"深层链接"行为性质的激烈争论，虽然该争论现在已趋平静，但问题仍未解决。回顾这场争论可以发现，争论的过程和争论本身比争论的问题更加"精彩"和耐人寻味。随着媒体融合和互联网技术发展的不断深入，与设置"深层链接"定性类似的问题，以后必然还会出现，希望本书在思路和方法上能对这些问题的研究起到一定的参考作用。因时间仓促和笔者水平有限，本书对媒体融合发展背景下著作权法中的传播问题剖析得还不够全面，对相关问题研究得还不够深入，恳请读者不吝对本书提出批评和建议。

孙　栋

2023年10月6日于西安

图书在版编目（CIP）数据

著作权法中传播行为的理论与运用研究：以媒体融合为背景 / 孙栋著. --北京：中国人民大学出版社，2024.11. --（知识产权法律与政策前沿问题研究丛书）. ISBN 978-7-300-33405-9

Ⅰ.D923.414

中国国家版本馆 CIP 数据核字第 2024A9E628 号

知识产权法律与政策前沿问题研究丛书
主编　王迁
著作权法中传播行为的理论与运用研究——以媒体融合为背景
孙栋　著
Zhuzuoquanfa zhong Chuanbo Xingwei de Lilun yu Yunyong Yanjiu——Yi Meiti Ronghe wei Beijing

出版发行	中国人民大学出版社				
社　　址	北京中关村大街 31 号		邮政编码	100080	
电　　话	010-62511242（总编室）		010-62511770（质管部）		
	010-82501766（邮购部）		010-62514148（门市部）		
	010-62515195（发行公司）		010-62515275（盗版举报）		
网　　址	http://www.crup.com.cn				
经　　销	新华书店				
印　　刷	唐山玺诚印务有限公司				
开　　本	720 mm×1000 mm　1/16		版　次	2024 年 11 月第 1 版	
印　　张	15.25 插页 1		印　次	2024 年 11 月第 1 次印刷	
字　　数	232 000		定　价	65.00 元	

版权所有　侵权必究　　印装差错　负责调换